本书是国家社科基金高校思政课研究专项"制度自信教育融入高校思想政治理论课研究"(20VSZ132) 的研究成果,同时是北京高校中国特色社会主义理论研究协同创新中心(北京师范大学)的研究成果,得到北京师范大学马克思主义理论学科研究基金资助。

制度自信教育融入
高校思想政治理论课研究

王峰 / 著

人民出版社

责任编辑：吴广庆

封面设计：姚　菲

图书在版编目（CIP）数据

制度自信教育融入高校思想政治理论课研究／王峰 著 . — 北京：
　人民出版社，2023.12
　ISBN 978 - 7 - 01 - 025800 - 3

I.①制…　II.①王…　III.①高等学校 - 思想政治教育 - 教学研究 - 中国
　IV.① G641

中国国家版本馆 CIP 数据核字（2023）第 128175 号

制度自信教育融入高校思想政治理论课研究

ZHIDU ZIXIN JIAOYU RONGRU GAOXIAO SIXIANG

ZHENGZHI LILUNKE YANJIU

王　峰　著

人民出版社 出版发行

（100706　北京市东城区隆福寺街 99 号）

中煤（北京）印务有限公司印刷　新华书店经销

2023 年 12 月第 1 版　2023 年 12 月北京第 1 次印刷
开本：710 毫米 × 1000 毫米 1/16　印张：19.25
字数：280 千字

ISBN 978 - 7 - 01 - 025800 - 3　定价：79.00 元

邮购地址 100706　北京市东城区隆福寺街 99 号
人民东方图书销售中心　电话（010）65250042　65289539

序　言

习近平总书记指出："思政课的本质是讲道理，要注重方式方法，把道理讲深、讲透、讲活，老师要用心教，学生要用心悟，达到沟通心灵、启智润心、激扬斗志。"[①] 把道理讲深、讲透、讲活，需要思政课教师深入研究重大理论问题和教学中的难点问题。教师只有深入研究，把相关问题的来龙去脉、内在逻辑搞清楚、搞明白，讲起来才有底气，才能把课程内容讲清楚讲透彻，才能做到以理服人。

北京师范大学马克思主义学院王峰副教授承担了国家社科基金高校思政课专项"制度自信教育融入高校思政课研究"，经过几年的深入研究和教学实践，撰写了《讲道理：制度自信教育融入高校思想政治理论课》一书，是以科学研究促进思政课教学水平提升的重要成果。思政课的内容非常丰富，每一门课程都涉及政治、经济、文化、历史等许多学科、许多领域。术业有专攻。教师所学专业和精力有限，难以对每个领域都有深入研究。这就需要教师做出合理选择，找准与教学内容密切联系、有自己专长的研究方向，提升研究能力，推出研究成果，做到以点带面、触类旁通。该书以制度自信教育融入思政课为切入点，从理论内涵的阐释到教学方法的探讨都具有代表性。

第一，理论阐释比较透彻。该书深刻阐明了制度自信教育的理论内涵，强调制度自信不会自动生成，必须依靠教育引导来激发教育主体的内生动力。制度自信教育有助于引导人们产生对中国特色社会主义制

---

① 《习近平在中国人民大学考察时强调　坚持党的领导传承红色基因扎根中国大地走出一条建设中国特色世界一流大学新路》，《人民日报》2022 年 4 月 26 日。

度优势自信的内生动力，有助于正确认识选择中国特色社会主义的历史必然性和中国特色社会主义的本质特征，并通过制度自信教育从整体上更加坚定中国特色社会主义道路自信、理论自信、制度自信、文化自信。

第二，方法探讨有可操作性。该书对制度自信教育融入高校思政课的方法路径进行了深入探讨，并结合制度自信教育融入"中国近现代史纲要"课程提出了对策建议。在教学内容上坚持有机结合的方针，将"制度自信"的相关要求融入到四门本科生思想政治理论课的教材中，丰富教学内容、完善教材体系；在教学方法上突出"制度自信教育"同提高大学生建设中国特色社会主义的自觉有机结合；在教学场域上坚持利用多种资源的原则，充分利用教学课堂和校园文化、社会实践的场所，增强制度自信教育的事实说服力；在教师队伍建设上坚持选拔德才兼备的思想政治理论课教师充实到队伍中。这些对策建议是在深入理论探讨的基础上提出的，也是实践经验的概括总结。王峰在教学中进行了探索实践，取得了良好的教学效果，得到同学们的高度赞赏。每一代青年有每一代青年的特点和追求，他们思维活跃、爱思考、善追问，面对国内外不断发展变化的新形势会有分析判断，面对社会发展的新问题会有评价论述，面对生活、学习和工作的新情况会有不同的价值选择。思政课教师应加强与学生沟通，了解学生所思所想，有针对性地解疑释惑，教育引导学生理性分析现实问题、明辨大是大非。王峰注重与学生的沟通交流，对来自五个不同高校的 500 名学生进行问卷调查，对数十名来自不同高校的学生进行结构式访谈，获得了大量可贵的数据支撑，对提升思政课教学水平有重要借鉴意义。

第三，重点环节把握到位。思政课涵盖内容极为广泛，而课时有限，这就要求在完成教学任务、实现教学目标的过程中要突出重点。善于抓重点是把思政课讲深讲透的重要环节，深入研究制度自信教育就是思想政治理论课抓重点的生动体现。思政课是铸魂育人的关键课程，思政课需要传授知识，但是重点不在于死记硬背知识点，而是通过知识的载体对学生进行价值引导，教育引导学生树立正确的世界观、人生观、价值观，把实现个人价值同党和国家前途命运紧紧联系在一起。与理想信念教育密切相关的理论和实践，以及相关的人物、事件等，是教学中应该抓住的重点。理想信念来自理论认知，是由世界观决定的。制度自信在坚定中国特色社会主义理想信念方面具有基础性作用。坚定制度自信，就能更好地引导学生树立远大的共产主义理想和中国特色社会主义共同理想，引导学生增强中国特色社会主义道路自信、理论自信、制度自信、文化自信，厚植爱国主义情怀，把爱国情、强国志、报国行自觉融入坚持和发展中国特色社会主义、建设社会主义现代化强国、实现中华民族伟大复兴的奋斗之中。

第四，个案分析鲜活生动。思政课教学要善于运用感人的事迹、生动的事例，把深刻的思想、抽象的道理融入到鲜活的故事之中，把讲道理与讲故事有机结合，就能够把道理讲活，收到事半功倍的效果。该书对制度自信教育融入"中国近现代史纲要"课程的个案研究，也是讲好思政课故事的积极探索。思政课讲故事不是庸俗化地讲段子，不是讲奇闻趣事，而是要结合教学内容，把抽象道理进行形象化表达，有画面感，达到见人见事见理论的效果。中国共产党历史波澜壮阔，蕴含着丰富智慧。党领导人民进行的革命、建设和改革事业成就辉煌，充满了感人的故事。党的十八大以来，以习近平同志为核心的党中央团结带领人民解决了许多长期想解决而没有解决的难题，办成了许多过去想办而没有办成的大事，推动党和国家事业取得历史性成就、发生历史性变革，这些都是增强制度自信的生动教材。

这里需要强调的是，对思政课教师来说，搜集材料讲故事并不是难事，难在如何把故事讲好、讲出效果来。人们常说，教学是一门艺术，那就应该借鉴一些艺术形式，用生动活泼的方式拉近与学生的距离，让故事走进学生的内心，触动情感，让学生在故事中受到教育，从而加深对理论的理解。一是善于使用平实和亲切的语言。一般来说，教材使用的是书面语言，甚至文件语言比较多，这是由思政课教学的内容决定的。讲课过程中如果文件性语言过多，就会显得干巴巴，就会枯燥。把教材体系转化为教学体系，显然也包括话语体系的转换。每个时代有每个时代的话语体系，在教学中要多运用一些日常生活语言，使用平实而不是居高临下的语言，善于运用富有时代特色、学生喜欢的话语来讲述，带着感情讲，努力做到以理服人与以情动人的有机统一，能够增强思政课的感染力和亲和力。二是善于运用一些形象的比喻。习近平总书记经常运用一些形象的比喻阐释深刻的道理。他强调："我国社会主义政治制度优越性的一个突出特点是党总揽全局、协调各方的领导核心作用，形象地说是'众星捧月'，这个'月'就是中国共产党。在国家治理体系的大棋局中，党中央是坐镇中军帐的'帅'，车马炮各展其长，一盘棋大局分明。"① 这些形象生动的比喻使抽象的道理变得通俗易懂、令人记忆深刻。三是善于吸收借鉴一些艺术化的表达方式。同样的材料、同样的故事，表达方式不同，效果就会有差异。经过细密组织、铺垫，把设置的悬念揭示出来，既在意料之外，又在情理之中，达到喜闻乐见的效果。四是善于运用多种教学方式。在网络信息时代，可以运用的视频资料非常丰富，结合教学内容选择视频资料的故事也是讲授思政课的有效手段。运用体验式教学、案例式教学、探究式教学、互动式教学等多种教学方式，引导学生参与到讲故事中来，也会大大提升教学效果。思政课如何讲好故事不属于该书探讨的内容，但对理解本书内容是有借鉴意义的。

是为序。

王炳林

2023 年 2 月 5 日

---

① 《习近平关于社会主义政治建设论述摘编》，中央文献出版社 2017 年版，第 31 页。

目　录

绪　论

制度自信是人们对中国特色社会主义制度的价值内涵、科学本质及突出优势的心理认同和积极评价。制度自信是一种正向心理认知，不会自动形成，制度自信教育提供了形成制度自信的重要途径。通过制度自信教育，人们可以深刻认识到中国特色社会主义制度的历史底蕴、理论内涵和实践基础，正确理解中国特色社会主义制度的优越性和本质特征，进而达到坚定制度自信的目的。

党的十九届四中全会提出："加强制度理论研究和宣传教育，引导全党全社会充分认识中国特色社会主义制度的本质特征和优越性，坚定制度自信。"[①] "要把制度自信教育贯穿国民教育全过程，把制度自信的种子播撒进青少年心灵。"[②] 高等教育处于国民教育体系的顶端，高校思政课是开展思想政治教育的主渠道和主阵地，把制度自信教育融入高校思政课，不仅能够创新制度自信教育的方式和途径，教育引导广大青年学生坚定制度自信，着力解决好培养什么人、怎样培养人、为谁培养人这个根本问题，而且能够将中国特色社会主义制度优势转化为思政课改革创新的效能。

制度自信教育能够以教育、引导、灌输和学习的方式，帮助受教育者解决各种影响制度自信的思想认识问题，坚定制度自信的思想基础。推进制度自信教育融入高校思政课，不仅是推动高校思政课改革创新的实践问题，也是一个重要的学术问题。将制度自信教育融入高校思

[①] 《十九大以来重要文献选编》（中），中央文献出版社 2021 年版，第 297 页。

[②] 《十九大以来重要文献选编》（中），中央文献出版社 2021 年版，第 309 页。

政课，推动制度自信教育转变为思政课的内容，有助于拓宽高校思想政治课的制度自信教学内容，增强高校思政课的思想性、理论性和亲和力、针对性。

目前学术界关于制度自信和制度自信教育研究方面取得了很大成绩，为开展本课题研究奠定了基础。但是，我们也要看到学术界目前的研究还存在一些问题与不足，主要表现为：一是制度自信教育是党的十九届四中全会提出的一个崭新课题，学术界的相关研究成果与现实要求还存在一定差距；二是制度自信教育融入高校思政课的问题研究意识不强，尚未充分将制度优势转化为国家教育治理现代化的效能；三是实践经验归纳不足，亟须从教材内容、教学方法、教学场域、教学主体等方面与高校思政课的四门本科生课程进行有机融合，实现制度自信教育从隐形向显性转化。

基于此，本课题拟在借鉴已有研究成果的基础上，进一步研究把制度自信教育融入高校思政课的重要性、可能性、可行性，特别是围绕将制度自信教育融入高校思政课的内容、逻辑、方法等问题进行深入分析。一是分析制度自信教育的目标任务和地位作用，评估当前高校制度自信教育的成绩与不足，归纳制度自信教育融入高校思政课的价值意蕴。同时讲清楚制度自信教育融入高校思政课的理论基础和现实依据，分析制度自信教育对青年学生坚定制度自信的重要价值，提出推动制度优势转化为教育治理现代化效能的对策建议。二是从创新教学内容、教材修订、教学方法、课程设计等方面探索制度自信教育融入高校思政课的方法和途径，充分发挥高校思政课在青年学生坚定制度自信过程中的关键作用，落实立德树人根本任务。三是通过对来自 5 个不同高校的 500 名大学生进行问卷调查，并运用 SPSS 统计分析软件对相关变量进行处理和分析，实现定量分析和质性研究的结合，为本课题得出规律性的认识提供科学的研究方法。四是结合制度自信教育融入高校思政课的经验和本研究的相关结论，归纳总结将制度优势转化为教育治理现代化效能的对策建议，探索把制度自信教育融入国民教育全过程的有效机制，更好地把制度优势转化为教育治理现代化的效能。

第一章　制度自信教育的理论内涵

制度自信是对中国特色社会主义制度优势的认同和自信，但是制度自信不会自动产生。制度自信教育是生成制度自信的重要途径。通过制度自信教育，可以讲清楚中国特色社会主义制度的核心范畴、理论内涵、价值意义等问题，引导全党全社会充分认识中国特色社会主义制度的本质特征和优越性，正确认识我国国家制度和治理体系建设取得的历史性成就，推动制度自信从自发认识转化成自觉行动，形成应对各种风险挑战的能力，为实现中华民族伟大复兴奠定坚实的思想基础和群众基础。

第一节　制度自信教育的主要内容

制度自信教育是教育引导人们增强对中国特色社会主义的认知和理解，获得对中国特色社会主义制度的显著优势和本质特征的积极评价、情感体验和支持行为，目的在于坚定中国特色社会主义制度自信。开展制度自信教育，首先需要深入理解中国特色社会主义制度的历史底蕴、理论内涵和实践基础，正确认识中国特色社会主义制度的优越性和本质特征。唯有如此，才能形成对中国特色社会主义制度的认同和自信。

一、中国特色社会主义制度的内涵与特征

从认识的过程来看，制度自信建立在对中国特色社会主义制度及

其优势充分认识和深刻理解的基础上。因而，开展制度自信教育，首先要教育广大人民群众全面学习理解中国特色社会主义制度和国家治理体系的科学内涵、发展成就、本质特征，认清中国特色社会主义制度的优越性，建立中国特色社会主义制度自信的知识体系。

中国特色社会主义制度不是凭空产生的，不是从天上掉下来的，而是中国共产党和中国人民经过长期奋斗、接力探索取得的重大成就的结晶。2011年7月，胡锦涛在庆祝中国共产党成立90周年大会上的讲话中，首次明确提出了"中国特色社会主义制度"的重要论断，成为关于中国特色社会主义形态的标志性概念。进入新时代，以习近平同志为核心的党中央不断推动全面深化改革向广度和深度发展，中国特色社会主义制度更加成熟更加定型。党的十八大报告对中国特色社会主义制度的科学内涵进行了详细阐释，明确指出："中国特色社会主义制度，就是人民代表大会制度的根本政治制度，中国共产党领导的多党合作和政治协商制度、民族区域自治制度以及基层群众自治制度等基本政治制度，中国特色社会主义法律体系，公有制为主体、多种所有制经济共同发展的基本经济制度，以及建立在这些制度基础上的经济体制、政治体制、文化体制、社会体制等各项具体制度。"[①] 从这个表述中可以看出，中国特色社会主义制度是由一系列制度构成的制度体系，具有鲜明的层次性，主要包括根本制度、基本制度、重要制度。根本制度包括党的领导制度、人民代表大会制度、马克思主义在意识形态领域指导地位的根本制度、党对人民军队的绝对领导制度等反映中国特色社会主义本质特征的制度；基本制度包括中国共产党领导的多党合作和政治协商制度、民族区域自治制度、基层群众自治制度、社会主义基本经济制度等体现我国社会主义性质的制度；重要制度包括由根本制度和基本制度派生而来的经济、政治、文化、社会、生态文明、军事、外交等领域的制度。

中国特色社会主义制度反映了全国各族人民的共同利益和共同愿望，在充分发扬民主、促进公平正义、凝聚社会共识、集中力量办大事

---

① 《十八大以来重要文献选编》（上），中央文献出版社2014年版，第10页。

等方面发挥着重要作用。党的十九届四中全会通过的《中共中央关于坚持和完善中国特色社会主义制度、推进国家治理体系和治理能力现代化若干重大问题的决定》明确将我国国家制度和治理体系概括为"十三个显著优势",涉及党的领导、经济、政治、文化、社会、军事、外交等各方面。中国特色社会主义制度之所以具有显著优势,是因为中国共产党"坚持把马克思主义基本原理同中国具体实际相结合,把开拓正确道路、发展科学理论、建设有效制度有机统一起来,用中国化的马克思主义、发展着的马克思主义指导国家制度和国家治理体系建设,不断深化对共产党执政规律、社会主义建设规律、人类社会发展规律的认识,及时把成功的实践经验转化为制度成果,使我国国家制度和国家治理体系既体现了科学社会主义基本原则,又具有鲜明的中国特色、民族特色、时代特色"①。其中,党的领导是中国特色社会主义制度的最大优势。党政军民学,东西南北中,中国特色社会主义最本质的特征是中国共产党领导。党的领导地位不是自封的,更不是强加的,而是历史的选择、人民的选择。维护党中央权威和集中统一领导,健全总揽全局、协调各方的党的领导制度体系,把党的领导落实到国家治理各领域各方面各环节,是将制度优势转化为国家治理效能的关键。

二、中国特色社会主义制度的科学原理

一个国家选择什么样的制度,走什么样的发展道路,不是哪个阶级和政党决定的,而是由这个国家的基本国情和具体的历史文化条件等共同决定的。习近平明确指出:"各国国情不同,每个国家的政治制度都是独特的,都是由这个国家的人民决定的,都是在这个国家历史传承、文化传统、经济社会发展的基础上长期发展、渐进改进、内生性演化的结果。"② 中国特色社会主义制度自信也不是自发产生的,它来源于马克思主义理论和中华民族深厚的历史文化底蕴,来源于中国特色社会

---

① 《习近平谈治国理政》第三卷,外文出版社 2020 年版,第 122 页。
② 《十八大以来重要文献选编》(中),中央文献出版社 2016 年版,第 60 页。

主义的伟大实践。

马克思主义理论是建设中国特色社会主义制度的理论基础。在马克思主义基本理论中，社会主义制度是资本主义制度的替代物、对立物，它的诞生是资本主义基本矛盾发展的必然结果。社会主义自诞生以来，作为一种理论、制度和运动不断发展，不仅接受实践的检验，也不断接受实践的修正。"社会主义制度在经济文化落后国家的建立、实践和发展，并没有违背人类社会制度发展史的一般规律，而是对人类社会制度依次更替发展规律的特殊补充。"① 马克思在关于政治制度的构想中指出："在资本主义社会和共产主义社会之间，有一个从前者变为后者的革命转变时期。同这个时期相适应的也有一个政治上的过渡时期，这个时期的国家只能是无产阶级的革命专政。"② 经济制度方面，社会主义经济制度以公有制为主体，消灭私有制，致力于解决生产社会化与生产资料私人占有之间的矛盾，实现劳动者和生产资料的和谐统一，为解放和发展生产力创造有利的条件，为生产力的发展开辟广阔的道路。社会主义制度代替资本主义制度符合人类社会发展的总趋势，比较视野之下社会主义制度呈现出的优越性和先进性是制度自信教育的重要内容。因此，教育者只有充分认识和深刻理解中国特色社会主义制度优势的理论逻辑，才能把坚定制度自信的道理讲深、讲透、讲活。

社会主义制度以实现人全面自由的发展为前提。社会主义制度与资本主义相比具有的明显优势，归根到底就在于社会主义制度能够协调生产力与生产关系的矛盾，适应先进生产力的发展要求，能够创造出比资本主义制度更高的劳动生产率，从而更好地满足广大人民群众对美好生活的向往。之所以把实现绝大多数人的利益、愿望和要求作为评价社会主义制度的最高价值标准，目的在于实现人全面而自由的发展。马克思指出："过去的一切运动都是少数人的，或者为少数人谋利益的运动。无产阶级的运动是绝大多数人的，为绝大多数人谋利益的独立的

---

① 刘俊杰：《社会主义国家治理》，人民出版社 2018 年版，第 50 页。
② 《马克思恩格斯选集》第 3 卷，人民出版社 2012 年版，第 373 页。

运动。"① 中国共产党自成立以来就一直致力于实现人民的解放和全面发展，始终把保障和实现最广大人民的根本利益放在首位。例如，中国共产党将共同富裕作为中国式现代化的鲜明特征之一，体现了社会主义的本质要求。在这一价值引领下，中国共产党致力于解决贫富差距问题，注重社会公平，不断改善人民生活水平，为实现全体人民共同富裕的现代化不懈奋斗。讲清楚中国特色社会主义制度的核心价值，使受教育者认识到开创美好生活的制度根源，进而转化为日常工作和学习中的不竭动力，是制度自信教育的现实意义之一。

中国特色社会主义制度具有自我完善的能力。在社会主义制度下，生产力与生产关系的矛盾是人民内部根本利益一致基础上的非对抗性的、可调节的矛盾，完全可以通过社会主义制度的不断改革和自我完善来解决。同时，任何一种社会制度都不是尽善尽美的，尽管社会主义制度相较于资本主义制度有一定的优越性，但在一些具体制度上也存在一定的问题和弊端，如果不进行有效的改革，将阻碍生产力的发展，制约社会主义制度优越性的发挥。邓小平开启了中国改革开放之路，强调"改革的性质同过去的革命一样，也是为了扫除发展社会生产力的障碍，使中国摆脱贫穷落后的状态。从这个意义上说，改革也可以叫革命性的变革"②。改革开放40多年来，中国共产党团结带领人民始终沿着社会主义正确方向前行，不断完善和发展中国特色社会主义制度。社会主义制度的自我完善、自我革新能力，使中国特色社会主义制度呈现出不断发展、与时俱进的鲜明特征，推动着中国特色社会主义事业向前发展。制度自信教育的目的之一，是使受教育者认识到社会主义制度自我完善的属性，这样既可以使人民群众理性认识社会主义制度在短时期内出现的矛盾问题，也可以进一步增强人民群众对社会主义制度未来发展前景的信心。

中国特色社会主义制度创造了辉煌的历史成就。中国共产党在推

---

① 《马克思恩格斯选集》第 1 卷，人民出版社 2012 年版，第 411 页。
② 《邓小平文选》第三卷，人民出版社 1993 年版，第 135 页。

进社会主义现代化建设过程中，逐渐形成了具有鲜明特色的中国式现代化道路，充分显示了社会主义制度的强大生命力。《中共中央关于党的百年奋斗重大成就和历史经验的决议》深刻总结了中国共产党百年奋斗的历史意义："一百年来，党领导人民不懈奋斗、不断进取，成功开辟了实现中华民族伟大复兴的正确道路。中国从四分五裂、一盘散沙到高度统一、民族团结，从积贫积弱、一穷二白到全面小康、繁荣富强，从被动挨打、饱受欺凌到独立自主、坚定自信，仅用几十年时间就走完发达国家几百年走过的工业化历程，创造了经济快速发展和社会长期稳定两大奇迹。今天，中华民族向世界展现的是一派欣欣向荣的气象，巍然屹立于世界东方。"[1] 中国特色社会主义制度在形成和发展过程中表现出的强大生机和活力，为中国积极参与全球治理体系改革和建设，为不断满足人民群众对美好生活的向往提供了重要保障。制度自信教育以中国特色社会主义制度取得的伟大成就为鲜活素材，通过对中国特色社会主义制度创造的经济快速发展奇迹和社会长期稳定奇迹的宣传教育，在历史的纵向比较和国际的横向比较中彰显中国特色社会主义制度的显著优势，增强广大人民群众的制度认知和制度自信。

三、坚持中国特色社会主义制度的实践要求

制度自信来源于实践，也需要在实践中去践行。开展制度自信教育，就是教育引导人民群众将个人理想信念与坚持和发展中国特色社会主义相结合，在建设中国特色社会主义事业中贡献自己的力量。

自觉维护中国特色社会主义制度。制度的生命力在于尊崇，在于执行，在于维护。开展制度自信教育，重点是教育引导人们特别是青少年自觉尊崇中国特色社会主义制度，坚决维护制度权威，成为中国特色社会主义制度的忠实崇尚者和坚定捍卫者。中国共产党领导是中国特色社会主义的最本质特征，也是中国特色社会主义制度的最大优势。开展

---

[1] 《中共中央关于党的百年奋斗重大成就和历史经验的决议》，人民出版社2022年版，第63页。

制度自信教育，就是教育引导人们深刻认识和把握中国特色社会主义的最本质特征，把党的领导作为最高政治原则，把坚决维护习近平总书记党中央的核心、全党的核心地位落到实处，坚定维护党中央权威和集中统一领导，健全党总揽全局、协调各方的领导制度体系，确保党的领导落实到国家治理各领域各方面各环节。

始终坚定对中国特色社会主义的理想信念。制度自信不是形成后就一成不变的，需要我们不断巩固和增强。坚定中国特色社会主义制度自信，最根本的是要对制度抱持信仰之心，成为广大人民群众的理想与追求。一方面，我们大力推进马克思主义理论的宣传教育工作，深入学习和运用马克思主义基本立场、观点和方法，深入宣传习近平新时代中国特色社会主义思想，分析与把握中国特色社会主义制度不以人的意志为转移的客观必然性，坚定对马克思主义的信仰、对中国特色社会主义的信念、对实现中华民族伟大复兴中国梦的信心。另一方面，我们要重视制度创新成果的宣传教育，引导全党全社会充分认识中国特色社会主义制度的理论创新、实践创新、制度创新，深入领会中国特色社会主义制度创新演进的历史逻辑、理论逻辑、实践逻辑，从纵向的维度认识到中国特色社会主义制度给中国带来的巨大变化，从横向的维度认识到中国特色社会主义制度相比其他国家制度所具有的优越性，使人民群众对制度的认同上升到对制度的信仰。

不断推动中国特色社会主义制度创新发展。制度自信不是自发产生的，更不是产生以后始终保持不变的。制度自信也不是盲目自信，必须以不断呈现的制度优势为基础。我们在看到中国特色社会主义制度所具有的独特优势和旺盛生命力的同时，也清楚地看到我们的制度还没有完全成熟定型，一些领域的具体制度仍不完善。正如习近平指出，"制度自信不是自视清高、自我满足，更不是裹足不前、固步自封，而是要把坚定制度自信和不断改革创新统一起来"①。为此，一方面，我们要立足社会主义初级阶段这个最大国情，在把握中国制度的科学性和规律性

---

① 《十八大以来重要文献选编》（中），中央文献出版社2016年版，第62页。

的基础上不断拓展和完善中国制度，探索和把握中国特色社会主义的制度建设规律，不断推动中国特色社会主义制度创新发展。另一方面，我们要把改革创新的勇气与求真务实的精神结合起来，在改革开放实践中充分尊重人民群众的伟大实践和创造，在实践探索的进程中不断总结成功经验，不断健全和完善中国特色社会主义制度。

第二节 制度自信教育的参与者

教育是一项双向互动过程，既包括教学者的教，也包括学习者的学。制度自信教育也是如此。制度自信教育的参与者十分广泛，既包括学校教育和社会教育，也包括家庭教育，内含着制度自信教育的主体和客体。

一、制度自信教育的实施者

教育者是制度自信教育任务和计划的贯彻实施者。学校教师、科研工作者、家长、社会文化机构团体等，共同担负着制度自信教育的任务。

学校作为立德树人的重要场所，是制度自信教育的重要阵地。思政课教师是学校制度自信教育任务的主要承担者。2019 年 3 月 18 日，习近平在学校思政课教师座谈会上的讲话中指出，"思政课是落实立德树人根本任务的关键课程，思政课作用不可替代，思政课教师队伍责任重大。"① 目前，大中小学思政课教师正按照思政课改革创新的要求，针对学前教育、基础教育、高等教育各个不同阶段的教学特点，挖掘制度自信教育资源，设计教学活动，有序推进制度自信教育。其他门类课程的教师也是制度自信教育目标的主要实施者，他们与思政课教师同向同

---

① 习近平：《思政课是落实立德树人根本任务的关键课程》，人民出版社 2020 年版，第 2 页。

行，以全员、全过程、全方位的方式开展制度自信教育，促进青少年成长成才。2022 年 7 月，教育部、中央宣传部、中央网信办等十部门联合印发《全面推进"大思政课"建设的工作方案》，要求充分调动全社会力量和资源，推动思政小课堂与社会大课堂相结合，推动各类课程与思政课同向同行，教育引导学生坚定"四个自信"。其中，该方案在教师队伍建设方面明确提出了"建设专兼结合的师资队伍"的要求，强调"各地各校严格按照要求配备建强高校专职思政课教师、辅导员队伍，提高中小学专职思政课教师比例，实行思政课特聘教授、兼职教师制度，积极聘请党政领导、科学家、老同志、先进模范等担任思政课兼职教师"①。这个方案的出台和实施，对发挥各种教育资源在课程思政建设中的独特作用提供了遵循。

父母是帮助孩子坚定制度自信的关键因素。家庭教育是制度自信教育的基础，父母是孩子的第一任老师，是孩子成长进步的榜样。如果父母本身就缺乏制度自信，即便教师在学校对孩子进行再多教育，家人的反向影响会使孩子的制度自信大打折扣，甚至化于无形。与此相反，如果父母本身具有坚定的制度自信，通过言传身教，会对孩子树立起对中国特色社会主义制度的自信心起到正向影响与持续强化。正因为家庭教育的极端重要性，2016 年 12 月 12 日，习近平在会见第一届全国文明家庭代表时强调指出，家长要担负起教育后代的责任，"古人都知道，养不教，父之过。家长应该担负起教育后代的责任。家长特别是父母对子女的影响很大，往往可以影响一个人的一生。"②"作为父母和家长，应该把美好的道德观念从小就传递给孩子，引导他们有做人的气节和骨气，帮助他们形成美好心灵，促使他们健康成长，长大后成为对国家和人民有用的人。"③ 实际上，我们的调研结果也印证了家庭教育在制度自

---

① 《教育部等十部门关于印发〈全面推进"大思政课"建设的工作方案〉的通知》，见 http://m.moe.gov.cn/srcsite/A13/moe_772/202208/t20220818_653672.html。

② 习近平：《在会见第一届全国文明家庭代表时的讲话》，人民出版社 2016 年版，第 4 页。

③ 《习近平谈治国理政》第二卷，外文出版社 2017 年版，第 355 页。

信教育中的重要作用。在对"就开展制度自信教育而言，您认为下列哪种方式最合适"的调查中，500 名受访大学生认为合适的方式为：第一名是家庭教育，第二名是学校教育，第三名是社会教育。

纪念馆、展览馆、红色文化景点等具备传播思想、文化功能的场馆，也承担着制度自信教育的部分职能。制度自信教育不仅仅需要书本上的理论教育，也需要身临其境的沉浸式教育。"以保护、研究、展示和传播人类生存及其环境物证为使命的博物馆，是人类文明记忆与传承、创新的重要阵地，主要通过实物传播思想、知识和文化，具有生动直观、参与互动、寓教于乐的特点，以自身鲜明的个性魅力和深厚的内涵吸引公众，成为公众特别是青少年感知历史、认识现在、探索未来的重要文化殿堂，是营造学习型社会的重要手段和途径。"[1] 文化教育场馆能形成教育的立体感，使受众真切地感受到中国特色社会主义制度的优越性。通过一个个实物的展览，一声声讲解的熏陶，给予受众更加深刻的记忆，从而丰富制度自信教育的层次感。

总之，制度自信教育的教育者是制度自信教育任务的执行者，通过搭建家庭教育、学校教育、社会教育协同共育平台，充分发挥学校教师、家长及社会文化教育传播人员的各自优势，在深化制度认识、增强制度认同、坚定制度信心、践行制度维护的过程中汇聚起强大的育人同心力。

二、制度自信教育的对象

制度自信教育的客体是制度自信教育的接受者。从广义上来看，全体社会成员都是制度自信教育的对象。通过制度自信教育，使全体社会成员的制度自信得到增强，凝聚起广泛的心理共识和注入强大的精神力量。

党的十九届四中全会审议通过的《中共中央关于坚持和完善中国特色社会主义制度、推进国家治理体系和治理能力现代化若干重大问题

---

① 单霁翔：《博物馆的学术研究》，天津大学出版社 2017 年版，第 14 页。

的决定》明确提出，要组织开展中国特色社会主义制度宣传教育，"引导全党全社会充分认识中国特色社会主义制度的本质特征和优越性，充分认识中国特色社会主义制度和国家治理体系经过长期实践检验，来之不易，必须倍加珍惜……要把制度自信教育贯穿国民教育全过程，把制度自信的种子播撒进青少年心灵。要积极创新话语体系、提升传播能力，面向海内外讲好中国制度的故事，不断增强我国国家制度和国家治理体系的说服力和感召力。"[1]

青少年是中国特色社会主义事业的建设者和接班人，是民族未来发展的希望所在，是制度自信教育的主要对象。青少年时期是正值世界观、人生观、价值观形成的阶段，是人生的"拔节孕穗期"，需要精心引导和培育。习近平指出："青年的价值取向决定了未来整个社会的价值取向，而青年又处在价值观形成和确立的时期，抓好这一时期的价值观养成十分重要。"[2]在青少年中开展制度自信教育，就是要依据青少年不同成长阶段的思维特点、接受程度等因素综合考量，制定适合青少年的制度自信教育方案，讲好中国特色社会主义制度特点、讲清中国特色社会主义制度本质、讲透中国特色社会主义制度优势，引导青少年树立中国特色社会主义共同理想，坚定"四个自信"，把爱国情、强国志、报国行自觉融入坚持和发展中国特色社会主义事业、全面建设社会主义现代化国家、实现中华民族伟大复兴的奋斗之中。

第三节　制度自信教育的基本方法

制度自信教育的方法是受教育者生成制度自信的方式，其既存在于一般思想政治教育的方式方法之中，又具有制度自信教育自身的特殊性。这种特殊性，根植于中国特色社会主义制度的理论创新和实践成

---

[1]　《习近平谈治国理政》第三卷，外文出版社 2020 年版，第 129 页。
[2]　《十八大以来重要文献选编》（中），中央文献出版社 2016 年版，第 6 页。

就，表现于中国特色社会主义制度为人民服务的鲜明属性，来源于中国特色社会主义制度的发展历程。

一、坚持理论与实际相结合

恩格斯指出："我们的主观思维和客观世界遵循同一些规律，因而两者的结果最终不能互相矛盾，而必须彼此一致，这个事实绝对地支配着我们的整个理论思维。这个事实是我们理论思维的不以意识为转移的和无条件的前提。"① 主观思维和客观世界结合，在制度自信教育上体现为理论与实际的相结合，是从理论与实践相统一的向度提高制度自信教育实效性的根本要求。

中国特色社会主义制度是中国共产党将马克思主义基本原理同中国具体实际相结合、同中华优秀传统文化相结合的产物，与马克思主义中国化的进程密切相关。只有理论上的清醒才有政治上的坚定，只有理论上的坚定才有制度上的自信。我们开展中国特色社会主义制度自信教育，离不开对马克思主义理论及其中国化成果的教育。只有通过教育引导人们正确认识中国特色社会主义理论的科学内涵和生成逻辑，才能从思想认识上坚定对中国特色社会主义制度的政治认同，坚定对共产主义远大理想的信仰追求。为此，我们要推动马克思主义理论宣传教育工作，引导全党全社会读经典、学原文、悟原理，深入学习和运用马克思主义基本立场、观点和方法，坚定对马克思主义的信仰，确保理想信念的正确方向，坚定"四个自信"。

开展制度自信教育，既要说清相关制度的理论内涵与内在逻辑，又要结合具体事例鲜活地、充分地展现相关制度的显著优势。例如，对基层群众自治制度，我们既要讲清楚基层群众自治制度是依照宪法和法律，由居民（村民）选举的成员组成居民（村民）委员会，实行自我管理、自我教育、自我服务、自我监督的制度，又要采用当下鲜活案例作为制度自信教育的生动素材，通过运用发生在教育受众身边的事例来增

---

① 《马克思恩格斯选集》第 3 卷，人民出版社 2012 年版，第 977 页。

强制度自信教育的感染力和吸引力。我国是一个人口大国，如何解决群众之间的纠纷问题是当前基层社会治理面临的一个重要难题。2020年11月16日，在中央全面依法治国工作会议上，习近平明确指出："我国国情决定了我们不能成为'诉讼大国'。我国有14亿人口，大大小小的事都要打官司，那必然不堪重负！"① 通过多元途径及时、有效地预防、化解社会矛盾纠纷，把非诉讼纠纷解决机制挺在前面，而非单纯依靠诉讼解决纠纷，成为解决我国基层治理纠纷难题的重要方向。正是在这个指导原则下，我们继承了"依靠群众就地化解矛盾"的"枫桥经验"，将其发展成为坚持党建引领、坚持人民主体、坚持"三治融合"、坚持"四防并举"、坚持共建共享为主要内容的新时代"枫桥经验"，成为全国政法综治战线的一面旗帜。自2019年以来，新时代"枫桥经验"被陆续写入《中国共产党农村基层组织工作条例》、党的十九届四中全会《决定》以及《中共中央关于党的百年奋斗重大成就和历史经验的决议》，成为坚持和完善中国特色社会主义制度，推进国家治理体系和治理能力现代化的有机组成部分。把"枫桥经验"的形成发展过程、本质内涵及在当前我国基层治理实践中的优势讲清楚，对于增强人民群众对基层社会治理制度优势的认识和理解，充分发挥基层社会治理体系在保障国家长治久安、人民安居乐业方面发挥的作用，具有重要的理论和现实意义。

二、运用纵向历史维度

中国特色社会主义制度的形成和发展有其自身的历史逻辑，坚定制度自信需要了解和认识中国特色社会主义制度的形成和发展过程。运用历史维度开展制度自信教育，有助于运用历史经验为制度自信教育提供借鉴，采取历史素材为制度自信教育提供案例，使用历史方法来提升制度自信教育的有效性。

运用纵向历史维度，为制度自信教育提供正确历史观。马克思主

---

① 《习近平谈治国理政》第四卷，外文出版社2022年版，第295页。

义唯物史观认为，人类社会是物质世界的特殊运动形态，物质生产和生产方式是人类社会发展的基础动因，是整个社会发展的根本决定因素。中国近现代历史是中国特色社会主义制度形成的舞台和背景，以历史维度审视中国特色社会主义制度，为我们提供了了解和认识中国特色社会主义制度形成和发展的客观过程，有助于我们在纵向的比较中坚定制度自信。在中华民族积贫积弱、任人宰割的时期，无数仁人志士接续对各种主义和思潮进行了尝试，从戊戌变法到辛亥革命，实践证明了资本主义道路在中国走不通。此后，自由主义、社会达尔文主义、无政府主义、实用主义也都是"你方唱罢我登场"，不能从根本上解决中国的前途和命运问题。在整个中国陷入迷茫之际，十月革命一声炮响给中国送来了马克思列宁主义，使中国革命迎来了新的局面。中国共产党成立后，中国共产党人将马克思主义基本原理同中国实际和中华优秀传统文化相结合，探索出了一条实现民族独立、人民解放，国家富强、人民富裕之路，使曾经积弱积贫的旧中国成为在世界格局中的重要力量，使曾经遭受各种势力压迫的中国人民享有充分权利。特别是中国特色社会主义进入新时代，以习近平同志为核心的党中央采取一系列战略性举措，推进一系列变革性实践，实现一系列突破性进展，取得一系列标志性成果，攻克了许多长期没有解决的难题，办成了许多事关长远的大事要事，推动党和国家事业取得历史性成就、发生历史性变革，开辟了中国特色社会主义的崭新境界。历史和现实证明，只有社会主义才能救中国，只有社会主义才能发展中国，只有坚持和发展中国特色社会主义才能实现中华民族伟大复兴；中国特色社会主义制度是中国人民在历史发展过程中的主动选择，是符合历史发展规律的必然趋势。正如习近平指出："一个国家实行什么样的主义，关键要看这个主义能否解决这个国家面临的历史性课题。"[①] "当今世界，要说哪个政党、哪个国家、哪个民族能够自信的话，那中国共产党、中华人民共和国、中华民族是最有理由自信

---

① 《十八大以来重要文献选编》（上），中央文献出版社 2014 年版，第 109 页。

的。"① 这种用历史思维看问题、做决策，以唯物主义评价历史和从大历史观审视历史的方法，可以使我们始终站在历史正确的一边，坚定地推动党和国家事业向前发展。

运用纵向历史维度，为制度自信教育提供历史借鉴。历史是最好的教科书，今天遇到的很多事情都可以在历史上找到影子，历史上发生过的很多事情也都可以作为今天的镜鉴。习近平指出："我们党一步步走过来，很重要的一条就是不断总结经验、提高本领，不断提高应对风险、迎接挑战、化险为夷的能力水平。"②1957 年，毛泽东在谈学校的思想政治教育时强调指出："政治课要联系实际，生动有趣，不要教条式的，要使中学生知道一些为人在世的道理。讲猴子变人的社会发展史如果同历史课有重复，历史课可以从中华人民共和国成立讲起，讲胜利，讲困难，不过猴子变人还要讲，阶级斗争也要讲。课本要两三年修改一次，使之不脱离实际。"③ 当前，我们同样面临着推进思政课改革创新的问题，过去的探索实践为我们提供了宝贵的历史经验。在党的百年奋斗进程中，有许多鲜活的事例和动人的制度自信故事，完全具备产生"联系实际，生动有趣"课堂效果的条件。通过制度自信教育，使受教育者掌握科学的认识方法，提高道德认识的水平，即获得"一些为人处世的道理"。制度自信教育不仅要讲制度建设的伟大胜利，也要讲制度建设过程中的困难和艰辛，既要"讲胜利"，也要"讲困难"。制度自信所依赖的教材要保持更新，做到"使之不脱离实际。"合理运用历史经验，为制度自信教育提供借鉴，不断总结前人走过的路，发挥历史经验的最大效能。

运用纵向历史维度，为制度自信教育提供丰富史料。中国近现代以来的历史波澜壮阔、成就卓著，特别是新中国成立以来，中国共产党领导中国人民用几十年时间走过了西方资本主义国家几百年的现代化建

① 《习近平谈治国理政》第二卷，外文出版社 2017 年版，第 36 页。
② 《习近平谈治国理政》第四卷，外文出版社 2022 年版，第 512—513 页。
③ 《毛泽东文集》第七卷，人民出版社 1999 年版，第 247 页。

设历程，创造了世所罕见的中国发展速度和取得了举世瞩目的伟大成就，书写了中国式现代化的鸿篇巨制。中国特色社会主义制度形成、发展过程中的丰富史料，是广大受教育者接受制度自信教育的宝贵财富，可以使广大受教育者在清晰的历史发展进程中深刻理解坚定制度自信的内涵和意义。例如在《国营工业企业法》的制定过程中，"从1978年邓小平首次提出《国营工厂法》到1988年全国人大通过，用了整整10年的时间。""先将《国营工业企业法（草案）》交《人民日报》全文公布，广泛征求全国各界意见，根据各界意见修改，最后提请七届全国人大一次会议讨论。"[1]通过讲述事关中国特色社会主义经济制度的《国营工业企业法（草案）》审议和制定过程，让受教育者更加清晰地了解中国特色社会主义制度的形成逻辑，更加理解和认同中国选择改革开放的历史必然性，中国开辟中国特色社会主义道路的历史必然性。

三、运用国际视野

国际视野在思想政治教育中具有世界观和方法论双层意义。对制度自信教育而言，运用国际视野主要是在国际比较中深刻认识中国特色社会主义制度的优越性和先进性。

运用国际视野可以在国际范围内进行制度优势比较，能进一步增强人们的制度自信、制度情感。实践是检验真理的唯一标准，衡量一个制度是否优越，是否符合国情，归根结底需要用实践来检验。尤其是在重大风险挑战面前，能不能充分发挥出制度的优势和效率。我国成功战洪水、防非典、抗地震，彰显了我国社会主义制度具有非凡的组织动员能力、统筹协调能力、贯彻执行能力，能够充分发挥集中力量办大事、办难事、办急事的举国体制优势。在新冠疫情肆虐全球的形势之下，中国不仅能够有效地控制疫情，而且为其他国家提供防疫力量。"2021年全年，中国对外提供了超过20亿剂疫苗，这是一个伟大的成就。中国

---

① 曲青山、吴德刚编：《改革开放四十年口述史》，中国人民大学出版社2019年版，第203页。

提出把新冠疫苗作为全球公共产品，努力提高疫苗在发展中国家的可及性和可负担性，推动在全球范围内公平合理分配疫苗，体现了中国作为负责任大国的担当。"① 中国疫情防控实践充分证明了中国制度优势和强大力量，在国际视野中"中国之治"与"西方之乱"形成鲜明对比，充分展现了中国特色社会主义制度的先进性和优越性。

随着中国的快速发展和在国际舞台上发挥出越来越重要的作用，研究中国治国理政的"奥秘"成为国外学者研究中国问题的重要内容。其中，中国与其他国家的制度比较是当前国外学者高度重视的一个研究方法。例如，有国外学者对中印两国在经济发展上的表现进行比较，认为制度优势是中国经济迅速发展的重要原因。"在印度，制度框架是政策制定的大环境和限制的体现；相比之下，在中国，制度框架本身是一个优先的目标变量，是政策的客体。在印度，制度框架的构建是基于一个一成不变的、顽固的环境，同时它成为发展的束缚。它是变革的主语，但是这种变革是不情愿的、缓慢的进化。但是中国不同，中国的制度框架没有造成环境约束，而是成为了服务于发展战略的催化工具。传统的制度构架被一扫而去，新的制度在极短暂的时间内被设计和建造完成，随即又被更新的、更符合国家发展战略需要的制度模式所替代。"② 正是在这种制度优势之下，中国经济获得了快速发展的保障基础。美国中国问题专家扎克·戴奇瓦德（Zak Dychtwald）认为："自1990年至2019年，美国的人均GDP增长了大约2.7倍，这听起来令人印象深刻，但是中国的人均GDP增长了32倍，整整一个数量级的增加。……1990年，中国的农村人口每100户有一台冰箱，今天已变为每100户96台。1990年，中国只有550万辆汽车；今天，中国有2.7亿辆汽车，其中340万辆是电动汽车，占全球电动汽车总量的47%。"这些翻天覆地的变化使人们认识到，"生活在中国就是生活在一个比地球上任何其

---

① 卢鲁·布拉沃：《中国疫苗增强了我们的抗疫信心》，《人民日报》2022年2月17日。
② 王新颖编：《奇迹的建构：海外学者论中国模式》，中央编译出版社2011年版，第269页。

他地方发展更快、变化更大的国家"①。"他者"拥有进行比较审视制度优势的独特视角,我们广泛搜集和整理这些比较研究的成果并将其运用到制度自信教育的过程中,将极大增强展现制度自信教育的说服力和吸引力。

运用国际视野可以为提升中国特色社会主义制度国际话语权提供支撑。中国特色社会主义是科学社会主义理论与实践在当代发展的结晶,充分显示了科学社会主义的真理力量。习近平指出,中国特色社会主义进入新时代,"意味着科学社会主义在二十一世纪的中国焕发出强大生机活力,在世界上高高举起了中国特色社会主义伟大旗帜"②。中国特色社会主义制度是中国共产党对科学社会主义基本原则的创造性运用和发展,既坚持了科学社会主义基本原则,又根据时代条件赋予其鲜明的中国特色,在中国特色社会主义事业的发展中显示出突出的制度优势。美国经济学家迈克尔·哈德森(Michael Hudson)认为:"在过去的二十年里,中国的发展主要支撑了西方的繁荣。但这种动力正在被拒绝,被谴责为一种生存威胁,正是因为它是成功的社会主义,而不是新自由主义的剥削。"③中国特色社会主义制度的优势,推动中国快速"崛起"并呈现出发展"奇迹"。同时,国内外关于中国特色社会主义的认识,还存在误解误读,甚至故意歪曲抹黑的情况。"近些年来,国内外有些舆论提出中国现在搞的究竟还是不是社会主义的疑问,有人说是'资本社会主义',还有人干脆说是'国家资本主义'、'新官僚资本主义'。这些都是完全错误的。"④开展制度自信教育,我们能够讲清楚中国特色社会主义制度致力于"国家富强、民族振兴、人民幸福"的价值

---

① Zak Dychtwald, "China's New Innovation Advantage", Harvard Business Review, May-June 2021, pp.55-60.

② 《习近平谈治国理政》第三卷,外文出版社 2020 年版,第 8 页。

③ Michael Hudson, "The Vocabulary of Neoliberal Diplomacy in Today's New Cold War", https://michael-hudson.com/2021/09/the-vocabulary-of-neoliberal-diplomacy-in-todays-new-cold-war.

④ 《十八大以来重要文献选编》(上),中央文献出版社 2014 年版,第 110 页。

追求和"不仅造福中国人民，而且造福世界"的未来发展趋势，从理论
和实践上批判国际上关于中国的错误论调，教育引导广大人民群众深刻
理解中国特色社会主义制度的精神内涵和本质特征，充分认识中国特色
社会主义为人类社会发展所作出的突出贡献，坚定中国特色社会主义制
度自信。

第四节　制度自信教育的价值意义

制度自信教育作为具有极强现实关切的教育活动，对塑造思想、
凝聚共识发挥着至关重要的作用，是在思想政治教育领域加强中国特色
社会主义制度的认知和认同教育的有力举措，有助于培养拥护中国共产
党领导，坚持中国特色社会主义制度，积极投身于中国特色社会主义事
业的合格建设者和可靠接班人。

一、推动形成制度自信的内生动力

理论上的认同是最根本的认同，思想上的坚定是最清醒的坚定。
通过开展制度自信教育，引导受教育者从思想认识上产生对中国特色社
会主义制度的政治自信和认同，推动形成制度自信的内生动力。

讲清楚中国特色社会主义制度为什么好，增进制度价值认同。
习近平强调指出："衡量一个社会制度是否科学、是否先进，主要看是
否符合国情、是否有效管用、是否得到人民拥护。"① 开展制度自信教
育，就是教育引导受教育者从制度价值层面认识中国特色社会主义制度
为什么好，增进人们对中国特色社会主义制度的价值认同。中国特色社
会主义制度坚持以人民为中心，把保障最广大人民的根本利益作为价值
取向，体现了中国特色社会主义制度的人民性特征。党的十一届三中全

---

① 习近平：《坚持、完善和发展中国特色社会主义国家制度与法律制度》，《求是》
2019 年第 23 期。

会以后，以邓小平同志为主要代表的中国共产党人，深刻总结新中国成立以来正反两方面经验，围绕什么是社会主义、怎样建设社会主义这一根本问题，借鉴世界社会主义历史经验，深刻揭示社会主义本质，即"社会主义的本质，是解放生产力，发展生产力，消灭剥削，消除两极分化，最终达到共同富裕"①。邓小平对社会主义本质的概括，突出地强调了解放和发展生产力在社会主义社会发展中的重要地位，反映了中国社会主义整个历史阶段尤其是初级阶段特别需要注重生产力发展的迫切要求；同时，又突出强调了"消灭剥削，消除两极分化，最终达到共同富裕"，阐明了社会主义社会发展生产力的目的不是为少数人谋利益，而是为全体社会成员谋幸福，实现共同富裕，体现了发展手段和发展目的相统一的价值目标。在此基础上，党确立社会主义初级阶段基本路线，明确提出走自己的路、建设中国特色社会主义的目标，科学回答了什么是社会主义和怎样建设社会主义这个根本问题，并在实践中制定了到 21 世纪中叶分三步走、基本实现社会主义现代化的发展战略，成功开创了中国特色社会主义。

党的十八大以来，以习近平同志为核心的党中央全面推进中国特色社会主义的理论创新和实践创新，系统回答了新时代坚持和发展什么样的中国特色社会主义、怎样坚持和发展中国特色社会主义，建设什么样的社会主义现代化强国、怎样建设社会主义现代化强国，建设什么样的长期执政的马克思主义政党、怎样建设长期执政的马克思主义政党等重大时代课题。在《关于坚持和发展中国特色社会主义的几个问题》一文中，习近平明确指出："中国特色社会主义是党的最高纲领和基本纲领的统一。中国特色社会主义的基本纲领，概言之，就是建立富强民主文明和谐的社会主义现代化国家。这既是从我国正处于并将长期处于社会主义初级阶段的基本国情出发的，也没有脱离党的最高理想。"② 在这里，习近平强调，中国特色社会主义是对科学社会主义基本原则的继承

---

① 《邓小平文选》第三卷，人民出版社 1993 年版，第 373 页。

② 《十八大以来重要文献选编》（上），中央文献出版社 2014 年版，第 116 页。

和发展，在新时代坚持和发展中国特色社会主义，既要坚定走中国特色社会主义道路的信念，也要胸怀共产主义的崇高理想，矢志不移贯彻执行党在社会主义初级阶段的基本路线和基本纲领。改革开放以来的实践证明，在中国特色社会主义制度的保障下，社会生产力得到极大发展，居民收入较快增长，收入结构不断改善，城乡和地区居民收入差距不断缩小，居民消费水平持续提高，生活质量稳步提升。例如，从城乡居民获得的教育服务水平来看，党的十八大以来实现了明显改善。"2021年，城镇地区有99.0%的户所在社区可以便利地上幼儿园或学前班，比2013年提高2.3个百分点；有99.2%的户所在社区可以便利地上小学，比2013年提高2.4个百分点。2021年，农村地区有90.1%的户所在自然村可以便利地上幼儿园或学前班，比2013年提高14.4个百分点；有91.3%的户所在自然村可以便利地上小学，比2013年提高10.5个百分点。"[①] 事实说明：中国没有辜负社会主义，社会主义也没有辜负中国。人民生活实现了从贫困到温饱和从温饱到全面建成小康社会的历史性跨越，正在向着全面建成社会主义现代化强国的第二个百年奋斗目标奋力迈进。

讲清楚中国特色社会主义制度怎么好，增进制度优势认同。中国特色社会主义制度是以马克思主义为指导、植根中国大地、具有深厚中华文化根基、深得人民拥护的制度，是具有强大生命力和巨大优越性的制度。邓小平在谈论社会主义制度优越性时曾指出："我们是社会主义国家，社会主义制度优越性的根本表现，就是能够允许社会生产力以旧社会所没有的速度迅速发展，使人民不断增长的物质文化生活需要能够逐步得到满足。"[②] 当前影响制度自信的一个重要因素，是中国特色社会主义制度的优越性没有得到充分的概括总结，没有从客观事实转化为认

---

① 《居民收入水平较快增长　生活质量取得显著提高——党的十八大以来经济社会发展成就系列报告之十九》，见 http://www.stats.gov.cn/xxgk/jd/sjjd2020/202210/t20221011_1889192.html。

② 《邓小平文选》第二卷，人民出版社1994年版，第128页。

识的事实。有些人总觉得外国的月亮比中国的圆，资本主义制度比社会主义制度好。也就是说，人们对制度的认知大多停留在感性层面，没有形成从感性向理性的转化，没有从根本上认知到中国特色社会主义制度优势。制度自信教育的直接目标是要引导人们认识中国特色社会主义制度的优越性，深刻理解中国特色社会主义制度怎么好，增进对中国特色社会主义制度的科学认同。如果没有了解和认识制度优势，也就无法形成认同，更无法形成自信。中国特色社会主义制度和国家治理体系是具有强大生命力和巨大优越性的制度和治理体系，是能够持续推动拥有十四亿多人口大国进步和发展、确保拥有五千多年文明史的中华民族实现伟大复兴的制度和治理体系。党的十九届四中全会审议通过的《关于坚持和完善中国特色社会主义制度　推进国家治理体系与治理能力现代化若干重大问题的决定》，不仅明确地将我国国家制度和治理体系概括为"十三个显著优势"，强调这些显著优势是坚定中国特色社会主义道路自信、理论自信、制度自信、文化自信的基本依据，而且要求加强制度理论研究和宣传教育，引导全党全社会充分认识中国特色社会主义制度的本质特征和优越性，坚定制度自信。因此，开展中国特色社会主义制度自信教育，广泛宣传中国特色社会主义制度的优越性，有利于增进人们对中国特色社会主义制度的价值认同，增强人们坚定不移走中国特色社会主义道路的信心和决心。正如"社会主义中国之友"网站联合主编卡洛斯·马丁内斯所认为的，"为什么中国能够把扶贫工作放在如此重要的位置？为什么要投资可再生能源、植树造林和保护生物多样性？为什么要在全国范围内扩展基础设施？因为中国是社会主义民主国家，政府的优先事项就是人民的优先事项。没有哪个资本主义国家能做到中国的成就；资本主义社会的阶级结构根本不允许这样做。"①

① Carlos Martinez, "Interview with Carlos Martinez: The US aims to weaken Russia and further its long-term project of containing China", https://invent-the-future.org/2022/07/interview-with-carlos-martinez-the-us-aims-to-weaken-russia-and-further-its-long-term-project-of-containing-china/.

二、正确认识选择中国特色社会主义制度的历史必然性

一个国家选择什么样的社会制度、走什么样的发展道路，必须符合本国实际情况、顺应民意。中国特色社会主义制度不是从天上掉下来的，而是经过革命、建设、改革长期实践形成的。开展制度自信教育，目的在于引导最广大人民群众深刻认识中国选择走社会主义道路、选择实行中国特色社会主义制度的历史必然性。

1840 年，英国自鸦片战争打开了中国大门，使中国逐渐沦为半殖民地半封建社会。在此后很长一段时间，中国的先进分子纷纷踏上了制度变革之路。以康有为、梁启超为代表的资产阶级改良派积极推进维新变法，主张效仿西方开国会、设议院，建立君主立宪制度，但遭到以慈禧太后为代表的顽固派的阻挠，最终"戊戌变法"失败，宣告了君主立宪制在中国行不通。以孙中山为代表的资产阶级革命派发动辛亥革命，推翻了清王朝的统治，建立了资产阶级共和制，但辛亥革命没有改变旧中国半殖民地半封建的社会性质。事实证明，"照抄照搬他国的政治制度行不通，会水土不服，会画虎不成反类犬，甚至会把国家前途命运葬送掉。"① 十月革命一声炮响，给中国送来了马克思列宁主义。中国的仁人志士在"全世界无产者联合起来"的社会主义革命中看到了救国救民的希望，经过反复比较，最终选择了马克思主义，坚定了社会主义发展方向。

1921 年 7 月，中国共产党成立，掀开了中国革命的新篇章。经过 28 年艰苦卓绝的奋斗，中国共产党团结带领人民取得了新民主主义革命的胜利，建立了新中国，为社会主义制度在中国的建立奠定了政治基础。"实践充分说明，历史和人民选择了中国共产党，没有中国共产党领导，民族独立、人民解放是不可能实现的。中国共产党和中国人民以英勇顽强的奋斗向世界庄严宣告，中国人民从此站起来了，中华民族任人宰割、饱受欺凌的时代一去不复返了，中国发展从此开启了新纪元。"② 社会主

---

① 《习近平谈治国理政》第二卷，外文出版社 2017 年版，第 286 页。

② 《中共中央关于党的百年奋斗重大成就和历史经验的决议》，人民出版社 2021 年版，第 8—9 页。

义革命和建设时期，党面临的主要任务是实现从新民主主义到社会主义的转变，进行社会主义革命，推进社会主义建设，为实现中华民族伟大复兴奠定了根本政治前提和制度基础。特别是在 1956 年年底，党领导人民完成了社会主义改造，消灭了在中国延续几千年的封建剥削压迫制度，标志着社会主义制度在中国的确立。自此，中国共产党带领人民开始沿着建设社会主义性质的国家制度的道路正确前行，推动社会主义建设事业蓬勃发展。"从新中国成立到改革开放前夕，党领导人民完成社会主义革命，消灭一切剥削制度，实现了中华民族有史以来最为广泛而深刻的社会变革，实现了一穷二白、人口众多的东方大国大步迈进社会主义社会的伟大飞跃。在探索过程中，虽然经历了严重曲折，但党在社会主义革命和建设中取得的独创性理论成果和巨大成就，为在新的历史时期开创中国特色社会主义提供了宝贵经验、理论准备、物质基础。"①

1978 年，党的十一届三中全会作出了实行改革开放的伟大决策，中国进入改革开放新时期。之所以实行改革开放，是因为党在对当时中国与世界关系的客观认识，特别是对党和国家命运前途深刻洞察和准确把握的基础上，在十一届三中全会上果断做出把党的工作重心和全国人民的注意力转移到社会主义现代化建设上来的伟大决策，决定实行改革开放，实现了自新中国成立以来党的历史具有深远意义的伟大转折，开启了我国改革开放和社会主义现代化建设的新时期。后来邓小平在总结中国果断启动改革开放决策的经验时，曾自豪地说："一个是对国际形势的判断，一个是根据这个判断相应地调整对外政策，这是我们的两个大变化。现在看来，这两个变化是正确的，对我们是有益的，我们要坚持下去。"② 习近平也曾强调指出，改革开放是党在关键时刻掌握历史主动的重要结果。他说："改革开放是怎么搞起来的？很关键的一条是我

---

① 《中共中央关于党的百年奋斗重大成就和历史经验的决议》，人民出版社 2021 年版，第 14 页。

② 《邓小平文选》第三卷，人民出版社 1993 年版，第 128 页。

们党正确判断世界大势。"①

　　进入改革开放和社会主义现代化建设新时期，党面临的主要任务是继续探索中国建设社会主义的正确道路，解放和发展社会生产力，使人民摆脱贫困、尽快富裕起来，为实现中华民族伟大复兴提供充满新的活力的体制保证和快速发展的物质条件。改革开放以来，围绕建设中国特色社会主义的主题，党推进马克思主义基本原理同中国实际、中华优秀传统文化相结合，在实践中不断丰富和完善中国特色社会主义制度，使中国特色社会主义制度在实践中呈现出勃勃生机。我国实现了从生产力相对落后的状况到经济总量跃居世界第二的历史性突破，实现了人民生活从温饱不足到总体小康的历史性跨越，推进了中华民族从站起来到富起来的伟大飞跃。

　　党的十八大以来，面对世界百年未有之大变局和实现中华民族伟大复兴的战略全局，以习近平同志为核心的党中央高举中国特色社会主义伟大旗帜，团结带领全党全国各族人民接续进行伟大社会革命，特别是就新时代坚持和发展什么样的中国特色社会主义、怎样坚持和发展中国特色社会主义等重大时代课题，提出一系列原创性的治国理政新理念新思想新战略，推动党和国家事业取得历史性成就、发生历史性变革，国家经济实力、科技实力、综合国力跃上新台阶，赢得了中国人民的广泛支持和高度认同。牛津大学中国研究中心主任拉纳·米特（Rana Mitter）等在《西方人对中国的误解》一文中指出，许多中国人认为，中国所取得的诸如大规模减贫、巨大基础设施投资以及出现一批引领世界的大型科技企业等一系列成就，都是在中国共产党的领导下取得的。"哈佛大学肯尼迪政府学院阿什中心 2020 年 7 月的民意调查数据显示，中国民众对中国政府的满意度为 95％。我们在中国当地的考察证实了这一点。我们遇到的大多数普通人不仅没有觉得他们的个人权利受到国家的限制，而且认为国家给他们的发展提供了丰富机会。许多中国人不仅不相信西方民主是经济成功的必要条件，而且相信他们的政府是高效

---

① 习近平：《论中国共产党历史》，中央文献出版社 2021 年版，第 18 页。

负责的。"①

历史是最好的教科书，也是最好的清醒剂。通过讲清楚中国特色社会主义制度的来龙去脉，引导人们充分认识中国选择中国特色社会主义制度的历史必然性，有助于正确理解中国特色社会主义制度的生成逻辑，深刻认识中国特色社会主义制度的巨大优势，从而增进人们对中国特色社会主义制度的情感认同。

三、引导人民群众正确辨识自发制度认同中的错误观念

在自发的制度认同中，会产生包括错误观念在内的一系列问题。通过有效的制度自信教育，能够对自发制度认同中产生的错误观念给予正确的解释和引导，帮助受教育者从错误的思想观念中解脱出来，树立正确的认识观念和价值立场。总体来看，自发制度认同中存在认识偏差、认识不深入、认识不系统三个方面的问题。

自发制度认同局限于自身的生活经历、认识水准、知识背景等因素，容易产生认识偏差。"自发是相对于自觉而言的。所谓价值自发，就是受本能支配，受非理性支配，被表面现象所迷惑，不认识价值的本质，在理论上陷于混乱，缺乏远大的价值追求。所谓价值自觉，则是克服受本能支配，受非理性支配的倾向，从科学的理性思维出发，正确认识价值的本质，把追求眼前价值与确立正确而远大的价值追求结合起来。"② 例如，部分人对我国基层群众自治制度认识有偏差，认为村民委员会就是乡镇政府的下属派出机构。其实不然，"基层群众自治制度"是依照宪法和法律，由居民（村民）选举的成员组成居民（村民）委员会，实行自我管理、自我教育、自我服务、自我监督的制度。制度自信教育可以对该问题的认识偏差进行纠正，通过梳理基层群众制度发展的历史，就可以清晰地认识这一问题。据有关同志回忆，"1987 年制定

---

① Rana Mitter, Elsbeth Johnson, "What the West Gets Wrong About China", Harvard Business Review, May-June 2021, pp.42-48.

② 王玉梁:《21 世纪价值哲学:从自发到自觉》，人民出版社 2006 年版，第 1—2 页。

《村民委员会组织法》时，意见分歧较大。争论的最大问题就是村民委员会同乡、镇政府的关系问题。《宪法》规定，村民委员会同基层政权的相互关系由法律规定。因此，起草、制定这个法从一开始就遇到这个问题。民政部起草的《村民委员会组织条例（草案）》规定：村民委员会在乡政府指导下进行工作。就是说，乡政府与村民委员会是'指导关系'。当时，我们研究认为，说是'指导关系'恐怕也有点问题，容易把村民委员会变成乡政府的'腿'。我们提出，乡政府与村民委员会之间是'相互配合'的关系。用的是相互配合这样的话，比指导关系更能体现村委会的自治性质和作用。"① 我们从中可以看出，当时有关法律制定者对村民委员会和乡镇政权的关系的界定是慎之又慎的，原因在于为了能够体现出村委会的自治性质和作用。如果我们把这个问题讲清楚，认识偏差也就消失。

自发制度认同会产生认识不深入的问题。制度自信完成从理论武装到实践指引的转向，实现从方针政策到推进国家治理体系和治理能力现代化具体目标落实，最基本的问题是把制度自信从自发认识转化成党、国家、社会和全体人民的自觉行动。制度自信教育作为集中前沿理论和实践经验的教育活动，能有效地解决自发制度认同中出现的认识不深入的问题。中国特色社会主义制度在实践中不断发展完善的，对其认识和解读也是不断发展的。例如，作为高校制度自信教育的主体的思政课教师，及时将中国特色社会主义制度的最新理论成果讲授给广大青年学生，推动广大青年学生对中国特色社会主义制度的知识不断更新、认识不断深入。同时，作为一种教育活动，教育主体可以借助制度自信教育的机制，诸如教育者在教育方法、教育内容上不断深入研究，形成制度自信教育的合力，使受教育者深入系统地接受制度自信教育，增强制度自信教育的针对性和有效性。

自发制度认同会产生认识不系统的问题。中国特色社会主义制度

---

① 曲青山、吴德刚主编：《改革开放四十年口述史》，中国人民大学出版社 2019 年版，第 209 页。

是一项极具系统性的理论体系，其发展历史、时代意义、概念演变以及与其他理论的关系都需要用系统性的眼光去看待，都不是自发制度认同所能达到的。一方面，自发制度认同往往居于一隅，在思维方式上具有单向度的色彩，很难掌握复杂而全面的制度自信体系。例如，如何认识"资本"在中国经济发展中的作用，就涉及许多方面的内容。正确认识和理解中国特色社会主义的经济制度，就需要建构系的知识体系，自发的制度认同则不具备这方面的优势。正因为如此，2022 年 4 月 29日，十九届中央政治局专门就依法规范和引导我国资本健康发展开展第三十八次集体学习，习近平在讲话中明确指出，要系统研究资本理论和深刻总结我国资本实践的经验教训，更好地发挥资本在推动生产力发展中的积极作用。他说："在社会主义制度下如何规范和引导资本健康发展，这是新时代马克思主义政治经济学必须研究解决的重大理论和实践问题。要深入总结新中国成立以来特别是改革开放以来对待和处理资本的正反两方面经验，深化社会主义市场经济条件下资本理论研究，用科学理论指导实践，促进各类资本良性发展、共同发展，发挥其发展生产力、创造社会财富、增进人民福祉的作用。"① 另一方面，认识是由单一到多线的过程，认识一个事物往往是由事物的某一方面开始的，很难一下子就全面地掌握问题的面貌。制度自信的认识同样具有这种规律，自发的制度认同往往是从中国特色社会主义制度的某一方面开始的，很可能会走进只见树木、不见森林的误区。而制度自信教育往往是带有全局的系统性眼光的，可以直接从多维度出发去看待中国特色社会主义制度。

---

① 《习近平谈治国理政》第四卷，外文出版社 2022 年版，第 219 页。

第二章　制度自信教育融入高校思政课的内在逻辑

　　高等教育处于国民教育体系的最顶端，高校思政课是大学生思想政治教育的主渠道和主阵地，把制度自信教育融入高校思政课，不仅能够创新制度自信教育的方式和途径，教育引导广大青年学生坚定制度自信，着力解决好培养什么人、怎样培养人、为谁培养人这个根本问题，而且能够将中国特色社会主义制度优势转化为思政课改革创新的效能，不断增强思政课的思想性、理论性和亲和力、针对性。

第一节　制度自信教育是高校思政课的重要任务

　　"'为谁培养人、培养什么人、怎样培养人'始终是教育的根本问题。"① 建设中国特色社会主义大学，最关键的在于坚持党的领导，坚持马克思主义指导地位。只有牢牢坚持党的领导，中国特色社会主义大学才能把握正确办学方向、走出中国特色之路，更好为改革开放和社会主义现代化建设服务；只有牢牢坚持马克思主义指导地位，才能站稳政治立场，更好推进中国特色社会主义学科体系和人才培养体系建设。从这个角度看，把制度自信教育融入高校思政课，是坚持马克思主义指导地位、全面贯彻党的教育方针和坚持社会主义办学方向的基本要求和鲜明

---

① 《习近平在中国人民大学考察时强调　坚持党的领导传承红色基因扎根中国大地　走出一条建设中国特色世界一流大学新路》，《人民日报》2022 年 4 月 26 日。

特征。

一、开展制度自信教育是坚持党的领导的内在要求

坚持中国共产党领导是中国特色社会主义大学的鲜明特征。党的十九届六中全会通过的《中共中央关于党的百年奋斗重大成就和历史经验的决议》指出，"中国特色社会主义最本质的特征是中国共产党领导，中国特色社会主义制度的最大优势是中国共产党领导，中国共产党是最高政治领导力量，全党必须增强'四个意识'、坚定'四个自信'、做到'两个维护'"①。在高校开展制度自信教育，通过讲清楚中国共产党在中国特色社会主义制度建设中的领导地位和作用，教育引导广大青年学生充分认识中国特色社会主义制度的独特优势和显著特征，自觉拥护中国共产党领导和坚定中国特色社会主义制度自信。

制度自信教育融入高校思政课是坚持党的领导的体现。"党政军民学，东西南北中，党是领导一切的，是最高的政治领导力量。"②坚持党对教育事业的全面领导，是引领新时代中国特色社会主义教育事业不断前进的最大政治优势和根本政治保证。坚持党的领导是具体，不是抽象的，反映在治国理政的全过程和各方面。在高校中开展制度自信教育是坚持党对思想政治工作领导的具体表现。习近平指出："思想政治工作是学校各项工作的生命线，各级党委、各级教育主管部门、学校党组织都必须紧紧抓在手上。"③在高校中开展制度自信教育之所以是坚持党的领导，是因为高校是坚持党的领导的重要阵地，坚持党的领导内在地要求党必须提高党的基层组织做思想政治工作的能力。在高校，特别是在高校思政课中开展制度自信教育，使每个师生党员都做到在党爱党、在

---

① 《中共中央关于党的百年奋斗重大成就和历史经验的决议》，人民出版社 2021 年版，第 24 页。

② 《习近平总书记系列重要讲话读本（2016 年版）》，学习出版社、人民出版社 2016 年版，第 102 页。

③ 《习近平在全国教育大会上强调　坚持中国特色社会主义教育发展道路　培养德智体美劳全面发展的社会主义建设者和接班人》，《人民日报》2018 年 9 月 11 日。

党言党、在党为党，有助于提高党在高校中的领导能力和水平，增强党在高校中的凝聚力、向心力和战斗力。在高校中坚持党的领导，就是要保证高校的正确办学方向，就是要掌握高校思想政治工作主导权，保证高校始终成为培养社会主义事业建设者和接班人的坚强阵地。2014年12月，习近平就高校党建工作作出重要指示强调指出："高校肩负着学习研究宣传马克思主义、培养中国特色社会主义事业建设者和接班人的重大任务。加强党对高校的领导，加强和改进高校党的建设，是办好中国特色社会主义大学的根本保证。"[1] 在高校中开展制度自信，用习近平新时代中国特色社会主义思想铸魂育人，目的在于引导青年学生增强中国特色社会主义道路自信、理论自信、制度自信、文化自信，厚植爱国主义情怀，把爱国情、强国志、报国行自觉融入坚持和发展中国特色社会主义、全面建设社会主义现代化国家、实现中华民族伟大复兴的奋斗之中，培养担当民族复兴大任的时代新人，培养德智体美劳全面发展的社会主义建设者和接班人。

制度自信教育融入高校思政课是加强和改善党的领导的必然要求。高校党组织是党的组织体系中的重要组成部分，在党的建设整体布局中具有至关重要的作用。做好高校思想政治工作，加强对处于价值观形成时期的青年学生的价值引领，是高校各级党组织的重要任务。习近平曾形象地比喻：青年人的价值确立过程"就像穿衣服扣扣子一样，如果第一粒扣子扣错了，剩余的扣子都会扣错。人生的扣子从一开始就要扣好"[2]。为做好高校思想政治工作，高校党的各级组织必须坚持以马克思主义引领青年大学生的思想，用马克思主义中国化时代化最新理论成果武装青年大学生，激励广大青年学生坚定理想信念，形成思想共识和价值认同。2021年，新修订的《中国共产党普通高等学校基层组织工作条例》对高校青年学生党员的发展、培养工作进行了完善和补充，作出

---

① 《习近平就高校党建工作作出重要指示　坚持立德树人思想引领　加强改进高校党建工作》，《人民日报》2014年12月30日。

② 《十八大以来重要文献选编》（中），中央文献出版社2016年版，第6页。

专门规定："高校党组织应当把立德树人作为根本任务，构建思想政治工作体系，加强意识形态阵地管理。充分发挥课堂教学的主渠道作用，办好思政课，推进课程思政建设，拓展新时代大学生思想政治教育的有效途径，形成全员全过程全方位育人的良好氛围和工作机制。"① 将制度自信教育融入高校思政课，是贯彻落实高校思想政治工作的重要举措，旨在通过推动高校思想政治工作改革创新，更好发挥思政课对青年学生的凝心聚力作用，奠定党对高校领导的强大思想基础。实践证明，通过采取包括将制度自信教育融入高校思政课、推动高校思政课改革创新等举措，高校思想政治工作取得了显著成效，党的领导得到显著加强。2021 年教育部新闻发布会披露的数据显示，99.4% 的学生认为"中国共产党具有无比坚强的领导力，是中国人民最可靠的主心骨"；九成以上大学生对思政工作表示满意，给予了较高评价；约 95% 的学生对辅导员等思政工作队伍表示满意。"广大学生的爱党爱国爱社会主义思想基础更加巩固，听党话跟党走的决心更加坚定，制度自信进一步增强。"②

制度自信教育融入高校思政课是贯彻党的教育方针的具体表现。党的教育方针是党的理论和路线方针政策在教育领域的集中体现，在教育事业发展中具有根本性地位和作用。中国共产党成立一百多年来，在革命、建设和改革的不同历史时期，围绕培养什么人、怎样培养人、为谁培养人的根本问题，与时俱进地推进党的教育方针发展完善，探索出适合我国基本国情的教育发展道路。2021 年 4 月，十三届全国人大常委会第二十八次会议审议通过新修订的《中华人民共和国教育法》，对新时代党的教育方针进行了明确规定，强调"教育必须为社会主义现代化建设服务、为人民服务，必须与生产劳动和社会实践相结合，培养德智体美劳全面发展的社会主义建设者和接班人"③。把制度自信教育融入

---

① 《中国共产党普通高等学校基层组织工作条例》，人民出版社 2021 年版，第 21 页。

② 《教育部召开发布会，介绍 5 年来贯彻落实全国高校思政会精神工作成效——格局性变化 历史性成就》，《中国教育报》2021 年 12 月 8 日。

③ 《全国人民代表大会常务委员会关于修改〈中华人民共和国教育法〉的决定》，《人民日报》2021 年 4 月 30 日。

高校思政课之中，推动高校思政课改革创新，是贯彻新时代党的教育方针，是落实"立德树人"的根本任务的重要举措。这是因为，将制度自信教育融入高校思政课，要求思政课教师从理论逻辑上讲清楚中国特色社会主义制度的理论内涵、鲜明特征、价值意义，从学理上批判各种错误思潮对中国特色社会主义制度的误判误读，引导学生全面客观认识当代中国、看待外部世界，正确认识时代责任和历史使命，自觉将个人追求融入到国家和民族的事业中，勇做走在时代前列的奋进者、开拓者。思政课发挥出以透彻的学理分析回应学生、以彻底的思想理论说服学生、用真理的强大力量引导学生的理论教育作用。将制度自信教育融入高校思政课，要求思政课教师从实践逻辑上讲清楚中国特色社会主义制度的辉煌成就和制度优势，从感性认知和实际体验的角度充分认识中国特色社会主义为什么好。例如，将制度自信教育融入高校思政课的一个创新之处就是实践教学，通过组织开展一系列深入社会生产的实践教育活动，把理论武装与实践育人结合起来，帮助青年学生了解和认识复杂变化中的新时代中国特色社会主义，引导青年学生运用所掌握的理论知识解决社会实践中的现实问题，锻炼独立工作和独立解决问题能力，增长社会实践知识和技能，实现"必须与生产劳动和社会实践相结合，培养德智体美劳全面发展的社会主义建设者和接班人"的目的。

二、制度自信教育是培养制度信仰者的有效途径

中国特色社会主义不是从天上掉下来的，是党和人民历尽千辛万苦、付出巨大代价取得的根本成就。中国特色社会主义制度是中国共产党在坚持科学社会主义基本原则并借鉴古今中外制度建设有益成果基础上进行的重大创举，是党团结带领人民在改革开放的伟大实践中建立起来的，具有鲜明的中国特色。将制度自信教育融入高校思政课，讲好制度自信的理论体系和制度自信的实践成就，培养坚定的中国特色社会主义信仰者和建设者，是扎根中国大地办大学的具体表现，是办好中国特色社会主义大学的基本要求。

制度自信教育能够从制度理论的角度教育引导广大青年学生成为

坚定的中国特色社会主义制度信仰者。中国特色社会主义制度不仅是一种具有显性特征的制度体系，而且是一种具有隐形特征的价值理念。坚定制度自信，不仅要靠显性的制度体系及其实践效果来推动，更要靠教育引导广大青年学生正确认识制度所蕴含的价值追求，从理论根源上增强广大青年学生的思想认同和政治认同。从制度的人民性来看，中国特色社会主义制度发展和完善的过程的源动力是以人民为中心的价值原则，是不断把人民群众对美好生活的向往作为价值追求。中国特色社会主义制度的根本制度、基本制度、具体制度的实践向度充分体现出制度的理论来源于人民属性。其中人民代表大会制度是这一属性的直接体现。国家权力属于人民，用制度体系保证人民当家作主，源于中国特色社会主义制度的人民属性。从制度的科学性来看，中国特色社会主义制度是科学的制度体系，马克思主义理论是其理论指导。培养坚定信仰者所需要的重要内容，就是对中国特色社会主义制度的认知和认同。通过对中国特色社会主义科学性的阐释，使青年学生内心形成抵御历史虚无主义等错误思想的基础，一旦形成信仰，则具有长久的持续性。

制度自信教育能够从制度优势的角度教育引导广大青年学生成为坚定的中国特色社会主义制度信仰者。信仰作为一种内在的精神力量，需要受教育者从内到外的认知。制度自信教育可以从中国特色社会主义制度的伟大实践成就中让受教育者成为坚定的信仰者。从经济发展来看，坚持公有制为主体、多种所有制经济共同发展的基本经济制度，坚持按劳分配为主体、多种分配方式并存的分配制度，极大地解放和发展生产力，促进我国经济常年保持高速增长，为国防建设、基础设施建设、人民群众生活水平提高提供了物质保障。从解放和发展生产力、增强社会活力的角度来看，中国特色社会主义制度创造了无与伦比的辉煌成就。"2012 年以来，我国国内生产总值（GDP）稳居世界第 2 位，占世界经济总量比重逐年上升。2021 年我国 GDP 达 17.7 万亿美元，占世界比重达到 18.5%，比 2012 年提高 7.2 个百分点。我国经济总量与美国的差距明显缩小，且远远高于日本等世界主要经济体。2021 年我国 GDP 相当于美国的 77.1%，比 2012 年提高 24.6 个百分点，是日本的 3.6

倍、印度的 5.6 倍。"①

　　中国用几十年时间走完了发达国家几百年走过的工业化进程，社会生产力得到极大解放和发展，经济实力和综合国力显著增强。中国在各项经济指标上都实现了质的飞跃，经济总量已稳居世界第二，成为世界第一制造业大国、第一大货物贸易国、第一大外汇储备国、第二大外国直接投资目的地国和来源国。中国之所以能够创造经济快速发展奇迹和社会长期稳定奇迹，从根本上说正是中国特色社会主义制度提供了强大的制度保障和推动力量，是中国特色社会主义制度具有的强大生命力和巨大优越性的生动体现。从基层民主建设的实践来看，基层协商民主制度不断适应时代发展，充分调动了人民群众参与基层治理的积极性和主动性。例如，"海南省政协从自身职能定位出发，创新推进基层协商民主，在化解基层群众矛盾、改善基层民生的同时，还通过搭建产业园区和企业协商议事平台，为构建海南自贸港法治化、国际化、便利化的一流营商环境提供高水平高标准的服务。"② 海南基层协商议事平台探索出的民主协商新路径，为基层人民群众更加便利的生活、生产提供了渠道，为基层民主建设提供了新思路，展现了基层民主制度的优势。实践是检验真理的唯一标准，中国特色社会主义伟大实践成就充分展示了中国特色社会主义的制度优势，广大青年学生是制度成就的见证者和受益者，能够从自身的感受和体验中生成对中国特色社会主义制度的坚定信仰。

　　制度自信教育能够从发展前景的角度教育引导广大青年学生成为坚定的中国特色社会主义制度信仰者。习近平指出："一些人认为共产主义是可望而不可及的，甚至认为是望都望不到、看都看不见的，是虚无缥缈的。这就涉及是唯物史观还是唯心史观的世界观问题。我们一些

---

① 《综合实力大幅跃升　国际影响力显著增强——党的十八大以来经济社会发展成就系列报告之十三》，见 http://www.stats.gov.cn/xxgk/jd/sjjd2020/202209/t20220930_1888887.html。

② 王晓樱、陈怡：《群众关心事有事好商量——海南基层协商议事平台探索民主协商新路径》，《光明日报》2022 年 5 月 7 日。

同志之所以理想渺茫、信仰动摇，根本的就是历史唯物主义观点不牢固。要教育引导广大党员、干部把践行中国特色社会主义共同理想和坚定共产主义远大理想统一起来，做到虔诚而执着、至信而深厚。"① 制度自信教育的目的之一，就是通过对中国特色社会主义制度发展历程、内在意蕴、使命任务的认知和认同，在胜利和顺境时不骄傲不急躁，在困难和逆境时不消沉不动摇，经受住各种风险和困难考验，自觉抵御各种错误思想的侵蚀，永葆共产党人政治本色。当前，历史虚无主义、新自由主义思想等错误思想在大学校园中、互联网平台上等处仍然存在，影响到高校意识形态的安全和青年学生价值观的形成。例如，关于中国特色社会主义的社会主义性质问题，有错误思想观点把发展过程中出现的矛盾和问题归咎于改革开放，质疑现在的发展道路不是社会主义的发展道路。这些错误思想的最终目的在于否定中国共产党的领导，否认中国特色社会主义制度的科学性。对此，我们可以借助制度自信教育予以有效的回击，从中国特色社会主义制度的强大生命力增强政治自信，从中国特色社会主义制度在实践中的成功运用回应发展中矛盾的问题，从中国特色社会主义制度蕴含的社会主义道路特征来回应发展道路性质的问题。

第二节　制度自信教育是高校思政课教材的重要内容

高校思政课教材是高校开展思政课教育教学的根本遵循，教材中的制度自信教育内容为思政课教师开展制度自信教育提供了基本依据和线索。目前来看，制度自信教育内容在四门高校思政课教材《马克思主义基本原理》《毛泽东思想和中国特色社会主义理论体系概论》《中国近现代史纲要》《思想道德与法治》中都有不同程度的体现，反映了高校思政课在实现制度自信教育目标中的重要作用。推动制度

---

① 《十八大以来重要文献选编》（上），中央文献出版社 2014 年版，第 116—117 页。

自信教育融入高校思政课，一个重要工作就是研究分析思政课教材中制度自信教育内容的分布情况和特征，为更好地将制度自信教育融入高校思政课教材、充分发挥高校思政课教材在制度自信教育中的作用奠定基础。

一、制度自信教育在高校思政课教材中的分布现状

目前，高等院校本科教学中使用的教材是 2023 年版的《思想道德与法治》《马克思主义基本原理》《毛泽东思想和中国特色社会主义理论体系概论》《中国近现代史纲要》，从制度自信教育内容分布情况来看，制度自信教育内容主要以显性的方式存在《思想道德与法治》《毛泽东思想和中国特色社会主义理论体系概论》《中国近现代史纲要》三本教材中，以隐形的方式存在于《马克思主义基本原理》教材中，呈现出与课程内容紧密联系的特点。

（一）制度自信教育内容在《思想道德与法治》教材中的分布情况

"思想道德与法治"课程是针对青年学生成长过程中面临的思想道德与法治问题，有针对性地开展马克思主义的人生观、价值观、道德观、法治观教育，帮助大学生提升思想道德素质和法治素养，使青年学生成长为自觉担当民族复兴大任的时代新人。"思想道德与法治"课程的性质和教学目标，内在决定了制度自信教育是其重要的教学内容。从《思想道德与法治》中制度自信教育内容分布情况的来看，"思想道德与法治"课程第二章的第二节"坚定信仰信念信心"，从坚定中国特色社会主义理想信念的角度阐述了坚定制度自信的价值意义，体现了制度自信教育的目标和要求，具体分为以下三个方面。

其一，强调中国特色社会主义是社会主义而不是别的什么主义。书中指出，"中国特色社会主义坚持了科学社会主义的基本原则。在领导制度上，中国共产党领导是中国特色社会主义最本质的特征，是中国特色社会主义制度的最大优势；在国体和政体上，实行人民民主专政和人民代表大会制度；在经济制度上，坚持公有制为主体、多种所有制经济共同发展，坚持按劳分配为主体、多种分配方式并存，实行社会主义市场经济体制……"① 这段话表明，中国特色社会主义制度是中国特色社会主义对科学社会主义原则的坚持和践行，是根植于中国大地的创新成果，这样有助于青年学生深化理解中国特色社会主义制度的理论来源。

其二，总结中国特色社会主义重要成就。书中指出，改革开放以来之所以能够取得举世瞩目的发展成就，是因为"开辟了中国特色社会主义道路，形成了中国特色社会主义理论体系，确立了中国特色社会主义制度，发展了中国特色社会主义文化"②。教材从制度自信与道路自信、理论自信、文化自信的维度总结改革开放以来取得的历史性成就，可以使青年学生更加完整系统地理解和认识中国特色社会主义制度的显著优势，坚定中国特色社会主义道路自信、理论自信、制度自信、文化自信。

其三，概括中国特色社会主义制度的领导力量。书中指出："中国共产党领导是中国特色社会主义最本质的特征，是中国特色社会主义制度的最大优势，是党和国家的根本所在、命脉所在，是全国各族人民的利益所系、命运所系。"③ 这一重要论断，有利于青年学生充分理解中国特色社会主义制度优势产生的基础，认识中国共产党在中国特色社会主义制度发展和完善过程中的地位。

此外，《思想道德与法治》教材还包括维护祖国统一和民族团结、改革创新必要性以及社会主义核心价值观等内容，帮助青年学生深刻认知"一国两制"制度和民族区域自治制度的重要意义，深化认识发展完善中国特色社会主义制度的必要性，坚定中国特色社会主义制度的政治认同。

（二）制度自信教育内容在《中国近现代史纲要》教材中的分布情况

"中国近现代史纲要"课程是用历史逻辑呈现近现代中国社会发展

---

① 《思想道德与法治》，高等教育出版社 2023 年版，第 57 页。

② 《思想道德与法治》，高等教育出版社 2023 年版，第 58 页。

③ 《思想道德与法治》，高等教育出版社 2023 年版，第 58 页。

和革命、建设、改革的历史进程及其内在规律，深刻领会"四个选择"的历史必然性，深刻领会中国共产党为什么能、马克思主义为什么行、中国特色社会主义为什么好，坚定地在中国共产党坚强领导下为实现中华民族伟大复兴而不懈奋斗。"中国近现代史纲要"课程的性质和教学目标，内在决定了要引导广大青年学生了解开创和发展中国特色社会主义的伟大进程和重大意义，了解中国特色社会主义新时代的伟大变革和里程碑意义，坚定只有中国特色社会主义才能发展中国、只有坚持和发展中国特色社会主义才能实现中华民族伟大复兴的信念，增强中国特色社会主义的道路自信、理论自信、制度自信、文化自信。从《中国近现代史纲要》教材中制度自信教育内容的分布情况来看，主要集中在第九章"改革开放与中国特色社会主义的开创和发展"和第十章"中国特色社会主义进入新时代"。

第九章"改革开放与中国特色社会主义的开创和发展"主要包括以下两个方面的内容：其一，展现了社会主义市场经济体制的发展脉络。从农村改革率先取得突破、逐步转向城市经济体制改革、对外开放和兴办经济特区的起步阶段，到经济体制改革的全面展开、对外开放确立为基本国策和形成新格局、"三步走"发展战略的制定和改革开放的不断推进和治理整顿开始的发展阶段，再到确立社会主义市场经济体制改革目标、新的"三步走"发展战略、完善社会主义市场经济体制、促进区域和城乡协调发展、加快转变经济发展方式和深化重要领域改革的深入阶段。此部分将改革开放和社会主义现代化建设新时期关于社会主义市场经济体制的发展历程呈现给学生，有助于学生认知经济体制改革的具体细节，帮助学生构建对经济体制改革的宏大视野，从而更加坚定制度自信。

其二，展现了中国特色社会主义制度形成和发展的历史脉络。如中国共产党领导的多党合作和政治协商制度得到恢复和发展、"一国两制"方针的形成和实践等，这些内容都有助于学生理解相关制度的历史逻辑。

第十章"中国特色社会主义进入新时代"主要包括以下三个方面：

其一，描绘了坚持和完善中国特色社会主义制度的宏伟蓝图。2019 年10 月，党的十九届四中全会明确提出："坚持和完善中国特色社会主义制度、推进国家治理体系和治理能力现代化的总体目标：到我们党成立 100 年时，在各方面制度更加成熟更加定型上取得明显成效；到 2035 年，各方面制度更加完善，基本实现国家治理体系和治理能力现代化；到新中国成立 100 年时，全面实现国家治理体系和治理能力现代化，使中国特色社会主义制度更加巩固、优越性充分展现。"[①] 将制度建设与国家治理体系和治理能力现代化的进度相结合，一方面体现了中国特色社会主义制度在国家现代化建设中的重要性，使学生充分认识制度建设的重要作用。另一方面通过对未来发展目标的展望，增强了学生对制度建设的信心。

其二，论述了新时代中国特色社会主义制度不断发展和完善的历史脉络，为学生增强制度自信提供了历史逻辑。例如，关于人民代表大会制度不断完善，书中表述为："2015 年 3 月，十二届全国人大三次会议对有'管法的法'之称的立法法作出重要修改，赋予设区的市地方立法权，立法体制进一步完善。全国各级人大坚持正确监督、有效监督，切实依法履行人大监督职责。认真做好人大讨论决定重大事项工作，更好发挥国家权力机关职能作用。代表工作不断深化和拓展，代表法和有关制度得到更加全面的贯彻落实，社情民意表达和反映渠道更加畅通。"[②] 这种将制度建设的历史发展脉络展现出来的做法，有助于增强青年学生对制度建设的认知和认同，使其自觉担当新时代中国特色社会主义制度建设的历史责任。

其三，阐明了新时代中国特色社会主义制度不断发展和完善的重大意义，使学生更加深刻地理解制度建设的内在逻辑。例如，关于《民法典》在法律制度建设中的重大意义，书中表述为："2020 年 5 月，十三届全国人大三次会议通过《中华人民共和国民法典》，这是新中国

---

① 《中国近现代史纲要》，高等教育出版社 2023 年版，第 356 页。

② 《中国近现代史纲要》，高等教育出版社 2023 年版，第 320 页。

成立以来第一部以'法典'命名的法律，是新时代中国特色社会主义制度建设、法治建设的一个重大标志性成果。《民法典》既对现行民事法律进行系统整合，又针对新情况新问题作出修改完善，体现了对生命健康、财产安全、交易便利、生活幸福、人格尊严等各方面权利的平等保护，对推进全面依法治国、发展社会主义市场经济、坚持以人民为中心的发展思想、推进国家治理体系和治理能力现代化，都具有重大意义。"① 教材全面阐释了《民法典》关涉人民生活、国家建设、经济发展等方面的重要意义，有助于青年学生理解制度建设的演变机理和显著效果，在此基础上增强制度认同。

（三）制度自信教育内容在《毛泽东思想和中国特色社会主义理论体系概论》教材中的分布情况

"毛泽东思想和中国特色社会主义理论体系概论"课程是以马克思主义中国化时代化为主线，充分反映中国共产党不断推进马克思主义基本原理同中国具体实际相结合、同中华优秀传统文化相结合的历史进程和基本经验，集中阐述马克思主义中国化时代化理论成果的形成过程、主要内容、精神实质、历史地位和指导意义。中国特色社会主义制度是马克思主义中国化时代化的主要成就，是"毛泽东思想""邓小平理论""'三个代表'重要思想""科学发展观"的主要内容，从《毛泽东思想和中国特色社会主义理论体系概论》教材中制度自信分布情况来看，主要如下：

第六章"邓小平理论"主要包括以下四个方面。一是强调中国特色社会主义制度是建立在对社会主义本质深刻理解的基础之上的，解放生产力，发展生产力是中国特色社会主义制度的实践指向，社会主义社会的生产关系为中国特色社会主义制度中公有制为主体、多种所有制经济共同发展的基本经济制度的形成提供了清晰的理论指导。二是强调中国特色社会主义制度显著特征是科学社会主义原理与中国实际情况相结合的结果。解放思想、实事求是作为邓小平理论的精髓，为中国特色社

---

① 《中国近现代史纲要》，高等教育出版社 2023 年版，第 356 页。

会主义制度的发展提供了理论指导。坚持走自己的路和一切从社会主义初级阶段的实际出发，是中国特色社会主义制度框架设计过程中的方向和立足点。三是强调中国特色社会主义制度是建立在社会主义初级阶段的基本路线之上的，领导和团结全国各族人民与民族区域自治制度、以经济建设为中心与基本经济制度、坚持四项基本原则与坚持党的领导制度等，都具有逻辑上的贯通性。四是强调邓小平为中国特色社会主义制度的创立和发展作出的重大贡献，中国特色社会主义制度是社会主义制度的自我完善和发展，中国特色社会主义制度的创立和发展既要坚持社会主义制度，同时要通过改革来解放和发展生产力。此外，邓小平理论关于社会主义市场经济理论、党的建设理论等，都为青年学生理解中国特色社会主义制度提供了理论基础。

第七章"'三个代表'重要思想"主要包括以下三个方面内容。一是介绍了社会主义市场经济体制的提出和发展过程，书中表述为："在建立什么样的经济体制问题上，江泽民根据邓小平南方谈话精神，明确提出使用'社会主义市场经济体制'这个提法。党的十四大正式把建立社会主义市场经济体制确立为我国经济体制改革的目标。党的十四届三中全会通过的《中共中央关于建立社会主义市场经济体制若干问题的决定》，勾画了建立社会主义市场经济体制的蓝图和基本框架。到 20 世纪末，我国初步建立了社会主义市场经济体制。"[①] 这段论述，将社会主义市场经济体制发展的脉络展现给青年学生，有助于青年学生了解中国开创社会主义市场经济体制的探索过程和历史意义，正确认识在建立社会主义市场经济体制中借鉴西方发达国家发展市场经济的成功经验和坚持中国实际的关系，突出"走自己的路"的重要性。这些内容，将有利于学生辩证地、突出重点地理解社会主义市场经济体制的发展逻辑。二是多维度阐释了社会主义市场经济体制的内涵。教材对公有制经济的内涵、主体地位、多种有效实现形式以及与非公有制经济的关系等进行梳

---

① 《毛泽东思想和中国特色社会主义理论体系概论》，高等教育出版社 2023 年版，第206 页。

理，对社会主义市场经济体制的本质要求、分配关系等进行阐述，为青年学生理解社会主义市场经济体制提供了理论基础和丰富素材。三是诠释了坚持和完善中国特色社会主义政治制度对于建设社会主义政治文明的重要性。教材围绕坚持人民代表大会制度、中国共产党领导的多党合作和政治协商制度、民族区域自治制度、基层自治组织和民主管理制度等内容进行了详细论述，阐明了这些制度对政治文明建设的积极作用，强调了政治体制改革的重要意义和实现路径。

第八章"科学发展观"主要包括以下五个方面内容。一是从经济体制上强调加快转变经济发展方式的必要性和路径。由于中国经济高速发展和对外开放水平不断提高与原有经济发展方式的不协调，特别是在 2008 年国际金融危机的影响下，中国内外需求、投资消费、产业结构、发展方式的问题更加凸显，加快转变经济发展方式迫在眉睫，重点说明了全面深化经济体制改革、实施创新驱动发展战略、推动经济结构战略性调整、促进区域协调发展等方法。二是从政治体制上强调坚持和完善社会主义政治制度对发展社会主义民主政治的重要性，对人民代表大会等制度进行说明，对积极稳妥推进政治体制改革等内容进行阐释。三是从文化体制说明了坚定不移走中国特色社会主义文化发展道路、建设社会主义核心价值体系、坚持不懈用中国特色社会主义理论体系武装全党、教育人民等措施的重要性。四是从社会体制上标明了构建社会主义和谐社会的总要求、保障和改善民生、加强和创新社会管理的积极意义。五是从生态体制上阐释了推动形成人与自然和谐发展现代化建设新格局的要求。

（四）制度自信教育内容在《马克思主义基本原理》教材中的分布情况

"马克思主义基本原理"课程主要是教育引导青年学生从整体上理解和把握什么是马克思主义，了解马克思主义产生的历史过程和发展阶段，掌握马克思主义的基本特征，深刻认识马克思主义的当代价值，树立科学的马克思主义观，增强学习和运用马克思主义的自觉性。

相对而言，本门课程较少涉及中国特色社会主义的具体制度形态、产生发展过程、鲜明特点与突出优势等内容，主要提供了从马克思主义基本立场、基本观点、基本方法的维度认识和理解中国特色社会主义制度的科学性、真理性，着重培养青年学生理解中国特色社会主义制度在实践中不断发展的哲学基础，增强认清以历史虚无主义为代表的关于中国特色社会主义制度谬误的能力，从资本主义的本质及规律的角度认识社会主义市场经济体制的必要性，树立共产主义远大理想与中国特色社会主义共同理想，从而坚定制度自信。

二、制度自信教育内容在高校思政课教材中的分布特征

从制度自信教育内容在高校思政课教材中的分布情况可以看出，制度自信教育已经成为高校思政课中的重要教学内容，高校思政课也成为增强青年学生制度自信的重要途径。但是，就当前制度自信教育内容在高校思政课教材中的分布情况来看，仍然存在着一些突出问题，诸如未能发挥课程的特色来进行制度自信教育，制度自信教育内容在教材中呈现碎片化表达以及同质化现象等，需要我们在教材修订时高度关注。

一方面，高校思政课教材为开展制度自信教育提供了基本线索。尽管高校思政课"思想道德与法治""马克思主义基本原理""毛泽东思想和中国特色社会主义理论体系概论""中国近现代史纲要"四门课程的知识重心和内在逻辑具有差异性，但是它们都担负着塑造青年学生人生观、价值观、世界观的重要任务，都从不同的维度对青年学生增强制度自信发挥着思想引导作用。就"中国近现代史纲要"课程而言，教材中包含了中国特色社会主义制度的发展历程、历史源流、历史成就、重要经验等内容，需要思政课教师从专业知识角度阐释制度自信的内涵，教育引导青年学生认知、认同中国特色社会主义制度。例如，在开展"中国近现代史纲要"课程的教学中，思政课教师可以在对中国近现代的历史脉络进行梳理和对各个时期的重大历史事件进行讲述的基础上，将中国特色社会主义制度融入第九章"改革开放与中国特色社会主义的开创和发展"和第十章"中国特色社会主义进入新时代"教学过程中。这样不仅可以以具体的事实增强"中国近现代史纲要"课程的感染力和吸引力，而且可以使中国特色社会主义制度的生成逻辑清晰地呈现出来，引导广大青年学生在课程学习的过程中坚定制度自信。以基层群众自治制度为例，中国人民在什么样的历史背景下选择了这一制度，这一制度又经过了哪些调整，对中国社会和经济发展产生了哪些影响，这些问题都可以在《中国近现代史纲要》教材中有所体现。诸如既可以是一张张基层的选票，也可以是一串串历史的数据，甚至可以是经历基层选举的群众的口述史材料。按照这样的教学逻辑，让青年学生在教学过程中真真切切地感受到制度发展变化的过程及其变化带来的获得感，进而对制度优势产生认知和认同。在其他的教材中，都可以寻找到制度自信与本教材特色相结合的切入点，这将极大提升教材的可读性和吸引力。目前新修订的教材中，采用二维码的形式增加一些辅助材料，深化对相关历史和理论问题认识，便是针对教材内容中理论性较强的问题提出来的解决方案，具有重要的探索意义。

另一方面，从目前思政课教材中制度自信教育内容分布情况来看，思政课教材关于制度自信教育的内容还存在一些不足问题。一是碎片化的表达。制度自信教育散落于教材的各个章节，多是论述某一问题时有所提及，并未有对其内容、影响、理论来源、实践基础等进行充分的表述。不仅在上述所分析的三本教材中体现了这一点，即使在同一本教材中也存在此种情况。这样会使受教育者对制度自信教育的重要性认识不足，对制度自信教育相关知识的获取量不足，导致制度自信教育的效果受到影响。二是教材中制度自信教育的相关内容同质化表达较多，有些只是概括性地描述和介绍，缺乏富有逻辑性的理论阐释和具有说服力的事实依据。思政课教材不仅需要将中国特色社会主义制度的本质内涵、价值意蕴、显著优势等内容以学术话语阐释清楚，而且以大量发生在青年学生身边的具体事实、权威数据为依据对中国特色社会主义制度优势进行诠释，以理论与实际相结合的方式加深对青年学生对制度自信理论概念和现实情况的理解和认识。例如，史料是历史学家进行历史研究的基础和前提，不仅是实现客观历史事实向认识历史事实转变的重要载体，而且是提升思政课特别是"中国近现代史纲要"课程教学吸引力和感染力的重要途径。在讲授中国特色社会主义道路的历史性成就和中国特色社会主义制度的巨大优势时，既要从理论逻辑上讲清楚中国特色社会主义制度的主要内容、本质特征和显著优势等理论内涵问题，还有更加广阔的视野搜集相关史料，特别是社会主义发展史的相关史料，在中外比较、中国共产党百年奋斗历程的纵向比较中增强制度自信教育的说服力和感染力。

三、推进制度自信教育内容更好地融入高校思政课教材

制度自信教育的重要作用及其在高校思政课教材中的分布情况，决定了我们在新的历史方位上不断推动高校思政课教材改革创新，将制度自信教育内容有机地融入高校思政课教材，为思政课教师讲好中国特色社会主义制度的理论内涵、价值意义、显著优势提供基本线索和目标。

高校思政课教材是开展制度自信教育的依据，为青年学生生成制度自信提供了根本遵循。以《思想道德与法治》为例，"思想道德与法治"课程对制度自信生成主要表现在两点：其一，树立坚定的理想信念。理想信念对人的行为具有巨大的指导和推动作用，树立坚定的理想信念是青年学生坚定制度自信的内在精神动力。"信念具有执着性。信念因其执着而为信念。信念一旦形成，就不会轻易改变。当一个人抱有坚定的信念时，他就会全身心投入为实现目标而努力奋斗的事业中，精神上高度集中，态度上充满热情，行为上坚定不移。"[1] 教材中的这段话，深刻揭示了理想信念的持久性和能动性，制度自信教育需要这种持久性和能动性。理想信念不仅仅是一腔热血和远大抱负，更为重要的是理想信念能够转化为推动实践发展的主动力量。制度自信教育的意义，即在于教育引导广大青年学生生成对中国特色社会主义制度的坚定信念，为坚持和发展中国特色社会主义制度提供力量支撑。其二，树立正确的人生观念。《思想道德与法治》在第一章"领悟人生真谛　把握

---

① 《思想道德与法治》，高等教育出版社 2023 年版，第 45 页。

人生方向"中阐释了个人与社会的关系，明确指出："人的社会性决定了人只有在推动社会进步的过程中，才能实现自我的发展。如果人人都只关心自己的利益，甚至以损害他人利益、社会利益的方式满足一己之私，人赖以生存的社会不仅难以发展进步，最终还将因个人私欲的膨胀而走向崩溃。大学生思考人生问题，应该正确认识和处理个人与社会的关系，把自己的人生追求同社会的发展进步紧密结合起来，在为社会作贡献的过程中成长进步，实现自己的人生价值。"① 这段话强调了个人的价值是在推动社会发展的过程中得以实现的，青年学生只有将自身发展融入到社会发展过程中，才能在为社会作贡献的过程中成长成才和实现自身价值。对制度自信教育而言，思政课教师不仅要讲清楚青年学生在坚持和发展中国特色社会主义制度过程中的关键作用，更为重要的是引导青年学生将理想信仰付诸在全面建设社会主义现代化国家的火热实践中，展现出新时代奋进者、开拓者、奉献者的新风貌和新姿态。

将制度自信教育更好地融入高校思政课教材，是推动高校思政课教材改革创新发展的要求。2019 年 8 月，中共中央办公厅、国务院办公厅印发的《关于深化新时代学校思政课改革创新的若干意见》，对新时代推进高校思政课改革创新提出了明确规定，强调指出：推进思政课教材改革，要"坚持思政课建设与党的创新理论武装同步推进，全面推动习近平新时代中国特色社会主义思想进教材进课堂进学生头脑，把社会主义核心价值观贯穿国民教育全过程"。"在教材中及时融入马克思主义中国化最新成果、坚持和发展中国特色社会主义最新经验、马克思主义理论学科最新研究进展。""科学制定教材建设规划，注重提升思政课教材的政治性、时代性、科学性、可读性。"② 这些规定，既是对过去思政课改革创新经验的总结，也是对未来思政课教材改革创新提出的具体

---

① 《思想道德与法治》，高等教育出版社 2023 年版，第 16 页。
② 《中共中央办公厅　国务院办公厅印发〈关于深化新时代学校思想政治理论课改革创新的若干意见〉》，见 http://www.moe.gov.cn/jyb_xxgk/moe_1777/moe_1778/201908/t20190815_394663.html。

要求。在未来教材的修订过程中，我们既要继续运用一些抽象的理论概念、重大的历史结论，凸显出思政课程讲道理的性质，也要增加一些熟悉的理论观点、与生活紧密联系的生动事例等，凸显出其生动性和时代性。这样不仅让青年学生在学习本课程中感受到思政课和现实生活的密切联系，而且有助于青年学生运用制度自信教育的相关知识解答现实生活的思想疑惑问题。例如，在修订《中国近现代史纲要》教材时，可以在教材中增加制度优势转化为治理效能的理论和事例，尤其是新时代取得的辉煌成就，可以更加清楚地展现中国特色社会主义的制度优势，增强制度自信教育的针对性和实效性。

推进制度自信教育更好地融入高校思政课教材，是推动教材体系向教学体系转化的内在要求。推动教材体系转化为教学体系是思政课教师在研究分析教材内容的基础上，将个人研究成果转化为教学内容的过程，集中体现了思政课教师深厚的理论素养、高超的教学水平和熟练掌握教材内容的能力。一方面，能够从理论上丰富高校思政课的教学内容。思政课教师将自己和学术界的研究成果及时融入教学过程中，尤其是习近平新时代中国特色社会主义思想的研究成果，有利于在增强教学内容的学理性和时代性，能够真正发挥思政课的思想引导和价值观塑造作用。另一方面，能够以学术讲好思政课的道理。思政课涉及党和国家事业发展的深层次理论和实践问题，教师只有深入研究，把相关问题的基本内涵、价值意义、生成逻辑等内容搞清楚、搞明白，讲起来才有底气，才能把课程内容讲清楚讲透彻，才能做到以理服人。实际上，"教师如果只是照本宣科，或者仅仅在上课前找一些材料，看起来内容很丰富，但是缺乏深入透彻的理论分析，不能回答学生关心的热点敏感问题，就难以激发学生的学习兴趣，就难以解疑释惑。"① 推进制度自信教育更好地融入高校思政课，推动教材体系向教学体系转化，可以把中国特色社会主义制度的生成逻辑、生动实践转化为丰富、生动的教学素

① 王炳林：《思政课如何把道理讲深、讲透、讲活》，《思想政治课研究》2022 年第3 期。

材，运用鲜活、形象的中国制度故事讲好中国制度的本质特征、鲜明特点、巨大优势，提升高校思政课教学的教学实效性，引导青年学生在思政课的学习中坚定制度自信。

第三节　高校思政课是生成制度自信的重要渠道

高校思政课教学主要包括思政课教师的教、学生的学以及各种思政课教学资源三个要素。其中，青年学生是国家与民族的希望，社会主义事业的建设者和接班人，是坚定制度自信的重要群体；高校思政课教师是开展制度自信教育的主体，通过充分发挥其主导作用，阐清释明中国特色社会主义制度的科学性与显著优势，引导学生生成制度自信；高校思政课教学资源是开展制度自信教育的重要保障，为开展制度自信教育提供有力支撑。教师、学生以及高校思政课资源"三位一体"，构建了制度自信教育融入高校思政课的框架与路径，保障了制度自信教育融入高校思政课的目标得以实现。

一、高校青年学生是思政课的教学对象

青年是国家和民族发展的宝贵财富，承载着国家发展和民族振兴的希望。习近平强调："党和人民事业发展需要一代代中国共产党人接续奋斗，必须抓好后继有人这个根本大计。"[1] 高校是青年聚集的重要场所，充分发挥制度自信教育的正向引导作用，帮助青年学生正确认识中国特色社会主义制度的显著优势和本质特征，坚定理想信念，增强实干本领，勇担时代使命，是中国社会主义大学的职责使命。

（一）做好青年学生的思想政治教育是党的重要工作

青年兴则国家兴，青年强则国家强。青年学生作为社会中最积极

---

[1] 《中共中央关于党的百年奋斗重大成就和历史经验的决议》，人民出版社2021年版，第74页。

活跃的一批力量，对党和国家事业的发展起着至关重要的作用。中国共产党在团结带领人民实现中华民族伟大复兴的过程中，高度重视发挥青年学生的积极作用，引领其投身于革命、建设和改革的事业中去，形成了信任青年、依靠青年、赢得青年的宝贵经验。

在新民主主义革命时期，中国共产党通过思想理论宣传、创办学校、创设青年组织、领导青年运动等方式，使广大青年学生紧密聚集在党的周围，积极投身于争取民族独立和人民解放的革命事业中。如在一二·九运动中，青年学生为保卫祖国英勇奋起，展现出磅礴的青春力量。对此，毛泽东形象地将青年学生比喻为"柴火"，中国共产党是"点火的人"，指出了"青年学生、知识分子也只有跟共产党在一起，才能走上正确的道路"① 的道理。在党创办的大学中，思想政治教育工作与青年学生的引领工作也被视为一项攸关革命事业全局的事业。例如，抗日军政大学创立之初便建立了思想政治教育制度，坚持用马克思主义理论武装学生头脑，开设了"马列主义基本理论""抗日民族统一战线""中国问题""中国革命运动史"等课程。抗大的教育使学生学习掌握马克思主义理论的同时，也增强了对中国革命实际问题的了解，提高了广大青年学生的政治觉悟，使党办的学校成为真正的"革命熔炉"。

新中国成立后，为更好地团结和带领广大青年投身到火热的社会主义建设事业中，做好青年学生群体的思想引领工作，中国共产党建立了学校思想政治教育工作制度。一方面，在高校开设思想政治理论课。1949 年 10 月，华北高等教育委员会颁布《华北专科以上学校一九四九年度公共必修课过渡时期实施暂行办法》，将"辩证唯物论与历史唯物论（包括社会发展史）""新民主主义论（包括近代中国革命运动史）""政治经济学"课程列为公共必修课，标志着思想政治理论课开始正式列入新中国国民教育序列中，奠定了思政课教学体系的雏形。1950 年 10 月，教育部根据高校思政课的教学实践，在《教育部关于全国高等学校暑期政治课教学讨论会情况及下学期政治课注意事项的通报》

① 《毛泽东文集》第二卷，人民出版社 1999 年版，第 256 页。

中，进一步修订了政治课的教学重点，特别是调整社会发展史及新民主主义论的内容。此后，高校思政课在教学实践中不断修订和完善，成为党对青年学生进行思想引导的重要措施。另一方面，设立政治辅导处作为专门部门，辅导员作为专职岗位。1952 年 9 月 2 日，中共中央转发教育部党组《关于在高等学校试行政治工作制度的报告》，决定在有条件的高等学校设立政治辅导处，配备政治辅导员，开展师生员工的思想政治教育，并逐步在全国高校推广普及。政治辅导处与辅导员制度的设立，标志着党领导下的以政治辅导处和辅导员为专职政工机构和人员的学校思想政治教育工作制度的全面建立。① 从此，中国共产党以高校思想政治教育工作引领青年学生的传统逐渐制度化、规范化，领导着广大青年学生奋勇投身社会主义革命中建功立业。

进入改革开放和社会主义现代化建设新时期，人才在国家综合国力的竞争中的作用更加重要，只有做好青年学生的思想引领工作，才能在中西方人才争夺中取得胜利，才能保障国家发展拥有不竭动力。邓小平强调指出："要特别教育我们的下一代下两代，一定要树立共产主义的远大理想，一定不能让我们的青少年作资本主义腐朽思想的俘虏，那绝对不行。"② 在此背景下，中共中央于 1985 年作出关于教育体制改革的决定，明确强调教育要培养"有理想、有道德、有文化、有纪律"③ 的"四有新人"。这一教育目标，正是从理想信念、能力本领、道德修养、法治思想四个维度提出了服务于改革开放大局的青年学生的培养目标，是党培养、引领青年的时代化方向，也是教育"面向现代化、面向世界、面向未来"的具体化目标。在此目标指引下，广大青年学生逐渐树立了广阔的国际视野，锻造了适应改革开放、推动经济发展和社会进步的能力素养，有力地推动了中国特色社会主义事业不断向前发展。

---

① 王树荫：《中国共产党思想政治教育史》，高等教育出版社 2018 年版，第 158—159 页。

② 《邓小平文选》第三卷，人民出版社 1993 年版，第 111 页。

③ 《十二大以来重要文献选编》（中），人民出版社 1986 年版，第 722 页。

中国特色社会主义进入新时代，实现中华民族伟大复兴战略全局与世界百年未有之大变局历史性交汇，中国共产党更加清醒地认识到"代表广大青年，赢得广大青年，依靠广大青年，是我们党不断从胜利走向胜利的重要保证"①。党的十八大以来，以习近平同志为核心的党中央通过加强青年思想政治教育、构建新时代青年形象，引导青年肩负起实现中华民族伟大复兴的历史使命。2013 年 5 月 2 日，习近平给北京大学考古文博学院 2009 级本科团支部全体同学回信，勉励青年学生树立远大理想，积极投身到中华民族伟大复兴的事业中，强调："只有把人生理想融入国家和民族的事业中，才能最终成就一番事业。希望你们珍惜韶华、奋发有为，勇做走在时代前面的奋进者、开拓者、奉献者，努力使自己成为祖国建设的有用之才、栋梁之材，为实现中国梦奉献智慧和力量。"②2022 年 4 月 25 日，习近平考察中国人民大学，勉励同学们坚定中国特色社会主义道路自信、理论自信、制度自信、文化自信，在全面建设社会主义现代化国家新征程中勇当开路先锋、争当事业闯将，强调"立足新时代新征程，中国青年的奋斗目标和前行方向归结到一点，就是坚定不移听党话、跟党走，努力成长为堪当民族复兴重任的时代新人"③。在党的二十大报告中，习近平再次强调："全党要把青年工作作为战略性工作来抓，用党的科学理论武装青年，用党的初心使命感召青年，做青年朋友的知心人、青年工作的热心人、青年群众的引路人。"④ 新时代十年来，在党的领导之下，广大高校青年学生以实现中华民族伟大复兴为己任，增强做中国人的志气、骨气、底气，把青春奋斗融入党和人民事业，成为实现中华民族伟大复兴的先锋力量。

① 《习近平关于青少年和共青团工作论述摘编》，中央文献出版社 2017 年版，第 3 页。
② 《习近平关于青少年和共青团工作论述摘编》，中央文献出版社 2017 年版，第 45 页。
③ 《习近平在中国人民大学考察时强调　坚持党的领导传承红色基因扎根中国大地走出一条建设中国特色世界一流大学新路》，《人民日报》2022 年 4 月 26 日。
④ 习近平：《高举中国特色社会主义伟大旗帜　为全面建设社会主义现代化国家而团结奋斗——在中国共产党第二十次全国代表大会上的报告》，人民出版社 2022 年版，第 71 页。

从中国共产党思想引领青年工作的百年奋斗历程可以看出，党在不同历史时期都极度重视青年学生在社会发展中主力军和先锋队的作用，通过不断加强对青年学生的思想引领工作，将广大青年学生紧紧团结在党的周围，成为革命、建设、改革进程中的革命楷模、奋斗楷模、创新先锋，成为新时代承载中国梦的生力军，自觉为党和人民的事业贡献青春力量。站在新时代的历史方位，我们要创新思想引领工作，以更加有效的方式团结带领青年学生成长为民族复兴之路的中坚力量。

（二）当前高校青年学生思想认识领域面临着风险挑战

做好青年学生群体的铸魂育人工作，必须正确认识青年学生的学习、生活、成长需求。当前，高校与社会已经实现了"无缝对接"，尤其是随着互联网的快速发展，信息传播壁垒被层层打破，社会上的各种思潮和观点都能够在高校里找到影子。同时，由于受到自身认知能力、外部环境等多种因素影响，部分青年学生思想认知出现偏差，党的思想引领工作面临风险和挑战。

一方面，青年学生处于价值观形成时期，容易受到不良思想的影响。青年学生有着活跃的思维与旺盛的精力，同时因思想认知水平尚不成熟，存在着认知的局限性，容易出现思想误区与认知偏差。正如习近平指出："青年人阅历不广，容易从自身角度、从理想状态的角度来认识和理解世界，难免给他们带来局限性。"[1] 在庆祝中国共产主义青年团成立 100 周年大会上，习近平将这一局限性概括为"理想和现实、主义和问题、利己和利他、小我和大我、民族和世界"[2] 等问题。以历史虚无主义为例，其从否定、歪曲历史事实出发，进而否定中华民族的历史文化。不仅如此，历史虚无主义还有明确的政治目的，即反对中国共产党领导和中国特色社会主义制度，是一种彻底的反动思潮。历史虚无主义者往往会打着"重新书写"的旗号，对史料歪曲编撰、断章取义，通过加工使原本毫无根据的话语充满"神秘感"，使听者深受蛊惑。

---

① 习近平：《在纪念五四运动 100 周年大会上的讲话》，人民出版社 2019 年版，第 13 页。
② 《习近平谈治国理政》第四卷，外文出版社 2022 年版，第 274 页。

除历史虚无主义外，民粹主义、个人主义、拜金主义等各类思潮，也在潜移默化影响着青年学生对客观现实的正确认识，甚至产生错误观念。因此，做好青年工作，必须牢牢把握青年发展规律，依照青年发展特点开展思想理论教育，讲清楚中国特色社会主义制度的历史逻辑、理论逻辑和实践逻辑，阐释清楚中国特色社会主义制度的鲜明特征和显著优势，教育引导广大青年学生努力成为堪当民族复兴大任的时代新人。

另一方面，互联网深入青年生活，新媒体技术加速信息传播，在带来便利的同时也为各种错误思潮提供了传播路径。根据中国互联网络信息中心（CNNIC）发布的第 50 次《中国互联网络发展状况统计报告》显示，截至 2022 年 6 月，我国网民规模为 10.51 亿，互联网普及率达 74.4%。其中，短视频的用户规模增长最为明显，达 9.62 亿，占网民整体的 91.5%。[①] 作为网络世界的主力军，青年学生的思维模式、生活习惯、社交方式、行为举止都受到互联网的影响。例如，2017 年，新华网开展的一项针对大学生新兴职业意愿调查显示，54%的受访对象将"成为主播与网红"视作自己的理想。[②] 这一结果具有鲜明的时代印迹。深究其原因，是互联网发展催生了"网红群体"，他们大多包装光鲜亮丽并在互联网场域中成为"意见领袖"，对青年学生的择业和高等学校的理想信念教育产生重要冲击。这种现象说明，互联网技术的广泛应用与传播方式的变革，使传统思政课课堂教学的权威性与实效性受到挑战，警示我们要积极做好引领青年学生的思想工作，提高鉴别互联网信息、自觉抵抗不良影响的能力。正如习近平强调指出，"要加强对各种社会思潮的辨析和引导，不当旁观者，敢于发声亮剑，善于解疑释惑"[③]。因此，教育引导学生群体正确认识中国特色社会主义建设取得的成就和存在的问题，从学理上帮助青年学生认清各种错误思潮的理论基

---

① 中国互联网络中心：《第 50 次〈中国互联网络发展状况统计报告〉》，见 http://www.cnnic.cn/n4/2022/0914/c88-10226.html。

② 《95 后的谜之就业观，你看懂了吗？》，见 http://m.xinhuanet.com/2017-05/22/c_1121013214.htm。

③ 习近平：《在全国党校工作会议上的讲话》，人民出版社 2016 年版，第 9 页。

础和价值取向，从科学社会主义理论和中国特色社会主义建设实践的双重角度帮助青年学生坚定制度自信，成为当前高校思想政治工作的一项刻不容缓的任务。

（三）制度自信教育发挥着坚定制度自信的作用

习近平在庆祝中国共产党成立 100 周年大会上强调指出："一百年来，在中国共产党的旗帜下，一代代中国青年把青春奋斗融入党和人民事业，成为实现中华民族伟大复兴的先锋力量。新时代的中国青年要以实现中华民族伟大复兴为己任，增强做中国人的志气、骨气、底气，不负时代，不负韶华，不负党和人民的殷切期望！"[1] 这一论断是立足现实、着眼全局、放眼未来而提出的，是对新时代青年成长成才的殷切希望。制度自信教育是推动青年学生成长成才的重要保障，充分发挥制度自信教育的教育引导作用，增强青年学生做中国人的志气、骨气和底气，使其成长为有理想、有本领、有担当的社会主义可靠接班人，是当前充分发挥高校思政课立德树人关键作用的重要任务。

开展制度自信教育能够帮助青年学生坚定共产主义的理想信念。"青年的理想信念关乎国家未来。青年理想远大、信念坚定，是一个国家、一个民族无坚不摧的前进动力。"[2] 志不立，天下无可成之事。广大青年只有树立坚定的理想信念，才能保持政治立场坚定不动摇，才能补足精神之钙不得"软骨病"，才能确保红色江山永不变色。制度自信教育通过阐述中国特色社会主义制度的结构体系，多维阐释中国特色社会主义制度的优越性，实现给青年学生"补钙"的目的。例如，在引导广大青年树立共产主义远大理想的教育环节中，从中国特色社会主义制度由何而来展开，通过中国特色社会主义制度发展过程、中西方制度的对比、我国发展取得举世瞩目的成就，引导广大青年认识到中国特色社会主义为什么好，使广大青年坚定制度自信，坚定共产主义远大理想。

---

[1]　习近平：《在庆祝中国共产党成立 100 周年大会上的讲话》，人民出版社 2021 年版，第 21 页。

[2]　《习近平谈治国理政》第三卷，外文出版社 2020 年版，第 334 页。

开展制度自信教育能够帮助青年学生提高思想认知水平，增强实干本领，成为全面发展的人。人的全面发展学说贯穿于马克思主义理论的始终，是共产主义理想的最高价值体现，也是中国特色社会主义的理想目标。当前我国经济社会发展水平得到极大提升，社会主要矛盾发生深刻转变，这更加显示出推动实现人的全面发展的重要性。制度自信教育是一项为党育人、为国育才的教育活动，在保障党和国家的事业后继有人、红色江山永不变色的同时，也是对教育对象自身的素质培育和能力提升，这是人的全面发展的具体彰显。一方面，制度自信教育能够引导青年学会涤清思想糟粕、走出思想误区，建立积极正确的认知体系，使他们对不良思潮保持高度警惕。这是提升青年学生认知水平，也是滋养青年学生精神生活，推动主流价值观根植青年精神生活空间的重要举措。另一方面，制度自信教育可以锻造学生实干本领。当代青年只有把握时代发展脉搏，才能更好地与国家同心同行，才能实现自己的价值。制度自信教育是为青年学生群体打开了认识当代中国的窗口，通过中国特色社会主义制度的实践教学，深入到脱贫攻坚的广大乡村和改革开放的沿海特区等，使广大青年深刻体会当代中国社会的运行机制、显著优势、前进方向，有助于坚定理想信念，提升斗争本领，为全面建设社会主义现代化国家打下坚实根基。

开展制度自信教育能够帮助青年学生强化使命担当，自觉承担起全面建成社会主义现代化强国的使命，争做实现中华民族伟大复兴的时代新人。青年学生作为全社会最富有活力、最具有创造性的力量，承载着实现中华民族伟大复兴的希望。习近平指出："青年的命运总是与祖国的命运紧密联系在一起的。时代的变革，常以青年为先锋；社会的前进，必以青年为主力。"① 只有把一批批青年学生培养造就成为社会主义的建设者和接班人，才能保障 21 世纪的中国保持强大的生机和活力。制度自信教育鼓舞着、引导着广大青年勇担使命，立潮头、做先锋、勇创新，在承担责任中历练自我、在实现使命中锻造自我，成长为民族复

---

① 习近平：《知之深　爱之切》，河北人民出版社 2015 年版，第 66 页。

兴路上的可造之材、可用之材。例如，制度自信教育可以阐明党的执政根基在基层、国家治理的神经末梢在基层、人民对美好生活的感知在基层的深刻道理，使青年学生认识到基层一线是奉献青春的主战场，是青年建功立业的主阵地，大好青春、大有可为、大有作为，并自觉积极参与到面向基层一线的乡村振兴、支教活动中去，将青春汗水奉献给祖国最需要的地方。

二、高校思政课教师是开展制度自信教育的主体力量

百年大计，教育为本；教育大计，教师为本。高校思政课教师是开展制度自信教育的主体力量，是引导学生拥护党的领导、坚定制度自信、扣好人生第一粒扣子的引路人，承载着传播知识、传播思想、传播真理，塑造灵魂、塑造生命、塑造新人的时代重任。对高校思政课教师而言，开展制度自信教育既是贯彻党的教育方针，也是履行社会责任，更是实现自我价值之所需。

（一）高校思政课教师通过开展制度自信教育贯彻党的教育方针

党的教育方针是党在一定历史阶段提出的有关教育事业的总方向和总指针，是教育基本政策的总概括，是教育改革发展的指导思想、价值取向和根本要求，是指导整个教育事业发展的战略原则和行动纲领。一百多年来，党高度重视思政课教师在革命、建设、改革进程中的独特贡献，充分发挥思政课教师在贯彻党的教育方针中的作用。

早在新民主主义革命时期，中国共产党就创建了多所学校，并开设了思政课。"新民主主义革命时期，我们党在红军大学、苏维埃大学、抗日军政大学、陕北公学等高校开设'党的建设''中国革命运动史''马列主义''辩证唯物主义''科学社会主义'等课程"①，培育了一大批忠诚于党、忠诚于人民的共产主义先锋战士。1937 年 9 月，第

---

① 习近平：《思政课是落实立德树人根本任务的关键课程》，人民出版社 2020 年版，第 2—3 页。

二次国共合作成立后，党决定在陕西训练西安事变后涌现出来的青年运动骨干和积极分子，专门成立了培训青年的教育单位——战时青年短期培训班（简称"青训班"）。青训班课程主要是政治类基础知识，包括马列主义基础知识、中国革命史、中国青年运动史、抗日统一战线、三民主义、社会科学常识，还有一些军事课程和训练。担任青训班副主任的胡乔木，在参与管理工作之外，还讲授了"中国革命史""马列主义基础知识"等课程。① 胡乔木等在为青训班毕业证书题诗："聚在这儿，我们生命的第一课！再会吧，我们到战场上去上第二课！我们将亲见祖国在血泊里得到自由，我们将在阳光灿烂的乐园里上第三课！"② 他鼓励青年人将自己的梦想和追求融入民族解放事业中，在为民族解放事业奋斗的过程中实现自己的价值。中国共产党在创办学校教育的探索实践中逐渐形成了新民主主义革命时期的教育方针。1940 年 1 月，毛泽东在《新民主主义论》中提出：新民主主义的文化，是无产阶级领导的人民大众的反帝反封建的文化，"这种文化，只能由无产阶级的文化思想即共产主义思想去领导，任何别的阶级的文化思想都是不能领导了的"③。按照党的教育方针，党在全面抗战时期兴办了大批中小学校以及各级各类高、中等专门学校，发展民族的教育，"加强了学校的马克思列宁主义理论教育，在各级各类学校都开设了政治理论课"，特别是在高、中等专门学校中，思政课教师严格遵循党的教育方针，"讲授马克思列宁主义原理、抗日民族统一战线政策、中国革命史等课程"④，阐明党的性质和革命的目标，凝聚和团结革命力量。正因为这些基于革命斗争的深刻认识和成功实践，1945 年毛泽东在党的七大上进一步强调要培养新民主主义国家所需要的建设者，即："为着扫除民族压迫和封建压迫，为

---

① 胡乔木传编写组著：《胡乔木传》（上），当代中国出版社、人民出版社 2015 年版，第 47 页。

② 胡乔木传编写组著：《胡乔木传》（上），当代中国出版社、人民出版社 2015 年版，第 50 页。

③ 《毛泽东选集》第二卷，人民出版社 1991 年版，第 698 页。

④ 《中国共产党思想政治教育史（第二版）》，高等教育出版社 2018 年版，第 107 页。

着建立新民主主义的国家，需要大批的人民的教育家和教师，人民的科学家、工程师、技师、医生、新闻工作者、著作家、文学家、艺术家和普通文化工作者。""中国国民文化和国民教育的宗旨，应当是新民主主义的；就是说，中国应当建立自己的民族的、科学的、人民大众的新文化和新教育。"① 在党的教育方针指导下和广大思想政治教育工作者的努力下，广大青年学生和底层群众逐渐认识并认同了中国共产党的政治领导，坚定了在党的领导下推翻帝国主义、封建主义和官僚资本主义的决心和信心，为最终赢得新民主主义革命的胜利奠定了坚实的思想基础。

新中国成立后，领导人民进行社会主义建设成为党的中心任务，党在思想文化领域所做的重要工作就是用马克思列宁主义的立场、观点和方法来教育自己和全国人民，正确认识我们所面临的形势和任务。教育引导青年学生投身到社会主义建设事业中，成为党制定教育方针的根本方向。1957年2月，毛泽东在最高国务会议第十一次扩大会议上明确提出："我们的教育方针，应该使受教育者在德育、智育、体育几方面都得到发展，成为有社会主义觉悟的有文化的劳动者。"②1958年9月，《中共中央 国务院关于教育工作的指示》明确规定："党的教育工作方针，是教育为无产阶级的政治服务，教育与生产劳动结合；为了实现这个方针，教育工作必须由党来领导。""在一切学校中，必须进行马克思列宁主义的政治教育和思想教育，培养教师和学生的工人阶级的阶级观点（同资产阶级进行斗争），群众观点和集体观点（同个人主义观点进行斗争），劳动观点即脑力劳动与体力劳动结合的观点（同轻视体力劳动和体力劳动者、主张劳心劳力分离的观点进行斗争），辩证唯物主义的观点（同唯心主义和形而上学的观点进行斗争）。"③1961年，教育部将1957年和1958年提出的两个教育方针思想理念合二为一，强调高等

---

① 《毛泽东选集》第三卷，人民出版社1991年版，第1082—1083页。

② 《毛泽东文集》第七卷，人民出版社1999年版，第226页。

③ 《建国以来重要文献选编》第11册，中央文献出版社1995年版，第490—491页。

学校的基本任务是"贯彻执行教育为无产阶级的政治服务、教育与生产劳动相结合的方针，培养为社会主义建设所需要的各种专门人才"①。围绕党的教育方针，中国共产党把"'中国革命常识''共同纲领'列入中学教学计划，在高校开设'中国革命史''马列主义基础''政治经济学''辩证唯物论与历史唯物论'等课程，强调中高等学校政治理论课的任务是用马克思列宁主义、毛泽东思想武装青年，培养坚强的革命接班人"②。各高校思政课教师按照这种方针，深入学生中宣传马列主义、毛泽东思想，宣传学习英雄模范的先进事迹，开展"学雷锋运动""学习铁人精神"等。通过辩证、说理的方法，一一批判各种错误思想，提高青年学生的思想政治觉悟，增强他们对社会主义制度的政治认同。

党的十一届三中全会后，邓小平从中国特色社会主义事业的全局出发，提出教育优先发展战略思想，提出"有理想、有道德、有文化、有纪律"的培养目标和"教育要面向世界、面向未来、面向现代化"的重要工作指导方针。1995 年 3 月，第八届全国人民代表大会第三次会议审议通过我国第一部《中华人民共和国教育法》，明确规定"教育必须为社会主义现代化建设服务，必须与生产劳动相结合，培养德、智、体等方面全面发展的社会主义事业的建设者和接班人"，成为新时期我国开展教育工作的根本指导方针。1999 年 6 月，中共中央、国务院颁布《关于深化教育改革全面推进素质教育的决定》，提出要全面贯彻党的教育方针，以提高国民素质为根本宗旨，以培养学生的创新精神和实践能力为重点，造就"有理想、有道德、有文化、有纪律"的德智体美等全面发展的社会主义事业建设者和接班人。在党的教育方针指导下，思政课教师积极践行"三个面向"的要求，积极响应培育"四有新人"

---

① 《中共中央文件选集（一九四九年十月——一九六六年五月）》第 38 册，人民出版社 2013 年版，第 42 页。
② 习近平：《思政课是落实立德树人根本任务的关键课程》，人民出版社 2019 年版，第 3 页。

的号召，推进邓小平理论、"三个代表"重要思想、科学发展观进课堂，改革创新教学方式，在积极批判各种错误思想和引导青少年建立正确的人生观和世界观，加强对青年学生坚定社会主义制度信仰的教育引导，使广大青年学生在建设有中国特色社会主义的征途上始终保持奋发有为、昂扬向上的精神状态。

党的十八大以来，以习近平同志为核心的党中央在领导中国特色社会主义的伟大实践中，着眼世界百年未有之大变局和中华民族伟大复兴全局，紧紧围绕培养什么人、怎样培养人、为谁培养人这个根本问题，提出了一系列有关教育改革发展的新理念新思想新观点，为思政课教师贯彻落实党的教育方针提供了根本遵循。2016 年 12 月，习近平在全国高校思想政治工作会议上提出"要坚持把立德树人作为中心环节，把思想政治工作贯穿教育教学全过程"，强调教育要"为人民服务，为中国共产党治国理政服务，为巩固和发展中国特色社会主义制度服务，为改革开放和社会主义现代化建设服务"。①2019 年 3 月，在学校思想政治理论课教师座谈会上，习近平进一步明确了贯彻落实党的教育方针的具体要求，"新时代贯彻党的教育方针，要坚持马克思主义指导地位，贯彻新时代中国特色社会主义思想，坚持社会主义办学方向，落实立德树人的根本任务，坚持教育为人民服务、为中国共产党治国理政服务、为巩固和发展中国特色社会主义制度服务、为改革开放和社会主义现代化建设服务，扎根中国大地办教育，同生产劳动和社会实践相结合，加快推进教育现代化、建设教育强国、办好人民满意的教育，努力培养担当民族复兴大任的时代新人，培养德智体美劳全面发展的社会主义建设者和接班人。"②2021 年 4 月 29 日，十三届全国人大常委会第二十八次会议审议通过了修订后的《中华人民共和国教育法》，其中第五条修改为"教育必须为社会主义现代化建设服务、为人民服务，必须与生产劳动和社会实践相结合，培养德智体美劳全面发展的社会主义建设者和接

---

① 《习近平谈治国理政》第二卷，外文出版社 2017 年版，第 376—377 页。

② 《习近平谈治国理政》第三卷，外文出版社 2020 年版，第 328 页。

班人"①。按照党的教育方针，教育部等部门相继出台了《关于加强新时代高校教师队伍建设改革的指导意见》《新时代高校思政课教师队伍建设规定》等规章制度，对高校思政课教师引导学生坚定"四个自信"，贯彻党的教育方针提出了具体要求。高校思政课教师按照要求，积极贯彻思政课教学"四个相统一"要旨，积极践行"六要"标准，开拓创新，不断推动习近平新时代中国特色社会主义思想进教材、进课堂、进头脑，以课题研讨、校园调研等方式探索教学新方式，推出了一批学生喜闻乐见的精品课程。同时，党的十八大以来各个高校涌现出了一批批思政课教学名师。在课堂教学上，他们积极探索教学方法，为推动思政课改革创新，推动知识入脑入心作出了突出贡献，如"清华大学的因材施教法，北京师范大学的分众教学法，中央财经大学的'问题链'教学法，东北师范大学的'四维并进'教学法，浙江大学的情景式教学法，西北大学的叙事教学法等都在全国产生较大影响"；在实践教学上，他们因地制宜，寓知识传授于生活之中，如"江西师范大学的'红色基因传承'教学方法改革，天津商务职业学院的任务驱动式实践教学模式"等②，受到学生的广泛好评。正是有了这支可信、可敬、可靠，乐为、敢为、有为的思政课教师队伍，思政课才办得越来越好，党的教育方针才能落到实处。

（二）高校思政课教师通过开展制度自信教育实现自身价值

2020年，教育部颁布实施的《新时代高等学校思想政治理论课教师队伍建设规定》明确规定：思政课教师的职责是"引导学生立德成人、立志成才，树立正确世界观、人生观、价值观，坚定对马克思主义的信仰，坚定对社会主义和共产主义的信念，增强中国特色社会主义道路自信、理论自信、制度自信、文化自信，厚植爱国主义情怀，把爱国情、强国志、报国行自觉融入坚持和发展中国特色社会主义事业、建设

---

① 《中央教育工作领导小组印发通知　深入学习宣传贯彻党的教育方针》，《人民日报》2021年5月27日。

② 赵婀娜、丁雅诵：《谱写立德铸魂的奋进篇章》，《人民日报》2019年3月18日。

社会主义现代化强国、实现中华民族伟大复兴的奋斗之中，为培养德智体美劳全面发展的社会主义建设者和接班人作出积极贡献"①。这一规定，不仅是党对思政课教师提出的明确要求，更是高校思政课教师实现自身价值的目标方向。

"师者，所以传道授业解惑也"，对高校思政课教师来说，"传道"是第一位的。"一个老师，如果只知道'授业'、'解惑'而不'传道'，不能说这个老师是完全称职的，充其量只能是'经师'、'句读之师'，而非'人师'了。古人云：'经师易求，人师难得。'一个优秀的老师，应该是'经师'和'人师'的统一，既要精于'授业'、'解惑'，更要以'传道'为责任和使命。"②"传道"更多地指向价值观的塑造，在制度自信教育语境下，就是指高校思政课教师将自身对党和中国特色社会主义制度的信仰传递给学生，积极引导学生坚定制度自信。习近平在党的十九届四中全会上指出："要把制度自信教育贯穿国民教育全过程，把制度自信的种子播撒进青少年心灵。"③这个"播种"的过程就是"传道"的过程，高校思政课教师在制度自信教育的过程中寓价值观引导于知识传授之中，用高尚的人格感染学生、赢得学生，用真理的力量感召学生，以深厚的理论功底赢得学生。学生在老师的感染下，将更坚定"四个自信"，树立正确的理想信念，制度自信教育也就达到了春风化雨、润物无声的效果。

思政课教师的首要职责是讲好思政课。"思想政治理论课是落实立德树人根本任务的关键课程……思政课作用不可替代，思政课教师队伍责任重大。"④我国的思政课教学主要"涉及马克思主义哲学、政治经济学、科学社会主义，涉及经济、政治、文化、社会、生态文明和党的建

---

① 《新时代高等学校思想政治理论课教师队伍建设规定》，见 https://www.moe.gov.cn/srcsite/A02/s5911/moe_621/202002/t20200207_418877.html。

② 习近平：《做党和人民满意的好老师——同北京师范大学师生代表座谈时的讲话》，人民出版社 2014 年版，第 5 页。

③ 《习近平谈治国理政》第三卷，外文出版社 2020 年版，第 129 页。

④ 《习近平谈治国理政》第三卷，外文出版社 2020 年版，第 329 页。

设，涉及改革发展稳定、内政外交国防、治党治国治军，涉及党史、新中国史、改革开放史、社会主义发展史，涉及世界史、国际共运史，涉及世情、国情、党情、民情，等等"①，如果离开思政课教师的讲授，学生们很难深入理解其中的丰富内涵。在课堂上，思政课教师通过自身的言传身教，将制度自信教育的相关知识传授给学生。在课堂外，思政课教师通过开展制度自信教育实践活动，进一步加深学生对制度自信相关知识的理解。如北京大学的思政课教师团队在 2020 年带领学生到了浙江嘉兴南湖，追寻老一辈革命家的脚步，探索中国共产党的壮大历程。② 一路行走，学生们真切感受到了建党精神，对中国特色社会主义制度也有了更深的理解。在对嘉兴城乡百年来的发展变化的调研过程中，学生们更加坚定只有中国特色社会主义才能发展中国。通过这种多样化的思想政治教育实践活动，学生们在制度自信教育实践过程中切实感受到了中国特色社会主义制度的优势，在感受中国特色社会主义的伟大成就中进一步坚定了"四个自信"。

高校思政课教师开展制度自信教育是"解惑"的必然要求。高校学生处于"拔节孕穗期"的关键阶段，是对他们进行意识形态塑造的黄金时期，但此时高校学生往往"阅历不广，容易从自身角度、从理想状态的角度来认识和理解世界，难免给他们带来局限性"③。高校是意识形态斗争的前沿，意识形态领域出现的一些错误思潮，诸如"普世价值""三权鼎立""宪政"等观点，会对青年学生正确认识中国特色社会主义制度产生误导和困惑。解答学生存在的这些困惑，思政课教师责无旁贷。中国特色社会主义制度是适合我国国情的好制度，这已为我国在社会主义建设过程中所取得的伟大成就所证实。思政课教师立足我国制

---

① 习近平：《思政课是落实立德树人根本任务的关键课程》，人民出版社 2020 年版，第 10—11 页。

② 林焕新：《心有所信　方能行远——北京大学打造"泥土味"的思政实践课纪实》，《中国教育报》2020 年 3 月 22 日。

③ 习近平：《在纪念五四运动 100 周年大会上的讲话》，人民出版社 2019 年版，第 13 页。

度实践过程中所取得的彪炳史册的成绩和制度本身的理论逻辑，通过科学的回答，在制度自信教育的过程中教给青年学生正确的知识。将"西方之乱"与"中国之治"进行对比，阐释中国特色社会主义的显著优势，既解答了学生的困惑，增强了青年学生的制度认同和制度自信，也维护我国意识形态领域安全。

三、高校为开展制度自信教育提供了坚实保障

制度自信教育融入高校思政课是一个系统工程。其中，学生是知识的接收者，教师发挥着教学活动的主导作用，同时教育活动还受到校园氛围、学科特点、教学形式、课本教材、网络媒介等多种因素的影响。这些因素涵盖于高校思想政治课教育环境与载体之中，构成了高校思政课教育资源，影响着制度自信教育的实际效果。

（一）高校为制度自信教育营造了独特的育人环境

高校是培养高素质人才的重要阵地。高校教育环境深刻影响着制度自信教育的内容、形式、频次、效果，影响着青年学生制度自信的生成与发展。

高校教育环境在开展制度自信教育时彰显出独特价值。高校是学科齐全、人才集中、设施完备、环境优美的教育场所，校内环境展现出人际关系简单纯洁、精神风貌积极向上、校园风气清明端正等特征。虽然面临着思想意识形态领域的种种挑战，但高校教育环境中"蕴含着价值体系、生活方式和情感结构，人从中获得自由自觉的精神特质，内化为自身的价值体系"[1]。这一环境对青年学生产生了认知引导、情感感染、信仰建构、能力培养的作用，也对有违制度自信教育的不良思想与行为起到了约束规范作用。例如，在人际关系方面，高校青年学生接触的主要对象为师长与同学，教师群体拥有一定的理论修养与道德水准，同学拥有着青春活力与朝气，简单向上的人际关系将有助于提升制度自

---

[1]　周琪：《论思想政治教育环境的生成、生活形态和自觉实践》，《教学与研究》2017年第10期。

信教育的效果，这也正是党和国家始终高度重视学校教育的原因所在。

"大思政课"育人环境为高校制度自信教育有效保障。党的十八大以来，以习近平同志为核心的党中央高度重视高校思政课改革创新，创造性地提出了"大思政课"重要思想，为创新思政课教学提供了新思路。为贯彻落实"大思政课"的重要精神，加快构建"大思政课"工作格局，教育部于 2021 年 11 月印发了《高等学校思政课建设标准（2021年版）》，明确将建设"大思政课"列为思政课课程建设的重要内容之一，要求突出实践教学，全面提升育人效果。2022 年 8 月，教育部会同有关部门联合公布首批 453 家"大思政课"实践教学基地并将持续推动各地各校加强与基地联系，探索建立长效机制，形成工作合力，着力打造服务"大思政课"实践教学的优质平台。这些重要举措与制度自信教育形成了双向互动，"大思政课"格局的构建能够服务于制度自信教育的展开，符合制度自信教育"大思政课"善用之的要求，也是"大思政课"大格局的体现，是汇聚"大资源"、凝聚"大合力"的体现。

（二）高校为制度自信教育提供了丰富的育人资源

高等教育在我国教育体系中位居培养各级各类人才的顶端地位，是人才培养的重要方式，为制度自信教育提供了丰富多样的载体，主要包括高校思政课教材、高校教学资源数据库以及各种网络学习平台。

思政课教材为开展制度自信教育教学提供了遵循。习近平指出："培养出好的哲学社会科学有用之才，就要有好的教材。"① 中宣部和教育部组织领导各领域专家进行了教材的编订工作，发挥教材在高校制度自信教育中的指导作用。一是着力打造"马克思主义理论研究和建设工程"精品教材（简称"马工程"教材）。"马工程"教材编写小组 2006年出版《思想道德修养与法律基础》（现已更名为《思想道德与法治》），于 2007 年出版《中国近现代史纲要》和《马克思主义基本原理概论》，于 2008 年出版《毛泽东思想和中国特色社会主义理论体系概论》。这四本教材及其修订本成为当前高校思政课教材蓝本，全面展示了中国特色

---

① 《习近平谈治国理政》第二卷，外文出版社 2017 年版，第 345 页。

社会主义的理论内涵、价值意蕴和显著优势，是落实制度自信教育任务的重要抓手。二是与时俱进修订教材。对教材及时进行修订，与时代发展同频共振，反映最新理论成果是教材修订的基本原则。自《〈中共中央宣传部 教育部关于进一步加强和改进高等学校思想政治理论课的意见〉实施方案》（亦称"05方案"）实施以来，思政课教材几经修订，不断补充新的内容，确保跟上实践发展。党的十九大以来，为进一步推动习近平新时代中国特色社会主义思想进教材、进课堂、进头脑，中宣部、教育部于2021年对"马工程"重点教材高校思政课教材进行了较大规模的修订，进一步充实更新了相关内容。以《思想道德与法治（2021年版）》为例，该教材的修订工作于2021年5月启动，历时两个多月，在《思想道德修养与法律基础（2018年版）》的基础上修订完成。该教材编写组"努力使新修订的教材充分体现党的理论创新成果、新时代中国特色社会主义建设的新进展"，融入了制度自信教育的相关内容。在第二章第二节，"节标题由原教材的'崇高的理想信念'调整为'坚定信仰信念信心'，节内目次调整为'增强对马克思主义、共产主义的信仰''增强对中国特色社会主义的信念''增强对实现中华民族伟大复兴的信心'"①，对引导学生坚定制度自信起到了重要作用。在此基础之上，2022年新修订教材时又及时将党的十九届六中全会和党的二十大新观点、新论断、新思想融入教材中，使思政课教学内容跟上时代。三是推动"大中小学思政课课程教材一体化"建设。2019年9月，教育部党组印发的《"新时代高校思政课创优行动"工作方案》明确提出，"推动大中小学思政课课程教材一体化建设，实现各学段教学内容和目标循序渐进、螺旋上升"。在新一轮大中小学思政课教材的修订过程中，每一学段的教材都增加了党的最新理论成果，其中都不同程度地体现了制度自信教育的相关内容。如高中《思想政治》的"中国特色社会主义"板块，明确总结了中国特色社会主义制度的显著优势，对坚定

---

① 沈壮海：《〈思想道德与法治（2021年版）〉修订说明和教学建议》，《思想理论教育导刊》2021年第9期。

制度自信起到了正向引导作用。四是成立专门的国家教材委员会。实际上，早在"05 方案"中，中宣部、教育部就提出要联合成立高等学校思政课教材编写领导小组，对思政课教材进行统筹编写。进入新时代，为贯彻落实《关于加强和改进新形势下大中小学教材建设的意见》，进一步做好教材管理相关工作，我国于 2017 年成立了国家教材委员会，使思政课教材管理更有章可循，从提纲酝酿到形成定稿，再到出版发行，都受到国家教材委员会的指导监督，确保把制度自信教育内容系统全面地体现在教材之中，教材权威性大大提高，说服力也大大增强。

教学资源数据库为办好思政课、开展好制度自信教育提供了重要保障。在教材之外，高校为师生提供了各种教学资源数据库，以便高校师生继续学习制度自信教育相关知识。21 世纪初，中国就准确预见了未来教学资源信息化数据化的发展趋势，提出"要组织研制全国高等学校思政课教育教学资料数据库，为高等学校思政课教育教学和科研搭建信息资料服务平台"[①]。这一方面体现了国家在高校思想政治课建设方面的高瞻远瞩，另一方面也成为我国高校创办教学资源数据库观念之开端。进入新时代以来，各高校以人工智能为依托，基本都建成了本校的教学资源数据库。与教材相比，教学资源数据库存在自身特殊优势。一是存有海量资源，其知识储备量远高于前者。二是资源易于获取，访问者往往可以通过点击链接便可进行浏览下载。三是系统高效智能。数据库利用现代化信息技术，能够对访问量、下载量等进行整合分析，帮助高校师生更加准确地查找到需要的学习资料，极大地减少了时间成本，实现对教学资源的最优化配置。以北京师范大学教学资源数据库为例。该数据库内嵌于北京师范大学图书馆官网的资源板块，点击进入数据库之后，界面会出现"学术资源导航"与"电子期刊导航"两个模块，"学术资源导航"界面又有"常用资源""全部资源""学科分类""资源

---

① 《〈中央宣传部　教育部关于进一步加强和改进高等学校思想政治理论课的意见〉实施方案》，见 http://www.moe.gov.cn/jyb_xxgk/gk_gbgg/moe_0/moe_495/moe_991/tnull_10140.html。

类型""多途径查询"五个选项以供师生查询，指引清晰，极为便利。关于制度自信教育，该数据库中涉及相应内容的资源种类繁多，最主要的有"中国共产党思想理论资源数据库""中国党建期刊库"等。进入到目的资源库后，键入"制度自信"等相关词汇，便能够又快又多地搜集到涉及制度自信教育知识的相关资料，能够更加全面系统地对中国特色社会主义制度进行研究学习，师生的制度自信观念将得到显著加强。

　　网络学习平台为办好思政课、开展好制度自信教育提供了辅助手段。同教学资源数据库一样，网络学习平台也是随着网络信息技术的发展而逐渐兴起的一种新兴教育资源。2018年4月，为办好网络教育，积极推进"互联网＋教育"发展，加快教育现代化和教育强国建设，教育部发布《教育信息化2.0行动计划》，对新的形势下我国教育现代化作出了部署，"围绕加快教育现代化和建设教育强国新征程，落实立德树人根本任务，因应信息技术特别是智能技术的发展，积极推进'互联网＋教育'，坚持信息技术与教育教学深度融合的核心理念，坚持应用驱动和机制创新的基本方针，建立健全教育信息化可持续发展机制，构建网络化、数字化、智能化、个性化、终身化的教育体系，建设人人皆学、处处能学、时时可学的学习型社会，实现更加开放、更加适合、更加人本、更加平等、更加可持续的教育，推动我国教育信息化整体水平走在世界前列，真正走出一条中国特色的教育信息化发展路子"①。网络学习平台超越了时空的界限，在时间上灵活便捷，随时开放；在空间上不受限制，无论在哪个地方，学习者只需连接网络便可获得学习资源。正是因为这种独特优势，当前各高校运用大数据、VR虚拟现实等现代信息技术，积极研发大学生思政课网络学习平台，通过音频、视频等将课本内容与时事建立联系，通过网址、二维码等形式搭建教材与公共教育资源数据库连接的桥梁，汇集课件、教学案例等教学资源，方便师生学习。当前网络学习平台众多，如"全国高校思政课教师网络集体

---

① 《教育部关于印发〈教育信息化2.0行动计划〉的通知》，见 http://www.moe.gov.cn/srcsite/A16/s3342/201804/t20180425_334188.html。

备课平台""学习通""智慧树""雨课堂""学习强国""慕课"等，这些网络学习平台汇聚了高校及校外各方力量，提供了大规模的在线开放精品课程，极大地满足了高校师生学习的需求。例如，在 2020 年第 17 期高校思政课教师"周末理论大讲堂"上，全国高校思政课教师便通过"全国高校思政课教师网络集体备课平台"深入学习了习近平法治思想，了解了中国特色社会主义法律制度的独特优势，取得了良好效果。高校思政课教师通过这种经常性的集体学习，对制度自信教育的体悟更加深刻，对学生的影响也更为深远。同样地，高校学生也可以通过此类学习平台，自主学习制度自信教育相关内容。在与名师大家近距离的接触中，制度自信的种子悄然种下，制度自信教育在润物无声中得到了实现。

第三章　制度自信教育融入高校思政课的实证分析

实证分析是社会科学重要研究方法之一，即将自然科学实证的精神应用于社会现象研究之中，从经验入手，采用程序化和定量分析的方法，使社会现象的研究达到精细化和准确化的水平。推进制度自信教育融入高校思政课研究，既是一个重大的理论问题，也是一个重要的现实问题，不仅需要从定性角度分析其内在的应然问题，更要从定量角度分析其实然问题，以达到对研究对象的规律性认识。为此，本部分通过对5所不同高校的500名学生进行问卷调查以及对20名来自不同高校的学生进行结构式访谈，运用SPSS统计分析软件对"对中国特色社会主义制度及制度自信的认知""对制度自信教育价值的认知""对制度自信教育与高校思政课关系的认知""对制度自信教育融入高校思政课意义的认知""对影响制度自信教育融入高校思政课因素的认知"等问题进行量化分析，深入研究制度自信教育融入高校思政课的重要性、必要性、可行性等问题，为推进制度自信教育更好地融入高校思政课提供数据支撑。

第一节　调查样本的基本情况

本课题共发出调研问卷500份，收回问卷500份，有效问卷500份。根据问卷分析结果，受访者的基本情况如下：

一、关于调查样本的描述性分析

本部分内容是对被调查高校学生的性别、年级、政治面貌等基本情况进行分析，展现被调查对象的基本特征。

1.受访者中，大一年级学生 7 人，占比 1.4%；大二年级学生 181 人，占比 36.2%；大三年级学生 213 人，占比 42.6%；大四年级学生 73 人，占比 14.6%；研究生 26 人，占比 5.2%。从中可以看出，本次受访者多集中于大二、大三年级学生，其余按比例由大到小依次为大四学生、研究生，大一年级学生所占比例最小（表1）。

受访者所在年级不同，决定了他们所接受的思政课的差异性。我们要分析年级的差异性是否影响他们对中国特色社会主义制度的认知情况。

表 1　所在年级分布情况

序号	年级	计数（人）	百分比
1	大一	7	1.4
2	大二	181	36.2
3	大三	213	42.6
4	大四	73	14.6
5	研究生	26	5.2

2.受访者中，政治面貌为中共党员/预备党员的学生有 59 人，占比 11.8%；入党积极分子有 154 人，占比 30.8%；共青团员有 223 人，占比 44.6%；其他民主党派 1 人，占比 0.2%；群众 63 人，占比 12.6%。从中可以看出，受访者的政治面貌的分布情况符合当前高校青年学生政治面貌的实际情况（表2）。

受访者的政治面貌一定程度上反映了他们的政治认知状况。比如，中共党员和预备党员经常要进行政治学习，决定了他们对政治知识的了解和认识程度要高于其他群体。我们要分析政治面貌的差异是否影响他们对思政课及制度自信教育融入高校思政课的认识。

表 2　政治面貌分布情况

序号	政治面貌	计数（人）	百分比
1	中共党员/预备党员	59	11.8
2	入党积极分子	154	30.8
3	共青团员	223	44.6
4	其他民主党派	1	0.2
5	群众	63	12.6

3.受访者中，学科背景为社会科学类的学生有174人，占比34.8%；人文科学类的学生有113人，占比22.6%；理工农医等自然科学类的学生有181人，占比36.2%；交叉学科的学生有32人，占比6.4%。从中可以看出，在本次受访者中，学科背景为理工农医等自然科学类学生占比最高，社会科学类次之，人文学科类随后，交叉学科学生占比最少（表3）。

受访者学科背景呈现多元化特征，为充分分析不同学科背景学生对中国特色社会主义制度的认知态度奠定了基础。我们要分析学科背景的差异是否影响受访者对思政课及制度自信融入高校思政课的认知。

表 3　学科背景的分布情况

序号	学科背景	计数	百分比
1	社会科学类	174	34.8
2	人文科学类	113	22.6
3	理工农医等自然科学类	181	36.2
4	交叉学科	32	6.4

4.受访者中，所在学校办学层次为"985工程"院校的学生有92人，占比18.4%；"211工程"院校的学生有238人，占比47.6%；中央部属本科院校的学生有30人，占比6.0%；省属本科院校的学生有140人，占比28.0%。从中可以看出，本次受访者中来自"211工程"院校学生占比最高，接近受访者的二分之一。其次为省属本科院校与"985工程"院校，中央部属本科院校学生占比最少，仅为6.0%（表4）。

不同层次高校的学生、师资及思政课有其自身的特点，我们要分析不同层次高校的学生对制度自信教育融入思政课的态度。

表4　所在学校办学层次分布情况

序号	所在学校办学层次	计数（人）	百分比
1	"985 工程"院校	92	18.4
2	"211 工程"院校	238	47.6
3	中央部属本科院校	30	6.0
4	省属本科院校	140	28.0

5.受访者中，家乡所在区域为直辖市的学生有103人，占比20.6%；来自省会城市的学生有95人，占比19%；来自地级市的学生有119人，占比23.8%；来自县城的学生有117人，占比23.4%；来自村镇的学生有66人，占比13.2%。从中可以看出，受访者家乡所在区域分布较为均匀，其中来自地级市的占比最高，其余由多到少依次为县城、直辖市、省会城市，来自村镇的人数占比最少（表5）。

受访者的生源地反映了受访者生活学习的客观环境，客观环境影响学生个体的主观认识。我们要分析这种客观环境是否影响他们对制度自信教育和思政课的评价态度。

表5　家乡所在区域分布情况

序号	家乡所在区域	计数（人）	百分比
1	直辖市	103	20.6
2	省会城市	95	19.0
3	地级市	119	23.8
4	县城	117	23.4
5	村镇	66	13.2

6.受访者中，每月消费支出1000元以下的学生有51人，占比10.2%；1000—2000元的学生有335人，占比67%；2000—3000元的学生有72人，占比14.4%；3000元以上的学生有42人，占比8.4%。

从中可以看出，受访者每月消费支出多集中于 1000—2000 元，占比高达 67%。其余由多到少依次为 2000—3000 元、1000 元以下，每月支出 3000 元以上人数占比最少，仅为 8.4%（表 6）。

受访者的消费支出情况反映了其家庭收入状况，不同家庭收入状况的学生会对经济社会有不同的认知。我们要分析来自不同收入群体的学生对中国特色社会主义制度的态度，从而分析差异产生的原因。

表 6　每月消费支出分布情况

序号	每月消费支出	计数（人）	百分比
1	1000 元以下	51	10.2
2	1000—2000 元	335	67.0
3	2000—3000 元	72	14.4
4	3000 元以上	42	8.4

7. 受访者中父母一方最高学历本科以上的有 47 人，占比 9.4%；本科的有 125 人，占比 25%；专科的有 80 人，占比 16%；中专的有 43 人，占比 8.6%；初高中及以下的有 205 人，占比 41%。从中可以看出，受访者中父母一方最高学历为初高中及以下的学生人数最多，接近受访者的二分之一，其余由多到少依次为本科、专科、本科以上，父母一方最高学历为中专学生占比最少（表 7）。

父母是孩子的第一任老师，对孩子的世界观、人生观、价值观的影响至关重要。我们要分析来自不同家庭的受访者对制度自信教育融入思政课的认知情况。

表 7　父母一方最高学历分布情况

序号	父母一方最高学历	计数（人）	百分比
1	本科以上	47	9.4
2	本科	125	25.0
3	专科	80	16.0
4	中专	43	8.6
5	初高中及以下	205	41.0

二、调查样本的相关性分析

所谓相关性分析，是描述客观事物相互间关系的密切程度并用适当的统计指标表示出来的过程，是对变量间相关关系的分析。由于所分析的题目均为无序分类变量，因此本部分将采用皮尔逊卡方与Cramer's V 系数（克莱姆系数）衡量变量间的相关程度。

其中，皮尔逊卡方，即卡方检验，目的是通过随机样本数据来推演总体是否也存在同样的结论。卡方检验是属于显著度检验的一种，其基本逻辑是：①先设定一个原假设 H0，即两个变量间不存在相关关系。②进行分析，通过显著度检验结果，来决定是否接受原假设。Cramer's V 系数是双向无序分类变量相关性测量系数之一，是双变量相关分析的一种指标，专门用于衡量分类数据之间的相关程度。该系数取值范围为 0 到 1，0 表示两个变量无关，1 表示完全相关。

青年学生对中国特色社会主义制度的自信和认同程度受到主客观多方面的影响，本部分着重分析受访青年学生自身特征对其形成制度自信的影响状况。由于并非所有自身特征间的相关性都与制度自信教育相关，故只展示部分自身特征间的相关性。由于民主党派只有 1 人，为便于统计分析，本部分略去对民主党派的分析，故总人数 499 人。

1. "政治面貌"与"学科背景"的相关性

表 8　学科背景 * 政治面貌交叉百分表

占"政治面貌"的百分比

学科背景	政治面貌				总计
	中共党员 / 预备党员	入党积极 分子	共青团员	群众	
社会科学类	40.7	30.5	34.1	42.9	34.9
人文科学类	25.4	25.3	22.0	15.9	22.6
理工农医等自然科 学类	32.2	35.7	39.9	27.0	36.1
交叉学科	1.7	8.4	4.0	14.3	6.4
总计（人）	59	154	223	63	499

由表 8 可以看出，受访者政治面貌占比最高的是"共青团员"，学科背景占比最高的是"理工农医等自然科学类"。以政治面貌为"中共党员/预备党员"的受访者为例，学科背景为"社会科学类"的受访者人数占所有"中共党员/预备党员"人数的 40.7%。同上，学科背景为"人文科学类"的受访者人数占比为 25.4%，学科背景为"理工农医等自然科学类"的受访者人数占比为 32.2%，学科背景为"交叉学科"的受访者人数占比为 1.7%。

为进一步探究二者之间的关系，提出原假设 H0："学科背景"与"政治面貌"两变量相互独立。如果显著性水平 α 设为 0.05，由于相关分析结果显示概率 P 值为 0.065，大于 α，因此应接受原假设 H0，即学科背景与政治面貌两变量间相互独立，不存在相关关系。这些数据说明，学科背景虽对大学生的思维方式、价值理念、情感态度等多方面产生着重大影响，但学科背景对大学生的政治面貌并不产生直接、显著的影响。这说明，学科背景并不是影响青年学生政治意识和观念的关键因素。因此，高校在开展思政课和制度自信教育等政治素养的教育教学工作时，不能将学科背景作为评价思政课教学效果的主要因素，即不同学科背景的青年学生对政治观念和政治知识的接受能力和意识是没有明显区别的，只要不断推进思政课改革创新，提高教学实效性，绝大多数的青年学生都会接受政治理论的教育并从中坚定理想信念。

2. "政治面貌"和"父母一方的最高学历"的相关性

表 9　父母一方的最高学历 * 政治面貌交叉百分表

占"政治面貌"的百分比

父母一方的最高学历	政治面貌				总计
	中共党员/预备党员	入党积极分子	共青团员	群众	
本科以上	18.6	6.5	7.2	15.9	9.4
本科	18.6	29.9	23.8	22.2	24.8
专科	10.2	14.3	15.7	27.0	16.0
中专	11.9	10.4	7.2	6.3	8.6

续表

父母一方的最高学历	政治面貌				总计
	中共党员 / 预备党员	入党积极分子	共青团员	群众	
初高中及以下	40.7	39.0	46.2	28.6	41.1
总计（人）	59	154	223	63	499

从表 9 可以看出，以政治面貌为"共青团员"的受访者为例，父母一方最高学历为"本科以上"的受访者在所有"共青团员"中占比7.2%。同上，"本科"占比 23.8%，"专科"占比 15.7%，"中专"占比7.2%，"初高中及以下"占比 46.2%。分析结果显示概率 P 值为 0.024，小于显著性水平 α（α=0.05），即政治面貌与父母一方最高学历之间存在显著差异。这些数据说明，受访者的政治面貌与其父母一方的最高学历存在着相关性，即受访者父母为"本科以上"学历的群体中，受访者为"中共党员 / 预备党员"的比例最高；而受访者父母为"专科"学历的群体中，受访者为"中共党员 / 预备党员"的比例最低。这说明，来自父母学历较高家庭的青年学生受父母影响较大，政治意识较强，所以"中共党员 / 预备党员"的比例就较高。同时，我们也看到，来自父母为"初高中及以下"学历家庭的生源是当前高校学生的主体，占到总受访者的 41.1%。这部分学生的各种政治面貌分布情况和他们占总受访人数的比例（41.1%）基本相当，即"中共党员 / 预备党员"占比 40.7%，"入党积极分子"占比 39%，"共青团员"占比 46.2%。这些情况说明，来自父母学历低的家庭的青年学生并没有受到父母文化水平较低的影响。通过政治面貌的分布情况，我们可以看出这部分青年学生在政治方面追求进步，积极向党靠拢。我们可以推测，一方面，父母的文化水平低并不代表政治素养低，青年学生可能从家庭里接受了基本的政治常识的教育，对中国共产党及加入中国共产党都有一定程度的认识；另一方面，他们在学校里接受了比较多的政治教育，使他们具有较高的理论素养和政治觉悟，认识到中国共产党的性质和宗旨，主动申请加入中国共

产党，并愿意为之奋斗。

3."所在学校的办学层次"和"父母一方的最高学历"的相关性

表 10　父母一方的最高学历 * 所在学校的办学层次交叉百分表

占"所在学校"的办学层次的百分比

父母一方的最高学历	所在学校的办学层次				总计
	"985 工程"院校	"211 工程"院校	中央部属本科院校	省属本科院校	
本科以上	10.9	6.7	6.9	13.6	9.4
本科	29.3	26.1	31.0	18.6	24.8
专科	19.6	13.0	13.8	19.3	16.0
中专	7.6	8.8	6.9	9.3	8.6
初高中及以下	32.6	45.4	41.4	39.3	41.1
总计（人）	59	154	223	63	499

由表 10 可以看出，人数最多的受访者是来自办学层次为"中央部属本科院校"，为 223 人。其中父母一方最高学历为"本科以上"占比 6.9%，"本科"占比 31.0%，"初高中及以下"占比最高，达 41.4%。分析结果显示概率 P 值为 0.238，大于显著性水平 α（α=0.05），说明受访者所在学校办学层次与其父母一方最高学历两变量相互独立，不存在相关关系。从这些分析结果可以得出，教育不仅是国之大计、党之大计，也是千千万万个家庭的关注重点，无论是何种职业、经济条件的父母都在力所能及地给孩子提供最好的教育条件。父母的学历越高，一定程度上也意味着孩子能接受更好的家庭教育，但学生的成绩受到各种各样因素的影响，学生能考上什么办学层次的院校更多是取决于学生自身。这个问题同时也说明，高考制度是维护社会公平正义的重要保障，来自不同社会群体的考生都可以通过自己的努力，借助高考实现自己的理想，青年学生是中国特色社会主义高考制度优势最直接的受益者。

第二节　制度认知与制度自信

"认知"是制度自信教育的逻辑起点。青年学生只有对国家的制度传统、制度规范和制度体系等形成系统的认知，才能在制度认知的基础上生成制度自信。设置本问题，目的在于了解青年学生对中国特色社会主义制度体系、中国特色社会主义制度自信的认知情况，为推进制度自信教育融入高校思政课提供依据。

一、对中国特色社会主义制度的认知

习近平指出："中国特色社会主义制度是当代中国发展进步的根本制度保障，是具有鲜明中国特色、明显制度优势、强大自我完善能力的先进制度。"[①] 中国特色社会主义制度不是抽象的概念，而是有着具体的内涵和内容。中国特色社会主义制度是包括人民代表大会制度这一根本政治制度，中国共产党领导的多党合作和政治协商制度、民族区域自治制度以及基层群众自治制度等基本政治制度，中国特色社会主义法律体系，公有制为主体、多种所有制经济共同发展的基本经济制度，以及建立在这些制度基础上的经济体制、政治体制、文化体制、社会体制等各项具体制度，是当代中国发展进步的根本制度保障。通过对受访者关于"对中国特色社会主义制度的认知"的实证分析，了解受访者对中国特色社会主义制度具体内容和实际内涵的理解和认知情况。

（一）描述性分析

根据回收的调查问卷，受访者在回答"是否了解中国特色社会主义制度"问题时，选择"非常了解"的占比为21%，选择"比较了解"的占比为51.6%，选择"一般了解"的占比为23.4%，选择"基本不了解"的占比为1.6%，选择"完全不了解"的占比为2.4%（图1）。

---

① 《习近平谈治国理政》第二卷，外文出版社2017年版，第36页。

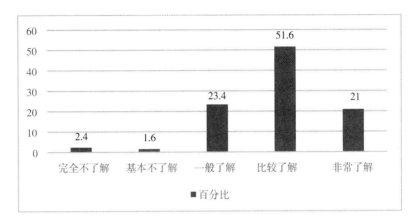

图1　关于"是否了解中国特色社会主义制度"的认知状况

在回答"中国特色社会主义制度最本质的特征"问题时，有59.8%的受访者的认识是正确的，选择"中国共产党的领导"；有40.2%的受访者的认识是错误的，其中18.6%选择"人民代表大会制度"，18.6%选择"坚持人民当家作主"，3%选择"坚持全面依法治国"（图2）。

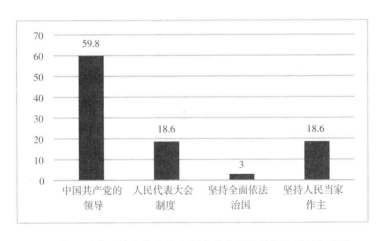

图2　关于"中国特色社会主义制度最本质的特征"的认知状况

在回答"中华人民共和国全国人民代表大会"问题时，有43.4%的受访者认识是正确的，选择"国家最高权力机关"；有56.6%的受访者认识是错误的，其中有44.6%的受访者选择"全国人大代表以民主的方式决定国家大事的会议"，有6.8%的受访者选择"中国共产党最高领导机关"，有 5.2%的受访者选择"国家最高行政机关"（图 3）。

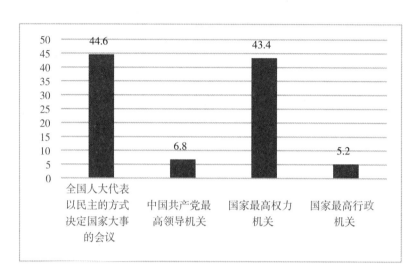

图 3　关于"中华人民共和国全国人民代表大会"的认知状况

从上述结果可以看出，高校青年学生对中国国情比较了解，具有较为扎实的理论知识和丰富的生活常识，形成了较强的判断能力。但是仍有部分学生存在错误认识，说明部分受访者对中国特色社会主义制度的具体概念了解不够准确、清晰，了解程度还不够深入。

制度优势是制度自信的基本依据，坚定制度自信必须正确认识制度本身所蕴含的独特优势和鲜明特色。例如，中国共产党的领导是中国特色社会主义的本质特征，是中国特色社会主义制度的最大优势。只有坚持党的集中统一领导，才能总揽全局、协调各方，做到全国一盘棋，形成安定团结的政治局面，有效应对一系列重大风险挑战，确保中国特色社会主义事业始终沿着正确道路不断前进。因此，加强对高校青年学生的教育引导，正确认识中国特色社会主义制度的独特优势和鲜明特色，对坚定制度自信具有重要的理论和现实意义。

（二）相关性分析

设置本问题，目的在于分析受访者的个体特征与其对中国特色社会主义制度自信认知之间的关系，提出基于受访者个体认知特征的制度自信教育对策，提高制度自信教育的针对性。

1.受访者所在年级与其对中国特色社会主义制度内涵的认知情况的相关性分析

(1)"年级"与"您是否了解中国特色社会主义制度"的相关性

表 11　您是否了解中国特色社会主义制度＊年级交叉百分表

占"年级"的百分比

您是否了解中国特色社会主义制度	年级					总计
	大一	大二	大三	大四	研究生	
非常了解	14.3	23.2	13.6	37.0	23.1	21.0
比较了解	71.4	49.7	55.9	39.7	57.7	51.6
一般了解	0	24.9	25.4	19.2	15.4	23.4
基本不了解	0	0.6	2.8	1.4	0	1.6
完全不了解	14.3	1.7	2.3	2.7	3.8	2.4
总数（人）	7	181	213	73	26	500

从表 11 可以看出，总体上选择"比较了解"的学生在总数中占比最高，为 51.6%，其次为"一般了解"（23.4%），认为"基本不了解"占比最低。其中，"大一"年级学生"完全不了解"与"比较了解"比例最高，大四年级学生"非常了解"的比例最高，为 37%。从上述分析结果可以得出，大一年级学生对于制度认知呈现两极化分布，其中一部分学生对中国特色社会主义制度的认知比较清晰，推测这一部分学生应为高中选择思政课程作为高考科目或高中必修思政课程内容，学习扎实，记忆清晰；而另一部分学生对于中国特色社会主义制度完全不了解，推测这部分学生未将思政科目作为高考科目，或对于高中思政课必修内容已经遗忘。同时，我们看到，随着年级的增长和相关课程知识的学习，"完全不了解"的人数占比明显减少，而"非常了解""比较了解""一般了解"的人数占比增大，说明随着年级的增长，受访者接受制度自信教育的内容在逐步增加，他们对中国特色社会主义制度的认识程度也随之提高。

(2)"年级"与"您认为中国特色社会主义制度最本质的特征"的相关性

表 12　您认为中国特色社会主义制度最本质的特征 * 年级交叉百分表

占"年级"的百分比

您认为中国特色社会主义制度最本质的特征	年级					总计
	大一	大二	大三	大四	研究生	
中国共产党的领导	14.3	50.3	61.5	78.1	73.1	59.8
人民代表大会制度	28.6	21.5	18.8	12.3	11.5	18.6
坚持全面依法治国	14.3	3.3	2.8	0	7.7	3.0
坚持人民当家作主	42.9	24.9	16.9	9.6	7.7	18.6
总数（人）	7	181	213	73	26	500

从表 12 可以看出，"大一"年级学生的认知与其他年级学生存在显著差异。其中，选择"坚持人民当家作主"的比例最高，为 42.9%，选择正确答案"中国共产党的领导"的占比最低，为 14.3%。总体来看，年级较低者更认可"坚持人民当家作主"，年级更高者更认可"中国共产党的领导"与"人民代表大会制度"。相关性分析结果显示概率 P 值为 0.01，小于显著性水平 α（α =0.05），同时克莱姆系数取值 0.146，说明"年级"与"受访者对中国特色社会主义制度最本质特征"两变量存在显著差异，具有一定的相关关系。从上述分析结果可以得出，不同年级的受访者对于中国特色社会主义制度最本质特征的认识程度不同。大一年级学生由于未深入全面接受思政课教育，他们关于中国特色社会主义制度最本质特征的认知存在明显的偏差。相比大一年级学生，高年级学生对中国特色社会主义制度最本质特征的认知更加全面和深入，这也说明思政课在青年学生制度自信教育中发挥了重要作用。

（3）"年级"与"中华人民共和国全国人民代表大会"的相关性

表 13　中华人民共和国全国人民代表大会 * 年级交叉百分表

占"年级"的百分比

中华人民共和国全国人民代表大会	年级					总计
	大一	大二	大三	大四	研究生	
全国人大代表以民主的方式决定国家大事的会议	14.3	50.8	46.5	34.2	23.1	44.6

中华人民共和国全国人民代表大会	年级					总计
	大一	大二	大三	大四	研究生	
中国共产党最高领导机关	14.3	10.5	4.2	5.5	3.8	6.8
国家最高权力机关	71.4	33.1	44.1	54.8	69.2	43.4
国家最高行政机关	.0	5.5	5.2	5.5	3.8	5.2
总数（人）	7	181	213	73	26	500

从表 13 可以看出，"大一""大四""研究生"的受访者选择"国家最高权力机关"的比例最高，"大二"和"大三"年级则集中于"全国人大代表以民主的方式决定国家大事的会议"。相关性分析结果显示概率 P 值为 0.08，大于显著性水平 α（α=0.05），说明"年级"与"中华人民共和国全国人民代表大会"两变量相互独立。从上述分析结果可以得出，关于"国家最高权力机关"的认知，除大一年级学生外，大二至研究生的选择比例依次升高；关于"全国人大代表以民主的方式决定国家大事的会议"的认知，除大一年级学生外，大二至研究生的选择比例逐渐递减。这说明，随着年级的升高，高校开设思政课程的频率日益增多，内容日益丰富，推动青年学生对中国特色社会主义制度的认知由模糊概念向深入理解转变。

综上所述，受访者所在年级与其对中国特色社会主义制度内涵的理解和认知情况虽无统计学中的相关关系，但从表 13 的各项指标中仍可发现，高校思政课对于青年学生增强对中国特色社会主义制度认识的积极作用。同时，我们也看到，在每个年级当中都存在"完全不了解""基本不了解"的情况，这说明高校思政课教师要关注这一群体，有针对性地对他们进行中国特色社会主义制度自信教育。

2. 受访者的政治面貌与其对中国特色社会主义制度内涵的认知情况的相关性分析。

（1）"政治面貌"与"您是否了解中国特色社会主义制度"的相关性

表 14 您是否了解中国特色社会主义制度 * 政治面貌交叉百分表

占"政治面貌"的百分比

您是否了解中国特色社会主义制度	政治面貌					总计
	中共党员或预备党员	入党积极分子	共青团员	其他民主党派	群众	
非常了解	20.3	24.0	19.7	0	19.0	21.0
比较了解	61.0	53.9	47.5	0	52.4	51.6
一般了解	16.9	20.8	27.4	0	22.2	23.4
基本不了解	0	0.6	2.2	100.0	1.6	1.6
完全不了解	1.7	0.6	3.1	0	4.8	2.4
总数（人）	59	154	223	1	63	500

从表 14 可以看出，在"非常了解"的受访者中，"入党积极分子"所占比例最高，为 24%，其次为"中共党员或预备党员"。在"比较了解"的受访者中，"中共党员或预备党员"所占比例最高，为 61%，其次为"入党积极分子""群众""共青团员"；在"完全不了解"的受访者中，"群众"所占比例最高，为 4.8%，其次为"共青团员"。相关性分析结果显示概率 P 值为 0，在 $\alpha=0.01$ 水平上显著，克莱姆系数值为 0.192，说明"政治面貌"与"您是否了解中国特色社会主义制度"两变量呈弱相关关系。从上述分析结果可以得出，受访者的政治面貌影响到他们对中国特色社会主义制度的认知状况，即群体的政治素养关系到他们对现实政治的评价。

（2）"政治面貌"与"您认为中国特色社会主义制度最本质的特征"的相关性

表 15 您认为中国特色社会主义制度最本质的特征 * 政治面貌交叉百分表

占"政治面貌"的百分比

您认为中国特色社会主义制度最本质的特征	政治面貌					总计
	中共党员或预备党员	入党积极分子	共青团员	其他民主党派	群众	
中国共产党领导	83.1	63.0	56.1	100.0	42.9	59.8

续表

您认为中国特色社会主义制度最本质的特征	政治面貌					总计
	中共党员或预备党员	入党积极分子	共青团员	其他民主党派	群众	
人民代表大会制度	10.2	18.2	19.3	0	25.4	18.6
坚持全面依法治国	0	1.9	3.1	0	7.9	3.0
坚持人民当家作主	6.8	16.9	21.5	0	23.8	18.6
总计（人）	59	154	223	1	63	500

从表 15 可以看出，在选择"中国共产党领导"的受访者中，政治面貌是"中共党员或预备党员"的比例最高，为 83.1%。其他从高到低依次为"入党积极分子""共青团员""群众"。因为民主党派受访者人数较少不具有代表性，故不作陈述。选择"人民代表大会制度"与"坚持人民当家作主"的学生数量也随着"入党积极分子"—"共青团员"—"群众"呈现由低到高的趋势。相关性分析结果显示概率 P 为 0.006，在 α=0.01 水平上显著，同时克莱姆系数值为 0.136，即"政治面貌"与"您认为中国特色社会主义制度最本质的特征"两变量间呈弱相关关系。从上述分析结果可以得出，受访者的政治面貌影响到他们对中国特色社会主义最本质的特征的评价，即受访者的政治素养反映了他们的政治常识，也关系到他们的政治态度。

（3）"政治面貌"与"中华人民共和国全国人民代表大会"的相关性

表16 中华人民共和国全国人民代表大会 * 政治面貌交叉百分表

占"政治面貌"的百分比

中华人民共和国全国人民代表大会	政治面貌					总计
	中共党员或预备党员	入党积极分子	共青团员	其他民主党派	群众	
全国人大代表以民主的方式决定国家大事的会议	37.3	40.9	49.8	0	42.9	44.6
中国共产党最高领导机关	1.7	5.8	5.8	100.0	15.9	6.8
国家最高权力机关	52.5	50.0	39.0	0	34.9	43.4
国家最高行政机关	8.5	3.2	5.4	0	6.3	5.2
总数（人）	59	154	223	1	63	500

从表16中可见，在选择"国家最高权力机关"的受访者中，政治面貌是"中共党员或预备党员"的比例最大，为52.5%。其他从高到低依次为"入党积极分子""共青团员""群众"。相关性分析结果显示概率 P 值为 0.001，在 α =0.01 水平上显著，克莱姆系数值为 0.150，说明"政治面貌"与"中华人民共和国全国人民代表大会"两变量间呈弱相关关系。从上述分析结果可以得出，受访者的政治面貌影响到他们对中华人民共和国全国人民代表大会的认知情况，即政治素养反映政治常识。

总体来说，中共党员或预备党员对中国特色社会主义制度内涵的理解和认知情况程度是最高的，入党积极分子次之，再次是团员、群众。由于青年学生提交申请入党后要经过党课培训以及党课考试的筛选，入团前也大多经过选拔考试以及团课培训，且自愿申请加入中国共产党的学生的政治意识、政治水平也相对较高，他们在学习生活中会自发地了解中国特色社会主义制度的相关知识，所以中共党员和入党积极分子的回答正确率是最高的。这在一定程度上说明，青年学生的政治面貌与他们对中国特色社会主义制度内涵的理解程度之间存在较为密切的联系。高校思政课教师要关注其他政治面貌学生对中国特色社会主义的认知与接受情况，有针对性地对他们开展制度自信教育。

3.受访者的学科背景与其对中国特色社会主义制度内涵的认知情况的相关性分析

（1）"学科背景"与"您是否了解中国特色社会主义制度"的相关性

表 17 您是否了解中国特色社会主义制度 * 学科背景交叉百分表

占"学科背景"的百分比

您是否了解中国特色社会主义制度	学科背景				总计
	社会科学类	人文科学类	理工农医等自然科学类	交叉学科	
非常了解	21.3	26.5	16.0	28.1	21.0
比较了解	55.2	47.8	53.6	34.4	51.6
一般了解	22.4	17.7	27.6	25.0	23.4
基本不了解	0.6	1.8	1.7	6.3	1.6
完全不了解	0.6	6.2	1.1	6.3	2.4
总计（人）	174	113	181	32	500

从表 17 中可以看出，受访者均表示对中国特色社会主义高度了解。同时我们看到，学科背景为"交叉学科"与"人文科学类"的受访者，选择"完全不了解"的比例最高，分别为 6.3% 与 6.2%；选择"非常了解"与"比较了解"比例累计最高的群体是学科背景为"社会科学类"的受访者，其次为"人文科学类"。相关性分析结果显示概率 P 值为 0.005，在 $\alpha =0.01$ 的水平上显著，克莱姆系数值为 0.137，说明"学科背景"与"是否了解中国特色社会主义制度"两变量间存在弱相关关系。从上述分析结果可以得出，受访者的不同学科背景反映了他们认知中国特色社会主义制度的知识储备、理论方法以及视角维度，因学科背景差异影响了受访者对中国特色社会主义制度的认知判断。

（2）"学科背景"与"您认为中国特色社会主义制度最本质的特征"的相关性

表 18 您认为中国特色社会主义制度最本质的特征 * 学科背景交叉百分表

占"学科背景"的百分比

您认为中国特色社会主义制度最本质的特征	学科背景				总计
	社会科学类	人文科学类	理工农医等自然科学类	交叉学科	
中国共产党的领导	59.8	72.6	54.1	46.9	59.8
人民代表大会制度	18.4	11.5	22.7	21.9	18.6
坚持全面依法治国	2.9	4.4	0.6	12.5	3.0
坚持人民当家作主	19.0	11.5	22.7	18.8	18.6
总计（人）	174	113	181	32	500

从表 18 可以看出，学科背景为"人文科学类"的受访者，选择正确答案"中国共产党的领导"的比例最高，其他依次是"社会科学类""理工农医等自然科学类""交叉学科"。相关性分析结果显示概率 P 值为 0.001，在 α =0.01 水平上显著，克莱姆系数值为 0.138，说明"学科背景"与"认为中国特色社会主义制度最本质的特征"两变量间存在弱相关关系。从上述分析结果可以得出，由于社会科学的相关知识与现实社会经济发展联系紧密，受访者在学习中接触较多与现实政治理论、政治实践相关的论题，因而回答正确率较高。

（3）"学科背景"与"中华人民共和国全国人民代表大会"的相关性

表 19 中华人民共和国全国人民代表大会 * 学科背景交叉百分表

占"学科背景"的百分比

中华人民共和国全国人民代表大会	学科背景				总计
	社会科学类	人文科学类	理工农医等自然科学类	交叉学科	
全国人大代表以民主的方式决定国家大事的会议	39.7	34.5	54.1	53.1	44.6

中华人民共和国全国人民代表大会	学科背景				总计
	社会科学类	人文科学类	理工农医等自然科学类	交叉学科	
中国共产党最高领导机关	10.9	3.5	5.0	6.3	6.8
国家最高权力机关	45.4	59.3	33.7	31.3	43.4
国家最高行政机关	4.0	2.7	7.2	9.4	5.2
总计（人）	174	113	181	32	500

从表19可以看出，学科背景为"人文科学类"和"社会科学类"的受访者，选择正确答案"国家最高权力机关"的比例为59.3%和45.4%；学科背景为"理工农医等自然科学类"和"交叉学科"的受访者，选择"全国人大代表以民主的方式决定国家大事的会议"比例为54.1%和53.1%。相关性分析结果显示概率P值为0，在 $\alpha = 0.01$ 水平上显著，克莱姆系数为0.143，说明"学科背景"与"中华人民共和国全国人民代表大会"两变量间存在相关关系。从上述分析结果可以得出，受访者关于本问题的回答正确率总体上不高。这一题主要考查受访者对中国政体的认知程度，这是中国特色社会主义制度的核心内容。受访者关于本问题的总体认知水平不高的状况，为我们开展制度自信教育提供了事实依据。

综上所述，人文科学类学科背景的受访者在回答上述问题时正确率最高，社会科学类学科背景的受访者次之，二者的正确率都高于理工农医类学科背景的受访者。这在一定程度上说明，高校本科生所学专业与他们对中国特色社会主义制度内涵的理解之间存在较为密切的联系，即人文社科类专业的学生对中国特色社会主义制度内涵了解程度较高，对中国特色社会主义制度相关知识内容的认识更到位。相对而言，理工农医类专业的学生对中国特色社会主义制度内涵的认知程度稍弱一点。因此，为更好地教育引导青年学生坚定制度自信，应创新对不同学科背景学生的制度自信教育方式方法，提高制度自信教育的针对性和有效性。

4.受访者所在学校的办学层次与其对中国特色社会主义制度内涵的认知情况的相关性分析

（1）"所在学校的办学层次"与"您是否了解中国特色社会主义制度"的相关性

表20　您是否了解中国特色社会主义制度＊所在学校的办学层次交叉百分表

占"所在学校的办学层次"的百分比

您是否了解中国特色社会主义制度	所在学校的办学层次				总计
	"985工程"院校	"211工程"院校	中央部属本科院校	省属本科院校	
非常了解	16.3	20.6	23.3	24.3	21.0
比较了解	58.7	51.7	50.0	47.1	51.6
一般了解	22.8	23.5	16.7	25.0	23.4
基本不了解	0	2.1	3.3	1.4	1.6
完全不了解	2.2	2.1	6.7	2.1	2.4
总计（人）	92	238	30	140	500

从表20可以看出，所在学校办学层次为省属本科院校的受访者选择"非常了解"中国特色社会主义制度的比例最高，其他由高到低依次为中央部属本科院校、"211工程"院校，"985工程"院校最低；但是选择"比较了解的"受访者所在学校的办学层次，与选择"非常了解"的顺序呈反向递减，"985工程"院校最高。在"基本不了解"与"完全不了解"中，中央部属本科院校均占比最高。相关性分析显示概率 P 值为0.717，大于显著性水平 α（$\alpha=0.05$）。说明"所在学校的办学层次"与"您是否了解中国特色社会主义制度"两者相互独立，不存在相关关系。从上述分析结果可以得出，处于各个办学层次高校的学生对中国特色社会主义制度都较为了解，"非常了解""比较了解"比例累计达70%以上，受访者对中国特色社会主义制度的认知状况较少受其学校层

次的影响。

（2）"所在学校的办学层次"与"您认为中国特色社会主义制度最本质的特征"的相关性

表21　您认为中国特色社会主义制度最本质的特征＊所在学校的办学层次交叉百分表

占"所在学校的办学层次"的百分比

您认为中国特色社会主义制度最本质的特征是	所在学校的办学层次				总计
	"985工程"院校	"211工程"院校	中央部属本科院校	省属本科院校	
中国共产党的领导	79.3	59.7	50.0	49.3	59.8
人民代表大会制度	7.6	20.0	20.0	22.9	18.6
坚持全面依法治国	2.2	2.1	6.7	4.3	3.0
坚持人民当家作主	10.9	18.1	23.3	23.0	18.6
总计（人）	92	238	30	140	500

从表21可以看出，来自"985工程"院校的受访者选择"中国共产党的领导"的比例最高，为79.3％，其他由高到低依次为"211工程"院校、中央部属本科院校、省属本科院校，但是选择"人民代表大会制度"与"坚持人民当家作主"的比例则呈现反向递减趋势。相关性分析结果显示概率P值为0.003，在 α=0.01 的水平上显著，克莱姆系数值为0.129，说明"学校办学层次"与"您认为中国特色社会主义制度最本质的特征"两变量间存在相关性。从上述分析结果可以得出，受访者所在学校的办学层次，在一定程度上影响他们对中国特色社会主义制度最本质的特征的认识和判断。

（3）"所在学校的办学层次"与"中华人民共和国全国人民代表大会"的相关性

表22　中华人民共和国全国人民代表大会＊所在学校的办学层次交叉百分表

占"所在学校的办学层次"的百分比

中华人民共和国全国人民代表大会	所在学校的办学层次				总计
	"985工程"院校	"211工程"院校	中央部属本科院校	省属本科院校	
全国人大代表以民主的方式决定国家大事的会议	21.7	50.0	43.3	50.7	44.6
中国共产党最高领导机关	0	5.0	16.7	12.1	6.8
国家最高权力机关	72.8	41.6	26.7	30.7	43.4
国家最高行政机关	5.4	3.4	13.3	6.4	5.2
总计（人）	92	238	30	140	500

从表22中可以看出，来自"985工程"院校的受访者选择正确答案"国家最高权力机关"的比例最高，为72.8%，远高于其他层次学校的学生比例。相关性分析结果显示概率P值为0，在 $\alpha = 0.01$ 的水平上显著，克莱姆系数值为0.204，说明"所在学校的办学层次"与"对中华人民共和国全国人民代表大会"两变量存在相关关系。从上述分析结果可以得出，受访者所在学校的办学层次，影响他们对中华人民共和国全国人民代表大会内涵与性质的认识。

综上所述，高校本科生所在学校的办学层次与他们对中国特色社会主义制度内涵的理解程度之间存在较为密切的联系，即处于办学层次高的高校学生，其对中国特色社会主义制度内涵的理解更加深入，认知更加清晰。基于此，我们应进一步强化思政课建设顶层设计与统筹协调，通过全国高校思政课"手拉手"集体备课平台等方式，扩大交流与合作，推进不同办学层次高校思政课协同发展。

二、对中国特色社会主义制度自信的认知

设置本问题，目的在于了解受访者对中外制度比较的态度和中国

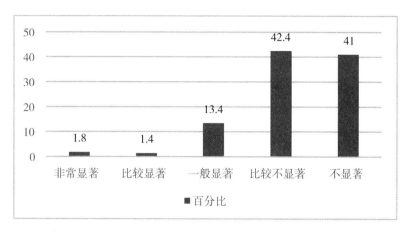

图 4　与其他国家的制度相比，您如何评价中国特色社会主义制度优势

社会经济发展成就的态度，分析受访者对中国特色社会主义制度自信的程度水平。

（一）描述性分析

在回答"与其他国家的制度相比，您如何评价中国特色社会主义制度优势"问题时，有 41% 的受访者认为与其他国家的制度相比，中国特色社会主义制度的优势"非常显著"，有 42.4% 的受访者认为"比较显著"。受访者选择"一般显著""比较不显著""不显著"的比例依次为 13.4%、1.4%、1.8%。由此可以看出，在绝大多数的受访者看来，中国特色社会主义制度与其他国家的制度相比，呈现出显著制度优势。其中，"非常显著"和"比较显著"的比例累计达 83.4%。这些数据说明，广大青年学生对中国特色社会主义制度的优势有着比较清晰的认识。

在回答"脱贫攻坚的伟大成就增强了我的制度自信"问题时，46% 的受访者选择"非常认同"脱贫攻坚的伟大成就增强了其制度自信，39.4% 的受访者选择"比较认同"。受访者选择"一般认同""较不认同""不认同"的比例依次为 12%、1.2%、1.4%。由此可以看出，大部分受访者高度认同脱贫攻坚伟大成就增强了其制度自信的观点，其中，"非常认同"和"比较认同"的比例累计达到 85% 以上。这些数据

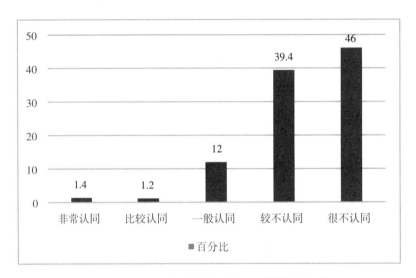

图 5 脱贫攻坚的伟大成就增强了我的制度自信

说明，广大青年学生对脱贫攻坚伟大成就体现出的制度优势表示高度赞同，并由此产生制度自信。

在回答"在党的带领下，中国社会发生了翻天覆地的变化，人们

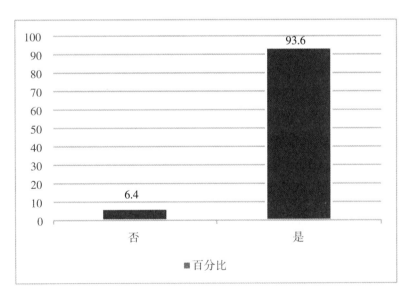

图 6 在党的带领下，中国社会发生了翻天覆地的变化，人们的生活水平日益提高，
人民大众可通过切身感受生活的变化自发地形成理性的制度自信

的生活水平日益提高，人民大众可通过切身感受生活的变化自发地形成理性的制度自信"问题时，93.6%的受访者认同这一观点。实践是检验真理的唯一标准，受访者高度一致地赞同此观点，说明了中国特色社会主义制度以实实在在的发展成就增强了广大民众的制度自信。思政课要善于将这种实践成就转化为教学资源。

在回答"您对我国当前制度的总体态度"问题时，36.8%的受访者对我国当前制度总体态度"非常自信"，46.8%的受访者对我国当前制度的态度"比较自信"。此外，受访者选择对我国当前制度"一般自信""不太自信""完全不自信"的比例依次为12.6%、2.0%、2.0%。由此我们可以看出，受访者对我国当前制度呈现高度自信状态，选择"非常自信"和"比较自信"的比例达83.6%。同时我们也要看到，目前还存在个别"不太自信""完全不自信"的现象，我们要分析其原因，找出对策，努力通过思政课增强其制度自信。

从上述分析可以看出，青年学生对中国特色社会主义制度的效用与优势有着清醒的认识，形成了高度制度自信。同时我们也看到，仍存在小部分学生不认可、不自信的问题。一种制度有没有显著优势，关键

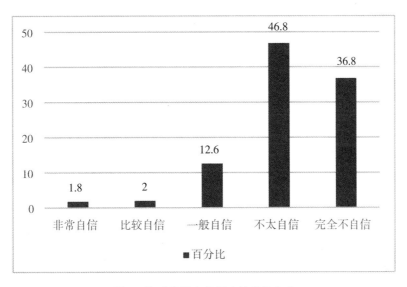

图7　您对我国当前制度的总体态度

要看其治理效能。治理效能是对制度的最好检验，也是坚定制度自信的根本所在。"中国之制"在国际竞争中的优势得到充分发挥，"中国之治"和"西方之乱"形成鲜明对比。中华民族迎来从站起来、富起来到强起来的伟大飞跃，生动展现了"中国之制"的旺盛生机活力和强大治理效能。党的十八大以来，以习近平同志为核心的党中央深刻把握我国发展要求和时代潮流，充分发挥中国特色社会主义制度的显著优势，解决了许多长期没有解决的难题，办成了许多事关长远的大事要事，彰显的正是"中国之制"的治理效能。例如，中国共产党领导人民全面建成小康社会，打赢了人类历史上规模空前、力度最大、惠及人口最多的脱贫攻坚战，历史性解决了困扰中华民族几千年的绝对贫困问题。我们之所以能够取得脱贫攻坚的历史性成就，是因为在党的领导下我们充分发挥中国特色社会主义制度优势，建立了中国特色脱贫攻坚制度体系，建立了脱贫攻坚的责任体系、工作体系、政策体系、投入体系、帮扶体系、社会动员体系、监督体系和考核评估体系，以制度保障精准扶贫精准脱贫方略扎实推进。正因为如此，习近平强调指出："在人类文明发展史上，除了中国特色社会主义制度和国家治理体系外，没有任何一种国家制度和国家治理体系能够在这样短的历史时期内创造出我国取得的经济快速发展、社会长期稳定这样的奇迹。"[①]

（二）相关性分析

马克思主义唯物史观认为，社会存在决定社会意识，社会意识是社会存在的反映，并反作用于社会存在。我们认为，受访者所在年级、政治面貌、学科背景、消费支出等主客观因素，在一定程度上影响到他们对中国特色社会主义制度自信的认知。为检验这个假设，本部分专门分析了受访者的年级、政治面貌、学科背景、消费支出水平与他们对中国特色社会主义制度自信认知情况的相关性，并判断这些因素对制度自信教育的影响程度。

1.受访对象所在年级与其对中国特色社会主义制度自信的认知的

---

① 《习近平谈治国理政》第三卷，外文出版社2020年版，第124页。

相关性分析

（1）"年级"与"与其他国家的制度相比，您如何评价中国特色社会主义制度的优势"的相关性

表23　与其他国家的制度相比，您如何评价中国特色社会主义制度的优势 * 年级交叉百分表

占年级的百分比

与其他国家的制度相比，您如何评价中国特色社会主义制度的优势	年级					总计
	大一	大二	大三	大四	研究生	
非常显著	42.9	41.4	32.4	64.4	42.3	41.0
比较显著	28.6	49.2	42.7	24.7	46.2	42.4
一般显著	28.6	8.3	19.7	8.2	7.7	13.4
比较不显著	0	0.6	2.8	0	0	1.4
不显著	0	0.6	2.3	2.7	3.8	1.8
总计（人）	7	181	213	73	26	500

从表23可以看出，大四年级的受访者选择"非常显著"的比例最高，为64.4%。"研究生"选择"不显著"的比例最高，为3.8%。相关性分析显示概率P值为0，在 α =0.01的水平上显著，克莱姆系数值为0.147，即"年级"与"对中国特色社会主义制度的优势"两变量间存在相关性。从上述分析结果可以得出，制度优势是制度理论和实践优势的集中体现，随着受访者学习和成长阅历的增加，他们对制度优势的理解和认识越加深刻。

（2）"年级"与"脱贫攻坚的伟大成就增强了我的制度自信"的相关性

表 24 脱贫攻坚的伟大成就增强了我的制度自信 * 年级交叉百分表

占"年级"的百分比

脱贫攻坚的伟大成就增强了我的制度自信	年级					总计
	大一	大二	大三	大四	研究生	
非常认同	57.1	48.1	37.6	60.3	57.7	46.0
比较认同	28.6	43.1	40.8	28.8	34.6	39.4
一般认同	14.3	8.3	17.8	8.2	0	12.0
较不认同	0	0	2.3	1.4	0	1.2
很不认同	0	0.6	1.4	1.4	7.7	1.4
总计（人）	7	181	213	73	26	500

从表 24 可以看出，在回答"脱贫攻坚的伟大成就增强了我的制度自信"问题时，不同年级的受访者都高度认同这一观点，各年级选择"非常认同"与"比较认同"的比例累计达 78.4% 以上。其中，研究生选择"非常认同"与"比较认同"的比例累计达到 92.3%。这些数据说明，广大青年学生身处中国特色社会主义的伟大实践之中，他们对脱贫攻坚的伟大成就有着较为清醒的认知，并在此基础上形成了对中国特色社会主义制度的认同和自信。

（3）"年级"与"在党的带领下，中国社会发生了翻天覆地的变化，人们的生活水平日益提高，人民大众可通过切身感受生活的变化自发地形成理性的制度自信"的相关性

表 25 在党的带领下，中国社会发生了翻天覆地的变化，人们的生活水平日益提高，人民大众可通过切身感受生活的变化自发地形成理性的制度自信 * 年级交叉百分表

占"年级"的百分比

在党的带领下，中国社会发生了翻天覆地的变化，人们的生活水平日益提高，人民大众可通过切身感受生活的变化自发地形成理性的制度自信。	年级					总计
	大一	大二	大三	大四	研究生	
是	100.0	97.8	90.1	97.3	80.8	93.6

续表

在党的带领下，中国社会发生了翻天覆地的变化，人们的生活水平日益提高，人民大众可通过切身感受生活的变化自发地形成理性的制度自信。	年级					总计
	大一	大二	大三	大四	研究生	
否	0	2.2	9.9	2.7	19.2	6.4
总计（人）	7	181	213	73	26	500

从表 25 可以看出，在回答"在党的带领下，中国社会发生了翻天覆地的变化，人们的生活水平日益提高，人民大众可通过切身感受生活的变化自发地形成理性的制度自信"问题时，不同年级的受访者都给出了高度评价，选择"是"的总体占比达 93.6%。其中，本科生选择"是"的比例在 90% 以上，研究生选择"是"的比例为 80.8%。相关性分析结果显示概率 P 值为 0.001，在 α=0.01 的水平上显著，克莱姆系数值 0.194，说明"年级"与"在党的带领下，中国社会发生了翻天覆地的变化，人们的生活水平日益提高，人民大众可通过切身感受生活的变化自发地形成理性的制度自信"两变量间存在弱相关关系。从上述分析结果可以得出，受访者的学习和生活阅历影响着他们对中国社会经济发展状况的价值判断。在党的带领下，人民生活水平日益提高，包括青年学生在内的广大人民群众，都可以通过自身生活实际的变化，自发地形成对中国特色社会主义制度的认同和自信。

（4）"年级"与"您认为评价中国制度应该坚持的基本原则"的相关性

表 26　您认为评价中国制度应该坚持的基本原则 * 年级交叉百分表

占"年级"的百分比

您认为评价中国制度应该坚持的基本原则	年级					总计
	大一	大二	大三	大四	研究生	
西方的评价指标	0	3.9	1.9	5.5	0	3.0

您认为评价中国制度应该坚持的基本原则	年级					总计
	大一	大二	大三	大四	研究生	
本国人民说了算	85.7	87.3	84.0	90.4	88.5	86.4
不清楚	14.3	8.8	14.1	4.1	11.5	10.6
总计（人）	7	181	213	73	26	500

从表26可以看出，在回答"您认为评价中国制度应该坚持的基本原则"问题时，受访者普遍选择以本国人民说了算作为自己的评价原则，比例总计高达86.4%。同时，大四年级的受访者选择"本国人民说了算"与"西方的评价指标"的比例，在所有受访者中占比最高。在选择"不清楚"的受访者中，大一年级与大三年级的受访者占比最大，分别为14.3%和14.1%。相关性分析结果显示概率 P 值为0.257，大于显著性水平 α（α=0.05），可见"年级"与"您认为评价中国制度应坚持的基本原则"两者相互独立，不存在相关关系。从上述分析结果可以得出，评价中国制度应坚持本国人民说了算的原则已成为当代青年学生的基本常识和价值判断，并没有受到学习和生活阅历的影响。

（5）"年级"与"您对于我国当前制度的总体态度"的相关性

表27 您对于我国当前制度的总体态度 * 年级交叉百分表

占"年级"的百分比

您对于我国当前制度的总体态度	年级					总计
	大一	大二	大三	大四	研究生	
非常自信	42.9	42.5	25.8	53.4	38.5	36.8
比较自信	42.9	49.2	46.9	39.7	50.0	46.8
一般自信	14.3	6.6	20.2	5.5	11.5	12.6
不太自信	0	0	4.7	0	0	2.0
完全不自信	0	1.7	2.3	1.4	0	1.8
总计（人）	7	181	213	73	26	500

从表 27 可以看出，在回答"您对于我国当前制度的总体态度"问题时，受访者选择"非常自信"和"比较自信"两项的比例累计达83.6%。其中，大三年级学生选择"非常自信"的比例最低，选择"完全不自信"的比例最高，为 2.3%；大四学生选择"非常自信"的比例最高，为 53.4%。相关性分析结果显示概率 P 值为 0，在 α=0.01 的水平上显著，克莱姆系数值为 0.154，即"年级"与"您对于我国当前制度的总体态度"两变量间存在相关关系。从上述分析结果可以得出，当前高校青年学生对我国当前制度总体上高度自信，并随所在年级的增长而变化，但是并未反映完全的正向变化规律。

从整体上看，高校青年学生对中国特色社会主义制度呈现出高度认同和自信状态，这是近年来高校思想政治理论工作取得显著成绩的直接表现。但同时我们也发现，随着青年学生年级的增长，特别是在三年级和研究生阶段，并未出现明显的制度自信随之增强的趋势。这说明在学校进行思想政治教育的同时，一些负面的力量也在发挥着消极影响作用。这就要求高校思政课教师在开展思政课教学过程中，增强制度自信教育的针对性和实效性，特别是在内容和方法方面进行改革创新，将视野放眼于全球，将各国应对风险挑战的态度和能力加以比较分析，让青年学生深刻理解中国特色社会主义制度不仅是中国社会发展进步的重要保障，而且为推进全球治理提供了"中国智慧"和"中国方案"。为此，我们一方面要旗帜鲜明地批判错误思想观点，消除负面言论对制度自信教育的影响；另一方面，要持续增强正面思想政治教育作用，引导青年学生辩证地看待不同国家的制度，充分认识到评价制度的优劣不是根据国外的观点和运用情况，而是看其是否与本国的历史传统、经济社会发展水平相结合，看其是否能够解决本国的实际问题、满足人民的需求、促进社会发展进步。归根结底，评价一个国家制度的好坏，本国人民最有发言权。

2.受访者的学科背景与其对中国特色社会主义制度自信的认知状况的相关性分析

(1)"学科背景"与"在党的带领下，中国社会发生了翻天覆地的

变化，人们的生活水平日益提高，人民大众可通过切身感受生活的变化自发地形成理性的制度自信"的相关性

表28　在党的带领下，中国社会发生了翻天覆地的变化，人们的生活水平日益提高，人民大众可通过切身感受生活的变化自发地形成理性的制度自信 * 学科背景交叉百分表

占"学科背景"的百分比

在党的带领下，中国社会发生了翻天覆地的变化，人们的生活水平日益提高，人民大众可通过切身感受生活的变化自发地形成理性的制度自信	学科背景				总计
	社会科学类	人文科学类	理工农医等自然科学类	交叉学科	
是	97.7	86.7	94.5	90.6	93.6
否	2.3	13.3	5.5	9.4	6.4
总计（人）	174	113	181	32	500

从表28可以看出，不管受访者的学科背景如何，他们对该问题普遍持高度赞同的态度，总计占比高达93.6%。其中，"社会科学类"学科背景的受访者选择"是"的比例最高，为97.7%；其次为"理工农医等自然科学类"；"人文科学类"占比最低。相关性分析结果显示概率 P 值为0.002，在 α=0.01 水平上显著，克莱姆系数值为0.170，说明"学科背景"与"在党的带领下，中国社会发生了翻天覆地的变化，人们的生活水平日益提高，人民大众可通过切身感受生活的变化自发地形成理性的制度自信"两变量间存在相关关系。从上述分析结果可以得出，中国特色社会主义取得了翻天覆地的历史成就，增强了包括青年学生在内的广大人民群众对中国特色社会主义制度的政治认同。由于社会科学类和理工农医类学科与社会经济生活联系紧密，这些专业背景的受访者更能够从理论和实践角度较明显地感知社会发展进步，并有较深刻的理解和体会。

（2）"学科背景"与"您认为评价中国制度应该坚持的基本原则"的相关性

表 29　您认为评价中国制度应该坚持的基本原则 * 学科背景交叉百分表

占"学科背景"百分比

您认为评价中国制度应该坚持的基本原则	学科背景为				总计
	社会科学类	人文科学类	理工农医等自然科学类	交叉学科	
西方的评价指标	1.7	2.7	3.9	6.3	3.0
本国人民说了算	87.9	88.5	85.1	78.1	86.4
不清楚	10.3	8.8	11.0	15.6	10.6
总计（人）	174	113	181	32	500

从表 29 可以看出，不管什么学科背景的受访者，都一致赞同坚持"本国人民说了算"的原则评价中国制度，而不是所谓"西方的评价指标"，这反映了当前青年学生的理性认识和内在自觉。相关性分析结果显示概率 P 值为 0.663，大于显著性水平 α（$\alpha = 0.05$），说明"学科背景"与"您认为评价中国制度应该坚持的基本原则"两者之间相互独立，不存在相关性。从上述分析结果可以得出，学科背景不是影响青年学生评价中国制度的制约因素，当前中国青年学生对评价中国制度应该坚持的原则有着清醒和理性的认识。

（3）"学科背景"与"您对我国当前制度的总体态度"的相关性

表 30　您对我国当前制度的总体态度 * 学科背景交叉百分表

占"学科背景"的百分比

您对于我国当前制度的总体态度	学科背景				总计
	社会科学类	人文科学类	理工农医等自然科学类	交叉学科	
非常自信	38.5	32.7	36.5	43.8	36.8
比较自信	50.6	38.9	48.1	46.9	46.8
一般自信	10.3	17.7	12.7	6.3	12.6
不太自信	0	6.2	1.7	0	2.0

您对于我国当前制度的总体态度	学科背景				总计
	社会科学类	人文科学类	理工农医等自然科学类	交叉学科	
完全不自信	0.6	4.4	1.1	3.1	1.8
总计（人）	174	113	181	32	500

从表 30 可以看出，不管什么学科背景的受访者，对我国当前制度总体上呈高度自信的状态，选择"非常自信"和"比较自信"的比例累计达 83.6%。其中，"人文科学类"背景的受访者对我国当前制度的总体自信程度相对较低，选择"非常自信"的比例最低，为 32.7%；"交叉学科"当中选择"非常自信"的比例最高，为 43.8%。从上述分析结果可以得出，学科背景对青年学生理解和认识中国特色社会主义制度存在一定的影响作用，开展制度自信教育要考虑不同学科背景学生的知识储备和思维方式，以提高制度自信教育的针对性和实效性。

总体上看，交叉学科类的受访者对我国当前制度的自信程度最高，其次是理工农医等社会科学类、理工农医等自然科学类。数据分析显示，人文社会科学类的受访者比其他学科的受访者更了解中国特色社会主义制度，但是在制度自信层面，他们的自信程度却是最低的。这说明这部分学生虽然了解中国特色社会主义制度的内涵，但是在一定程度上未能联系实际，未能充分认识到制度的优越性及其治理效能。数据还显示，理工农医等自然科学类受访者的制度自信程度比较高。我们推测，一方面是自然学科与经济社会发展的联系较多，受访者能够较多地了解和接触中国发展进步的现实情况，因而认识较深，另一方面是这些学校的思政课的教学实效性较高，使受访者有着较深的理论认识。因此，思政课教师不仅要注重制度内涵的讲解，还要注重制度实效性的分析，通过将党带领全国各族人民取得的伟大成就融入课堂，让青年学生从理论和现实的角度理解和认识我国制度的优势。

3.受访者所在学校办学层次与其对中国特色社会主义制度自信的认知的相关性分析

（1）"所在学校的办学层次"与"脱贫攻坚的伟大成就增强了我的制度自信"的相关性

表31　您对"脱贫攻坚的伟大成就增强了我的制度自信"的观点＊所在学校的办学层次交叉百分表

占"所在学校的办学层次"的百分比

您对"脱贫攻坚的伟大成就增强了我的制度自信"的观点	所在学校的办学层次				总计
	"985工程"院校	"211工程"院校	中央部属本科院校	省属本科院校	
非常认同	35.9	49.6	46.7	46.4	46.0
比较认同	44.6	37.8	33.3	40.0	39.4
一般认同	15.2	10.5	16.7	11.4	12.0
较不认同	1.1	1.7	3.3	0	1.2
很不认同	3.3	0.4	0	2.1	1.4
总数（人）	92	238	30	140	500

从表31可以看出，不管处于何种办学层次的青年学生，普遍认同脱贫攻坚的伟大胜利所展现出的中国特色社会主义制度的显著优势，他们选择"比较认同"和"非常认同"的比例累计达85%以上。相关性分析结果显示概率P值为0.315，大于显著性水平 α（α=0.05），说明"所在学校的办学层次"与"脱贫攻坚的伟大成就增强了我的制度自信"两变量之间相互独立。从上述分析结果可以得出，脱贫攻坚的伟大成就增强了青年学生对中国特色社会主义制度的政治认同和自信，使他们对中国特色社会主义制度的认识更加理性和深刻，没有因所在学校层次的差异而产生不同认识。

（2）"所在学校的办学层次"与"在党的带领下，中国社会发生了翻天覆地的变化，人们的生活水平日益提高，人民大众可通过切身感受

生活的变化自发地形成理性的制度自信"的相关性

表32　在党的带领下，中国社会发生了翻天覆地的变化，人们的生活水平日益提高，人民大众可通过切身感受生活的变化自发地形成理性的制度自信＊所在学校的办学层次交叉百分表

占"所在学校的办学层次"的百分比

在党的带领下，中国社会发生了翻天覆地的变化，人们的生活水平日益提高，人民大众可通过切身感受生活的变化自发地形成理性的制度自信	所在学校的办学层次				总计
	"985工程"院校	"211工程"院校	中央部属本科院校	省属本科院校	
是	82.6	95.8	93.3	97.1	93.6
否	17.4	4.2	6.7	2.9	6.4
总计（人）	92	238	30	140	500

从表32可以看出，不管处于何种办学层次的青年学生，都高度认同中国经济社会发展取得的历史性成就可以推动青年学生形成理性制度自信的观点，其中，所在办学层次为"省属本科院校"的受访者，选择"是"的比例最高，为97.1%。相关性分析结果显示概率P值为0，在α=0.01的水平上显著，克莱姆系数值为0.216，说明"所在学的办学层次"与"在党的带领下，中国社会发生了翻天覆地的变化，人们的生活水平日益提高，人民大众可通过切身感受生活的变化自发地形成理性的制度自信"两变量间存在相关性。从上述分析结果可以得出，不管是来自哪一种办学层次高校的青年学生，都能够从自身的生活实践中感受到中国经济社会的巨大发展进步，这为我们将中国特色社会主义伟大成就融入思政课提供了有利条件。

（3）"所在学校的办学层次"与"您对于我国当前制度的总体态度"的相关性

表 33　您对我国当前制度的总体态度＊所在学校的办学层次交叉百分表

占"所在学校的办学层次"的百分比

您对我国当前制度的总体态度	所在学校的办学层次				总计
	"985 工程"院校	"211 工程"院校	中央部属本科院校	省属本科院校	
非常自信	22.8	36.1	40.0	46.4	36.8
比较自信	46.7	46.6	46.7	47.1	46.8
一般自信	21.7	14.7	6.7	4.3	12.6
不太自信	6.5	1.3	3.3	0	2.0
完全不自信	2.2	1.3	3.3	2.1	1.8
总数（人）	92	238	30	140	500

由表 33 可以看出，在回答"您对于我国当前制度的总体态度"问题时，受访者选择"非常自信"和"比较自信"的比例累计达 83.6%，累计"一般自信"的选项后比例高达 96.2%。其中"省属本科院校"的受访者选择"非常自信"的比例最高，为 46.4%，"985 工程"院校所占比例最低，为 22.8%；而在选择"一般自信"的群体中，来自"985 工程"院校的受访者所占比例最高，为 21.7%，"省属本科院校"占比最低，为 4.3%。选择"非常自信"与选择"一般自信"的受访者群体顺序呈相反状态。相关性分析结果显示概率 P 值为 0，在 α =0.01 的水平上显著，克莱姆系数值为 0.159，说明"所在学校办学层次"与"对我国当前制度的总体态度"两变量间存在着相关性。从上述分析结果可以得出，从总体上看，当前高校青年学生对中国特色社会主义制度呈现高度自信状态，但是与其他受访者相比，来自"985 工程"院校的受访者对中国特色社会主义制度的自信程度相对较低。

综上所述，当前中国广大青年学生，正在参与和见证中华民族伟大复兴的事业，不管他们身处何地，都能够从自己所处的生活环境中感知到中国经济社会发展的巨大成就，体会到中国特色社会主义制度的优势，呈现出对我国社会主义制度的高度自信。但是，来自不同办学层次院校的青年学生，对中国特色社会主义制度自信的认知呈现出不同的特点。其中，办学层次最高的"985工程"院校学生对我国制度自信是最低的，而省属本科院校的受访者对我国制度自信最高。就生源角度来说，来自"985工程"院校的学生具有较强的学习能力与接受新事物的热情，多数学生对社会经济的发展有其自身的主张和见解。一方面这些思想观点容易受到网络错误信息、西方价值观等影响，另一方面大学生社会阅历浅，在现实生活中较少有机会亲身参与社会实践和体会治理效能，无法深刻认识制度优势和形成坚定制度自信。这些情况说明，推进高校思政课改革创新，提高思政课教学实效性，发挥思政课在制度自信教育中的作用，一个重要工作就是创新思政课的教学方式，加大社会实践在教学中的比例，引导学生运用课堂所学理论知识深化认识中国经济社会发展的现实问题，推动青年学生对中国特色社会主义制度自信从感性认识向理性认识转化。

4. 对受访者每月消费支出与其对中国特色社会主义制度自信的认知的相关性分析

（1）"每月消费支出"与"与其他国家的制度相比，您如何评价中国特色社会主义制度的优势"的相关性

表34 与其他国家的制度相比，您如何评价中国特色社会主义制度的优势 * 每月消费支出交叉百分表

占"每月消费支出"的百分比

与其他国家的制度相比，您如何评价中国特色社会主义制度的优势	每月消费支出				总计
	1000元以下	1000—2000元	2000—3000元	3000元以上	
非常显著	49.0	37.6	45.8	50.0	41.0
比较显著	27.5	46.0	40.3	35.7	42.4
一般显著	21.6	14.0	8.3	7.1	13.4
比较不显著	2.0	0.9	4.2	0	1.4
不显著	0	1.5	1.4	7.1	1.8
总计（人）	51	335	72	42	500

由表 34 可以看出，在回答"与其他国家的制度相比，您如何评价中国特色社会主义制度的优势"问题时，受访者选择"非常显著"和"比较显著"的比例累计达 83％以上。如果加上"一般显著"的受访者，累计比例达 96.8％。这说明受访者高度认同中国特色社会主义制度与国外制度相比所具有的显著优势。但是我们也看到，与其他受访者相比，每月消费支出在 3000 元以上的受访者选择"非常显著"与"不显著"的比例最多，分别为 50％和 7.1％。相关性分析结果显示概率 P 值为 0.013，在 α =0.01 水平上显著，克莱姆系数值为 0.130，说明"每月消费支出"与"与其他国家的制度相比，您如何评价中国特色社会主义制度的优势"两变量间存在相关性。从上述分析结果可以得出，不管受访者消费程度如何，他们都高度认同中国特色社会主义制度所具有的比较优势，对中国特色社会主义制度充满了自信。同时，每月消费支出在 3000 元以上的受访者，对中国特色社会主义制度的比较优势呈现出两个极端的认知状况。

（2）"每月消费支出"与"脱贫攻坚的伟大成就增强了我的制度自信"的相关性

表 35　脱贫攻坚的伟大成就增强了我的制度自信＊每月消费支出交叉百分表

占"每月消费支出"的百分比

脱贫攻坚的伟大成就增强了我的制度自信	每月消费支出				总计
	1000 元以下	1000—2000 元	2000—3000 元	3000 元以上	
非常认同	62.7	42.4	44.4	57.1	46.0
比较认同	19.6	43.0	40.3	33.3	39.4
一般认同	15.7	12.8	11.1	2.4	12.0
较不认同	2.0	0.9	2.8	0	1.2
很不认同	0	0.9	1.4	7.1	1.4
总数（人）	51	335	72	42	500

从表 35 可以看出，在关于"脱贫攻坚的伟大成就增强了我的制度

自信"问题的回答中，选择"非常认同"和"比较认同"的比例累计达85.4%。其中，在选择"非常认同"的受访者中，每月消费支出在1000元以下的比例最高，为62.7%，其次为每月消费支出3000元以上的受访者，占比57.1%。在"很不认同"选项中，每月消费支出3000元以上的受访者比例最高，为7.1%，每月消费支出1000元以下的受访者则无人选择此选项。相关性分析结果显示概率P值为0.003，在 α=0.01 水平上显著，克莱姆系数值为0.140，说明"每月消费支出"与"脱贫攻坚的伟大成就增强了我的制度自信"两变量间存在相关性。从上述分析结果可以得出，尽管受访者所处的消费水平不同，也就是说来自不同收入的家庭，但是都高度认同脱贫攻坚取得的伟大成就和由此带来的自豪感。

（3）"每月消费支出"与"在党的带领下，中国社会发生了翻天覆地的变化，人们的生活水平日益提高，人民大众可通过切身感受生活的变化自发地形成理性的制度自信"的相关性

表36　在党的带领下，中国社会发生了翻天覆地的变化，人们的生活水平日益提高，人民大众可通过切身感受生活的变化自发地形成理性的制度自信 * 每月消费支出交叉百分表

占"每月消费支出"的百分比

在党的带领下，中国社会发生了翻天覆地的变化，人们的生活水平日益提高，人民大众可通过切身感受生活的变化自发地形成理性的制度自信	每月消费支出				总计
	1000元以下	1000—2000元	2000—3000元	3000元以上	
是	96.1	94.3	91.7	88.1	93.6
否	3.9	5.7	8.3	11.9	6.4
总数（人）	51	335	72	42	500

由表36可以看出，不管处于什么样的消费水平，高校青年学生对

中国社会发生的翻天覆地的变化有着共同的价值认同，能够从自己身边的变化中切实感受到中国特色社会主义制度的优势并由此产生制度自信，认同"在党的带领下，中国社会发生了翻天覆地的变化，人们的生活水平日益提高，人民大众可通过切身感受生活的变化自发地形成理性的制度自信"观点的比例高达93.6%。相关性分析结果显示概率 P 值为0.335，大于显著性水平 α（α=0.05），说明"每月消费支出"与"在党的带领下，中国社会发生了翻天覆地的变化，人们的生活水平日益提高，人民大众可通过切身感受生活的变化自发地形成理性的制度自信"两者相互独立，没有相关性。从上述分析结果可以得出，青年学生并没有因为自己的消费水平的差异而形成对中国特色社会主义制度自信的显著差异，说明处于不同消费水平的青年学生都能够从其所处的社会环境中感受到中国的发展成就和由此带来的获得感和幸福感，这种由外部变化带来的感性认识与课堂教育学到的理论知识相结合，形成了对中国特色社会主义制度的理性认同。

综上所述，中国特色社会主义建设伟大成就的客观事实，极大增强了广大青年学生的获得感和幸福感，推动处于不同消费水平的青年学生对中国特色社会主义制度产生了高度认同和强烈自信。但是我们也要看到，在"与其他国家的制度相比，您如何评价中国特色社会主义制度的优势"的问题中，"每月消费支出3000元以上"的受访者的选择出现两极分化，选择"不显著"的比例最多；在"脱贫攻坚的伟大成就增强了我的制度自信"的问题中，"每月消费支出超过3000元"的受访者选择"很不认同"的比例也是最大。在回答"在党的带领下，中国社会发生了翻天覆地的变化，人们的生活水平日益提高，人民大众可通过切身感受生活的变化自发地形成理性的制度自信"问题时，随着受访者（本科生）消费支出水平升高，选择"是"的比例逐渐降低。每月消费支出越高的受访者，其家庭收入也相对较高，生活的物质条件也相对较好，因此他们相对较低消费支出的群体，较少感受到生活带来的显著变化。这在一定程度上说明了学生每月消费水平与其对制度治理效能的认可、制度优势的理解之间存在密切关系，也说明青年学生家庭情况与其制度自信的形成存在密切关系。

三、相关制约因素的回归分析

（一）问题与数据

为进一步验证影响青年学生坚定中国特色社会主义制度自信相关因素，本部分内容对问卷中 Q9 与 Q10、Q11、Q12、Q13、Q14、Q15、Q16、Q17 进行回归分析。其中，Q9 为因变量"是否了解中国特色社会主义制度"，可划分为了解和不了解两种情况，将"了解"设为1，"不了解"设为0。Q10 至 Q17 为根据问卷内容选取的七个自变量，各变量赋值见表37。

表 37　变量赋值

自变量	变量代码	变量定义
认为中国特色社会主义制度最本质的特征是	X1	1= 中国共产党领导；2= 人民代表大会制度；3= 坚持全面依法治国；4= 坚持人民当家作主
中华人民共和国全国人民代表大会是	X2	1= 全国人大代表以民主的方式决定国家大事的会议；2= 中国共产党最高领导机关；3= 国家最高权力机关；4= 国家最高行政机关
关于中国特色社会主义制度最想了解的问题是	X3	1= 国家最高行政机关；2= 中国特色社会主义制度的优势是什么；3= 为什么要坚定制度自信；4= 青年学生怎样坚定制度自信
与其他国家的制度相比，如何评价中国特色社会主义制度的优势	X4	1= 不显著；2= 比较不显著；3= 一般显著；4= 比较显著；5= 非常显著
您对"脱贫攻坚的伟大成就增强了我的制度自信"的观点	X5	1= 非常不认同；2= 比较不认同；3= 一般认同；4= 比较认同；5= 非常认同
在党的带领下，中国社会发生了翻天覆地的变化，人们的生活水平日益提高，人民大众可通过切身感受生活的变化自发地形成理性的制度自信	X6	1= 否；2= 是

自变量	变量代码	变量定义
您认为评价中国制度应该坚持的基本原则是	X7	1= 西方的评价指标；2= 不清楚；3= 本国人民说了算
您对于我国当前制度的总体态度是	X8	1= 完全不自信；2= 不太自信；3= 一般自信；4= 比较自信；5= 非常自信

（二）模型设定

因变量为二分类变量，符合二元 Logistic 回归模型对因变量的要求，因此，将采用二元 Logistic 回归模型对高校学生是否了解中国特色社会主义制度的影响因素进行分析。

（三）分析结果及解读

通过运用 SPSS 软件进行分析，结果显示纳入分析的观测数和数据库中的观测数一致。Omnibus 检验中概率 P 值为 0，在 α =0.01 水平上显著，即"是否了解中国特色社会主义制度"的回归模型通过了似然比检验（LRTests），表明模型的各自变量至少有一个与因变量显著相关。模型拟合优度检验(HLTests) 卡方统计量的伴随概率为 0.866，大于显著性水平 0.1，说明模型拟合结果与数据较为吻合。同时，模型预测准确率高达 96.8%，说明模型拟合效果较好。综合来看，所建回归模型效果较好。

由于本次统计过程中筛选变量的方式是 Enter 法，因此所有自变量均进入了模型，表 38 中列出了部分自变量及其参数。其中 Sig. 一列表示相应变量在模型中的 P 值，Exp(B) 和 95% CIforExp(B) 表示相应变量的 OR 值和其 95% 可信区间，如表 38 所示。

表 38　方程中的变量

变量代码	B	S.E.	Wald	df	Sig.	Exp(B)	95% CIforExp(B)	
							Lower	Upper
步骤 1a　X1			2.831	3	.418			

续表

| 变量代码 | B | S.E. | Wald | df | Sig. | Exp(B) | 95% CIforExp(B) | |
							Lower	Upper
X1(1)	−.847	.675	1.575	1	.209	.428	.114	1.609
X1(2)	−1.250	1.114	1.258	1	.262	.287	.032	2.545
X1(3)	.129	.870	.022	1	.882	1.138	.207	6.260
X2			3.034	3	.386			
X2(1)	−1.413	.869	2.640	1	.104	.244	.044	1.338
X2(2)	−.070	.699	.010	1	.921	.933	.237	3.673
X2(3)	−.027	1.390	.000	1	.985	.974	.064	14.836
X3			9.496	3	.023			
X3(1)	1.893	.773	5.987	1	.014	6.636	1.457	30.222
X3(2)	1.143	.913	1.567	1	.211	3.136	.524	18.768
X3(3)	2.140	.764	7.852	1	.005	8.504	1.903	38.004
X4			3.333	4	.504			
X4(1)	−.768	2.429	.100	1	.752	.464	.004	54.218
X4(2)	1.264	1.645	.591	1	.442	3.540	.141	88.893
X4(3)	1.733	1.611	1.157	1	.282	5.660	.241	133.148
X4(4)	2.636	1.666	2.504	1	.114	13.962	.533	365.628
X5			8.019	4	.091			
X5(1)	.340	1.702	.040	1	.842	1.405	.050	39.454
X5(2)	3.838	1.597	5.778	1	.016	46.453	2.031	1062.370
X5(3)	2.722	1.515	3.226	1	.072	15.206	.780	296.430
X5(4)	2.513	1.570	2.563	1	.109	12.341	.569	267.664
X6(1)	1.414	.968	2.135	1	.144	4.112	.617	27.396
X7			1.747	2	.418			
X7(1)	−17.323	9136.791	.000	1	.998	.000	.000	.
X7(2)	−19.052	9136.790	.000	1	.998	.000	.000	.
X8			4.377	4	.357			

步骤 1a（位于表格左侧，对应 X4 至 X8 各行）

续表

变量代码		B	S.E.	Wald	df	Sig.	Exp(B)	95% CIforExp(B)	
								Lower	Upper
步骤 1a	X8(1)	21.046	11147. 097	.000	1	.998	1381333 286.	.000	.
	X8(2)	2.954	1.443	4.189	1	.041	19.177	1.133	324.540
	X8(3)	1.321	1.152	1.315	1	.251	3.747	.392	35.823
	X8(4)	.802	1.295	.384	1	.536	2.230	.176	28.192
	常量	14.239	9136.791	.000	1	.999	1527273		

相关性分析结果显示，X3(1)（P=0.014）、X5(2)（P=0.016）和 X8(2)（P=0.041）在 α=0.05 水平上显著，X3(3)（P=0.005）在 α=0.01 水平上显著，具有统计学意义，其余变量没有统计学意义。

由于分析时选择以各协变量（因变量）的第一个选项为参考类别，因此根据以上结果可以得出：

1. 在变量 X3 "关于中国特色社会主义制度最想了解的问题是"问题中，选项"国家最高行政机关"为参考类别。根据表 38 中显著性水平 Sig. 和 OR 值 Exp（B）可以看出，想了解 X3（1）"中国特色社会主义制度的优势是什么"问题的受访者，对中国特色社会主义制度持"了解"态度的可能性是想了解"中国最高行政机关"问题的受访者的 6.636 倍；想了解 X3（3）"青年学生怎样坚定制度自信"的问题的受访者，对中国特色社会主义制度持"了解"态度的可能性，是想了解"中国最高行政机关"问题的受访者的 8.504 倍，即对中国特色社会主义制度，青年学生更关注中国特色社会主义制度的优势和青年学生如何坚定制度自信的问题，这为我们开展制度自信教育提出了明确目标。

2. 在变量 X5 "您对'脱贫攻坚的伟大成就增强了我的制度自信'的观点"问题中，选项"非常不认同"为参考类别。根据表 38 中显著性水平 Sig. 和 OR 值 Exp（B）可以看出，关于"您对'脱贫攻坚的伟大成就增强了我的制度自信'的观点"持 X5（2）"一般认同"的受访者，对中国特色社会主义制度持"了解"态度的可能性是持"非常不认同"观点的受访者的 46.453 倍，即对"脱贫攻坚的伟大成就增强了我的制度自信"观点认同程度更高的受访者，其对中国特色社会主义制度持"了解"态度的可能性更高。

3. 在变量 X8"您对于我国当前制度的总体态度是"问题中，选项"完全不自信"为参考类别。根据表 38 中显著性水平 Sig. 和 OR 值 Exp（B）可以看出，对我国当前制度的总体持 X8（2）"一般自信"态度的受访者，对中国特色社会主义制度持"了解"态度的可能性是持"完全不自信"观点的受访者的 19.177 倍，即对我国当前制度自信程度越高的受访者，对中国特色社会主义制度持"了解"态度的可能性越高。

根据以上数据分析可以得出，在这些问题中，影响受访者关于中国特色社会主义认知程度的显著性因素，分别是"关于中国特色社会主义制度最想了解的问题""脱贫攻坚的伟大成就增强了我的制度自信"和"对我国当前制度的总体态度"。在打赢脱贫攻坚战的进程中，不仅无数优秀的中华儿女投身其中，有人为此付出了宝贵的生命，他们的事迹、精神感染了无数中国人，鼓舞更多人投身这场战斗中，而且贫困地区的变化也是有目共睹的，人民群众切实地感受到了脱贫攻坚带来的福祉。同时，青年学生在日常的学习生活中时刻关注中国社会经济的发展状况、关注国内形势的发展状况，能够较好地形成对中国当前制度的认识，能够形成对我国当前制度的总体积极态度。

这些情况说明：一是青年学生对中国特色社会主义制度了解程度越高，对中国特色社会主义制度的自信程度就越高。随着信息技术水平的发展，青年学生能够从网络上获取世界范围内的各种信息，在中西方国家制度的横向对比中，尤其是在"中国之治"与"西方之乱"的鲜明对比中，对中国制度有了更加充分的了解，在比较中感受到中国特色社会主义制度的巨大优势，增强了对中国特色社会主义制度的自信程度。二是青年学生对中国特色社会主义制度越自信，就越能激发学习了解制度的热情。青年学生不仅通过思政课接受制度自信教育，而且会自发地通过互联网等途径了解和学习中国特色社会主义制度，进而坚定中国特色社会主义制度自信。这些青年学生之所以充满自信，是因为他们能够认识到中国特色社会主义制度的巨大优势，能够从现实生活中切实感受到中国特色社会主义制度给中国人民带来的巨大变化，从实践中体会到中国的制度优势。

第三节　制度自信教育融入高校思政课的可能性

坚定"四个自信"是高校思政课的教育目的之一，将制度自信教育融入高校思政课则是实现坚定"四个自信"教育目标的重要途径。本节内容主要是调查青年学生关于制度自信教育的价值和思政课中的制度自信教育元素的认知情况，研究分析制度自信教育融入高校思政课的可能性。

一、关于制度自信教育价值的认知

在本问题中，我们将制度自信价值进行具体表述，供受访者进行判断和选择，从而了解受访者对制度自信教育价值的认知情况。

（一）描述性分析

在对"您认为制度自信教育的价值是什么"问题的调查中，500 名受访者一共选择了 1110 个有效回答，平均每人选择了 2.22 个选项。其中，A 选项"激发人们建设中国特色社会主义的主动精神和担当意识"共被选择了 399 次，在所有参与选择的受访者中占比 79.8%；B 选项"增强对中国特色社会主义制度的认同感，为实现中华民族的伟大复兴凝心聚力"共被选择了 427 次，占比 85.4%；C 选项"国家规定的任务，没有多少实质价值"共被选择了 56 次，占比 11.2%；D 选项"制度自信不会自动生成，制度自信教育是生成制度自信的重要途径"共被选择了 228 次，占比 45.6%，如图 8 所示。

由图 8 可以看出，选项"增强对中国特色社会主义制度的认同感，为实现中华民族的伟大复兴凝心聚力"的选择率最高，为 85.4%，其

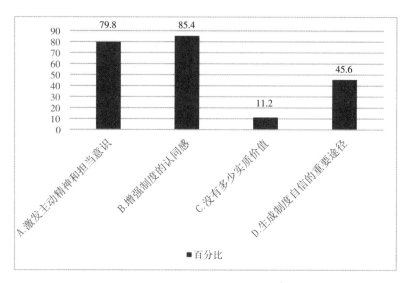

图8 "您认为制度自信教育的价值是什么"（百分比）

次为"激发人们建设中国特色社会主义的主动精神和担当意识"，占比
79.8%。这说明大部分高校青年学生对制度自信教育价值有一定程度的
理解与认识，认为制度自信教育有利于激发人们建设中国特色社会主义
的主动精神和担当意识。青年学生对制度自信价值的理解和认识，为制
度自信教育融入高校思政课奠定了思想基础。但是我们也看到，仍然
有一部分青年学生对制度自信的价值缺乏正确认识，即有11.2%的人认
为制度自信教育是"国家规定的任务，没有多少实质价值"。关于"制
度自信不会自动生成，制度自信教育是生成制度自信的重要途径"的问
题，选择率仅为45.6%，说明有近一半的受访青年学生不认同制度自
信需要专门的教育才能实现，对制度自信的来源、培育途径缺乏充分
认识。

在对"就开展制度自信教育而言，您认为下列哪种方式最合适"
问题调查中，受访者认为合适的方式为：第一名是家庭教育，第二名是
学校教育，第三名是社会教育，如图9所示。

调查结果表明，家庭成员中有中国共产党党员的大学生，对中国
特色社会主义制度的认知更清楚，制度自信的情感也更坚定。这说明，

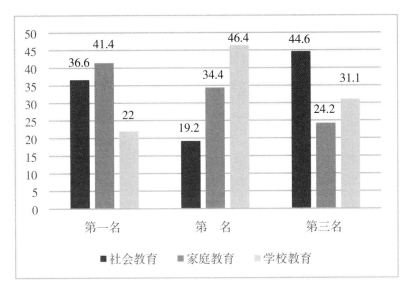

图9　"就开展制度自信教育而言，您认为下列哪种方式最合适"（百分比）

在青年学生心中，家庭教育对制度自信教育具有更加重要的作用。家教家风是社会道德风尚的重要组成部分，在一定程度上反映了社会主流意识形态。优良的家教家风能够使大学生在脱离校园生活转向家庭生活的情况下，依然能够感受到中国特色社会主义制度的科学性与优越性。这种发自内心的制度认同会促使青年学生坚定理想信念，塑造积极向上的品格修养，积极投身于中华民族伟大复兴的宏伟事业中。因此，要充分发挥家长在制度自信教育中的独特优势，帮助青年学生"扣好人生第一粒扣子"，培养大学生高尚的情操、优良的品质，树立起坚定的理想信念。

把制度自信教育融入高校思政课教学全过程，是帮助青年学生坚定"四个自信"、坚定理想信念的有效手段，有利于从价值立场、理念信仰、人民和国家利益等层面引导青年学生了解中国特色社会主义制度的历史必然、显著优势、成功实践，逐步构筑起青年学生对国家制度的认同感、自豪感，并从国家制度中汲取积极奋斗和前进的精神力量，实现从理论内化于心到外化于行的转变。从调研结果可以看出，目前青年学生对制度自信教育的内涵与意义有着较为充分的了解和认知，但是还存在极少数青年学生消极看待制度自信教育价值的现象，部分青年学生对当前高校制度自信教育效果认同度不高。从上述分析结果可以看出，我们看到思政课在制度自信教育中发挥着特殊作用的同时，还要充分认识到当前提升制度自信教育实效性方面存在的问题，通过深化完善制度自信教育教学方法、教育内容，加强制度自信教育，增强青年学生建设中国特色社会主义伟大事业的责任感和使命感。

（二）相关性分析

本问题主要分析高校青年学生对中国特色社会主义制度的认知程度与对制度自信教育价值认同程度之间的关系。本部分主要是对"您是否了解中国特色社会主义制度"与"您认为制度自信教育的价值"的相关性进行分析。由于"您认为制度自信教育的价值"为多选题，故将对选项逐一进行相关性分析。

表39 Q18 您认为制度自信教育的价值 *Q9 您是否了解中国特色社会主义制度交叉百分表

Q18 您认为制度自信教育的价值		Q9 您是否了解中国特色社会主义制度					总计
		非常了解	比较了解	一般了解	基本不了解	完全不了解	
激发人们建设中国特色社会主义的主动精神和担当意识	计数	91	211	87	5	5	399
	占 Q18 的百分比	22.8	52.9	21.8	1.3	1.3	
	占 Q9 的百分比	37.1	36.4	34.4	33.3	27.8	
增强对中国特色社会主义制度的认同感，为实现中华民族的伟大复兴凝心聚力	计数	93	230	94	6	4	427
	占 Q18 的百分比	21.8	53.9	22.0	1.4	0.9	
	占 Q9 的百分比	38.0	39.7	37.2	40.0	22.2	

Q18 您认为制度自信教育的价值		Q9 您是否了解中国特色社会主义制度					总计
		非常了解	比较了解	一般了解	基本不了解	完全不了解	
国家规定的任务，没有多少实质价值	计数	9	22	22	0	3	56
	占 Q18 的百分比	16.1	39.3	39.3	0.0	5.4	
	占 Q9 的百分比	3.7	3.8	8.7	0.0	16.7	
制度自信不会自动生成，制度自信教育是生成制度自信的重要途径	计数	52	116	50	4	6	228
	占 Q18 的百分比	22.8	50.9	21.9	1.8	2.6	
	占 Q9 的百分比	21.2	20.0	19.8	26.7	33.3	
总计（人）	计数	245	579	253	15	18	1110

从表 39 中可以看出，以"您是否了解中国特色社会主义制度"的"非常了解"选项为例，在"您认为制度自信教育的价值"问题中选择"增强对中国特色社会主义制度的认同感，为实现中华民族的伟大复兴凝心聚力"选项的人数最多，为 93 人，在选择"非常了解"的受访者中占比 38%，选择"国家规定的任务，没有多少实质价值"选项人数最少（9 人），在选择"非常了解"的受访者中占比 3.7%。其他选项解释同上。同时，相关性分析结果显示概率 P 值为 0，在 $\alpha=0.01$ 水平上显著，说明"您是否了解中国特色社会主义制度"与"您认为制度自信教育的价值"两变量间存在一定的相关关系。

从上述分析我们可以看出，对中国特色社会主义制度了解程度越高的学生，对制度自信教育价值的认同度也越高。这一结果在一定程度上说明，高校青年学生的制度自信程度与他们对制度自信教育价值的认同度之间存在着密切关系。历史和实践证明，中国特色社会主义制度具有强大生命力和巨大优越性，是推动中国经济社会快速发展的根本制度保证。加强对青年学生制度自信教育，不断深化青年学生对中国特色社会主义制度的实践成就、自身优势、历史文化、理论创新的认识，推动青年学生形成对制度自信教育价值的认同，有助于提高制度自信教育实效性。

二、对制度自信教育与高校思政课关系的认知

本部分主要调查受访者对制度自信教育与高校思政课关系的认知情况，研究分析制度自信教育融入高校思政课所取得的成绩、存在的问题，为推动制度自信教育更好地融入高校思政课提供依据。

（一）描述性分析

1. 在"您认为制度自信教育与高校思政课的关系"的问题调查中，在 500 份有效问卷中，有 409 人选择了 A 选项"通过高校思政课达到制度自信教育的目的"，占比 81.8%；有 26 人选择了 B 选项"高校思政课不包含制度自信教育"，占比 5.2%；有 55 人选择了 C 选项"二者没有关系"，占比 11.0%；有 10 人选择了 D 选项"其他"，占比 2.0%。如图 10 和表 40。

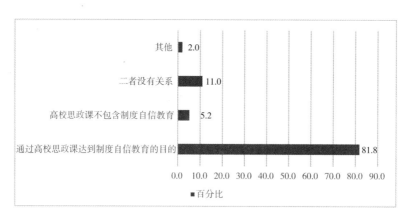

图 10　您认为制度自信教育与高校思政课的关系

表 40　您认为制度自信教育与高校思政课的关系——"其他"

必须
高校思政课包含制度自信教育，达到有点绝对
高校思政课包含制度自信教育，但并不能达到制度自信
塑造
我觉得高校思政课的最终目的指向不该是制度自信教育这个目的，更多的像是通过了解客观事实由学生自己来选择建构
价值体系
有联系，但不是因果关系
制度自信的感性认知是从现实生活中来的，高校思政课提供的是理性认知，但一定要基于现实生活的感性认知才有作用和意义
相辅相成
有联系，但没有太大作用
有一定关系

由图 10 可以看出，大部分高校青年学生认识到高校思政课对制度自信教育具有不可或缺的重要作用，通过高校思政课能够实现制度自信教育的目的。我们同时也看到，少部分受访者认为制度自信教育在高校思政课中没有得到体现。

由表 40 可以看出，大部分受访者肯定高校思政课与制度自信教育之间具有正向联系，但并不认可高校思政课是实现制度自信教育的有效途径。例如，他们认为，"高校思政课包含制度自信教育，但并不能达到制度自信""我觉得高校思政课的最终目的指向不该是制度自信教育这个目的，更多的像是通过了解客观事实由学生自己来选择建构""有联系，但不是因果关系"等。

受访者高度肯定和认可高校以思政课进行制度自信教育的方式，说明这种制度自信教育方式具有显著的有效性和可行性。对不认同这种教育方式的受访者，我们要分析原因、找出对策，通过推进思政课改革创新，使思政课在制度自信教育中的作用得到充分发挥。

2.在"您认为思政课对提高制度自信的帮助程度"的问题调查

中，有 141 位受访者认为思政课对提高制度自信帮助"非常大"，占比 28.2%；有 215 位受访者认为思政课对提高制度自信帮助"较大"，占比 43.0%；有 111 位受访者认为思政课对提高制度自信帮助"一般"，占比 22.2%；有 19 位受访者认为思政课对提高制度自信帮助"较小"，占比 3.8%；有 14 位受访者认为思政课对提高制度自信帮助"很小"，占比 2.8%。如图 11 所示。

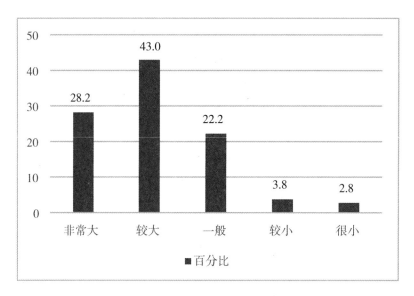

图 11　您认为思政课对提高制度自信的帮助程度

由图 11 可以看出，大部分青年学生认为思政课对提高制度自信具有重要推动作用，对高校思政课中的制度自信教育持正向肯定的态度。这在一定程度上说明了制度自信教育在高校思政课教学中取得了显著成效。不过，仍有一部分受访者认为思政课对提高制度自信帮助程度不大，这说明高校思政课在进行制度自信教育时还存在一定问题。思政课是立德树人的关键课程，发挥思政课在制度自信教育中的作用是推动思政课改革创新的重要内容。

3. 在"您认为思政课包含制度自信教育的状况"的问题调研中，有 162 位受访者认为思政课包含制度自信教育的程度是"非常高"，占比 32.4%；215 个学生认为思政课包含制度自信教育的程度是"较高"，占比 43.0%；110 个学生认为思政课包含制度自信教育的程度是"一般"，占比 22.0%；10 个学生认为思政课包含制度自信教育的程度是"较低"，占比 2.0%；3 个学生认为思政课包含制度自信教育的程度是"很低"，占比 0.6%。如图 12 所示。

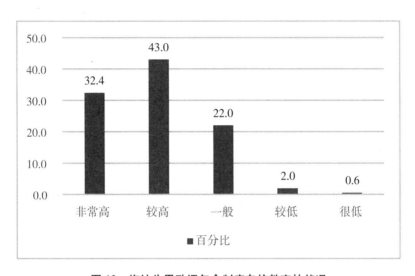

图 12 您认为思政课包含制度自信教育的状况

由图 12 可以看出，当前大部分高校青年学生认为学过的思政课包含着较多的制度自信教育内容。这说明，高校在开展思政课的过程中较好地实施了制度自信教育，使青年学生充分理解和接受了高校思政课中的制度自信教育，并且成效显著。不过，仍有一些受访者对高校思政课上的制度自信内容理解和掌握程度较低，没有充分理解思政课所蕴含的制度自信教育内容。因此，要推动高校思政课改革创新，完善制度自信教育的体制机制，全方位发挥思政课在制度自信教育中的作用。

4. 在"您所学过的思政课涉及过中国特色社会主义制度的哪些知识"的问题调查中，500 名受访者对这道多项选择题一共进行了 1703 次选择，平均每人选择了 3.406 个选项。在该题五个选项共 1703 个有效回答中，其中"基本内容"被选择 415 次，占全部受访者的 83.0%；

"理论基础"被选择 425 次，占全部受访者的 85.0%；"突出优势"被选择 354 次，占比 70.8%；"存在问题"被选择 236 次，占比 47.2%；"主要矛盾"被选择 273 次，占比 54.6%。如表 41 所示。

表 41　您所学过的思政课涉及过中国特色社会主义制度的哪些知识的频率

		全部选择次数		占选择人数（%）
		个案数	占选择总次数%	
您所学过的思政课涉及过中国特色社会主义制度的哪些知识?	基本内容	415	24.4	83.0
	理论基础	425	25.0	85.0
	突出优势	354	20.8	70.8
	存在问题	236	13.9	47.2
	主要矛盾	273	15.9	54.6
总计（次）		1703	100.0	340.6

由表 41 可以看出，受访者对中国特色社会主义制度的基本内容、理论基础、突出优势具有一定程度的了解，说明了近年来高校思政课在中国特色社会主义制度教育教学中取得了显著成绩。但是仍有将近半数的同学认为自己没有在思政课上掌握中国特色社会主义制度"存在问题"和"主要矛盾"等相关知识。这一方面反映了当前制度自信教育在阐释"存在问题"和"主要矛盾"两部分内容时可能存在着力不够的问题，另一方面也说明受访者虽然在思政课上学习过中国特色社会主义制度相关知识，但是并不清晰了解其具体内涵，对中国特色社会主义制度了解程度也不够深入。虽然受访者对"存在问题"和"基本矛盾"等知识的掌握程度相对略低一点，但是从整体看，受访者对这两部分内容的掌握程度仍然很高，说明当前高校思政课具有较强的实效性，使学生能普遍接受制度自信教育。

（二）相关性分析

本部分着重对影响受访者评价思政课效果的因素进行分析，揭示提高思政课教学实效性与提升制度自信教育效果的关系。

1."您如何评价您的思政课"与"您认为制度自信教育与高校思政

课的关系"的相关性

表 42 您如何评价您的思政课 * 您认为制度自信教育与高校思政课的关系是交叉百分表

占"您如何评价您的思政课"的百分比

您认为制度自信教育与高校思政课的关系	您如何评价您的思政课					总计
	沉闷，完全不喜欢	比较无趣，不喜欢	一般，谈不上喜欢，也谈不上反感	比较有趣，较喜欢	获得新知，很喜欢	
通过高校思政课达到了制度自信教育的目的	42.1	67.1	84.1	87.0	90.0	81.8
高校思政课不包含制度自信教育	10.5	7.1	2.7	7.7	1.7	5.2
二者没有关系	47.4	21.4	9.9	5.3	6.7	11.0
其他	0	4.3	3.3	0	1.7	2.0
总计	100.0	100.0	100.0	100.0	100.0	100.0

由表 42 可以看出，在对思政课评价"获得新知，很喜欢"的受访者中，有 90% 的学生认为通过高校思政课达到了制度自信教育的目的；在对思政课评价"沉闷，完全不喜欢"的受访者中，有 47.4% 的受访者认为制度自信教育与高校思政课两者之间没有关系。相关性分析结果显示概率 P 值为 0，在 $\alpha = 0.01$ 水平上显著，克莱姆系数值为 0.195，即"您如何评价您的思政课"与"您认为制度自信教育与高校思政课的关系"两变量间存在一定的弱相关关系。从上述分析可以得出，受访者对思政课评价越高，认为思政课和制度自信教育的关系越紧密；受访者对思政课认可程度越高，对制度自信教育内容的掌握程度也越高。这种结果反映了通过思政课开展制度自信教育具有现实的可能性。

2. "您如何评价您的思政课"与"您认为思政课对提高制度自信的

帮助程度"的相关性

表 43 您如何评价您的思政课 * 您认为思政课对提高制度自信的帮助程度交叉百分表

占"您认为思政课对提高制度自信的帮助程度"百分比

您如何评价您的思政课	您认为思政课对提高制度自信的帮助程度					总计
	非常大	较大	一般	较小	很小	
沉闷，完全不喜欢	0.7	1.9	3.6	26.3	35.7	3.8
比较无趣，不喜欢	1.4	9.8	30.6	42.1	35.7	14.0
一般，谈不上喜欢，也谈不上反感	26.2	39.5	48.6	10.5	28.6	36.4
比较有趣，较喜欢	42.6	42.3	14.4	10.5	0.0	33.8
获得新知，很喜欢	29.1	6.5	2.7	10.5	0.0	12.0

由表 43 可以看出，以受访者认为思政课对提高制度自信的帮助程度"非常大"为例，评价思政课"比较有趣，较喜欢"的比例最高（42.6%），评价"沉闷，完全不喜欢"的比例最低（0.7%）。此外，从表 43 的百分比中可以明显看出，认为思政课对提高制度自信的帮助程度"很小"的受访者，对思政课评价更集中于"不喜欢"。因为"您如何评价您的思政课"和"您认为思政课对提高制度自信的帮助程度"均为有序分类变量，故采用 Gamma 系数进行相关性分析。相关性分析结果显示概率 P 值为 0，在 $\alpha = 0.01$ 水平上显著，Gamma 取值为 -0.618，即"您如何评价您的思政课"与"您认为思政课对提高制度自信的帮助程度"之间存在较强的负相关。从上述分析结果可以得出，受访者对思政课的评价越高，他们认为思政课对提高制度自信的程度就越高。受访者之所以有这种认识，是因为他们从高校思政课的学习中得到了这种收获和体会，能够从理论和实践的角度深刻认知中国特色社会主义制度的优越性，自觉产生对中国特色社会主义制度的自信。高校青年学生是高校思政治课改革创新的直接参与者和受益者，他们对中国特色社会主义制度自信的认知状况，是我们以思政课为途径增强青年学生制度自信的立足点和出发点。

3."您如何评价您的思政课"与"您认为您所学过的思政课包含制

度自信教育的程度"的相关性

表 44　您如何评价您的思政课 * 您认为您所学过的思政课包含制度自信教育的程度交叉百分表

您认为思政课对提高制度自信的帮助程度百分比

您如何评价您的思政课	您认为您所学过的思政课包含制度自信教育的程度					总计
	非常高	较高	一般	较小	很小	
沉闷，完全不喜欢	3.1	1.9	6.4	20.0	33.3	3.8
比较无趣，不喜欢	5.6	9.3	31.8	40.0	66.7	14.0
一般，谈不上喜欢，与谈不上反感	25.9	43.7	40.0	20.0	0.0	36.4
比较有趣，较喜欢	40.1	38.6	18.2	10.0	0.0	33.8
获得新知，很喜欢	25.3	6.5	3.6	10.0	0.0	12.0
总计	100.0	100.0	100.0	100.0	100.0	100.0

由表 44 可以看出，以认为学过的思政课包含制度自信教育程度"非常高"为例，评价思政课"比较有趣，较喜欢"的比例最高，为40.1%，而评价为"沉闷，完全不喜欢"的比例最低，为 3.1%。因为"您如何评价您的思政课"与"您认为您所学过的思政课包含制度自信教育的程度"均为有序分类变量，故采用 Gamma 系数进行相关分析。相关性分析结果显示概率 P 值为 0，在 $\alpha=0.01$ 的水平上显著，Gamma取值为 -0.495，即"您如何评价您的思政课"与"您认为您所学过的思政课包含制度自信教育的程度"之间存在中等程度的负相关。从上述分析结果可以得出，受访者对思政课的评价态度，比较明显地影响他们关于思政课包含制度自信教育的程度的评价，也就是说受访者对思政课的评价越高，他们认为思政课包含制度自信教育的程度就越高。思政课之所以能起到增强制度自信的作用，是因为思政课中包含着制度自信教育的相关内容。比如，从目的来看，坚定"四个自信"本身就是思政课的教学目标之一；从具体内容来看，不管是"毛泽东思想和中国特色社会主义理论体系概论"，还是"中国近现代史纲要"，或是"习近平新时代中国特色社会主义思想概论"，都蕴含着丰富的中国特

色社会主义制度的相关知识。受访者的观点再次说明，通过思政课来开展制度自信教育，增强青年学生的制度自信，既是被思政课教学实践证明了的可行性方案，也是思政课和制度自信教育的内在要求所决定的。

三、相关制约因素的回归分析

（一）问题与数据

为进一步验证受访者认知思政课对增强制度自信的帮助程度的制约因素，本部分内容将对问卷中 Q21 与 Q9、Q10、Q11、Q12、Q13、Q14、Q15、Q16、Q17 进行回归分析。其中，Q21 为因变量"您认为思政课对提高制度自信的帮助程度"，可划分为了解和不了解两种情况，将"较大"设为 1，"较小"设为 0。Q9 至 Q17 为根据问卷内容选取的九个自变量，各变量赋值见表 45。

表 45　变量赋值

自变量	变量代码	变量定义
您是否了解中国特色社会主义制度	X1	1= 完全不了解；2= 基本不了解；3= 一般了解；4= 比较了解；5= 非常了解
认为中国特色社会主义制度最本质的特征	X2	1= 中国共产党的领导；2= 人民代表大会制度；3= 坚持全面依法治国；4= 坚持人民当家作主
中华人民共和国全国人民代表大会	X3	1= 全国人大代表以民主的方式决定国家大事的会议；2= 中国共产党最高领导机关；3= 国家最高权力机关；4= 国家最高行政机关
关于中国特色社会主义制度最想了解的问题	X4	1= 国家最高行政机关；2= 中国特色社会主义制度的优势是什么；3= 为什么要坚定制度自信；4= 青年学生怎样坚定制度自信
与其他国家的制度相比，如何评价中国特色社会主义制度的优势	X5	1= 完全不显著；2= 比较不显著；3= 一般显著；4= 比较显著；5= 非常显著

续表

自变量	变量代码	变量定义
脱贫攻坚的伟大成就增强了我的制度自信	X6	1= 非常不认同；2= 比较不认同；3= 一般认同；4= 比较认同；5= 非常认同
在党的带领下，中国社会发生了翻天覆地的变化，人们的生活水平日益提高，人民大众可通过切身感受生活的变化自发地形成理性的制度自信	X7	1= 否；2= 是
您认为评价中国制度应该坚持的基本原则	X8	1= 西方的评价指标；2= 不清楚；3= 本国人民说了算
您对于我国当前制度的总体态度	X9	1= 完全不自信；2= 不太自信；3= 一般自信；4= 比较自信；5= 非常自信

（二）模型设定

因变量为二分类变量，符合二元 Logistic 回归模型对因变量的要求，因此，将采用二元 Logistic 回归模型对受访者认知思政课对增强制度自信的帮助程度的制约因素进行分析。

（三）分析结果及解读

运用 SPSS 软件进行分析，结果显示纳入分析的观测数和数据库中观测数一致。Omnibus 检验中 P 值为 0，在 $\alpha = 0.01$ 水平上显著，关于"您认为思政课对提高制度自信的帮助程度"的回归模型通过了似然比检验（LRTests），表明模型的各自变量至少有一个与因变量显著相关。模型拟合优度检验 (HLTests) 卡方统计量的伴随概率为 0.896，大于显著性水平 0.1，说明模型拟合结果与数据较为吻合。同时，模型预测准确率高达 95.8%，这说明模型拟合效果较好。综合来看，所建回归模型效果较好。

由于本次统计过程中筛选变量的方式是 Enter 法，因此所有自变量均进入了模型，表 46 中也列出了部分自变量及其参数。其中 Sig. 一列表示相应变量在模型中的 P 值，Exp(B) 和 95％ CIforExp(B) 表示相应变量的 OR 值和其 95％的可信区间。

表46　方程中的变量

变量代码	B	S.E.	Wald	df	Sig.	Exp(B)	95% CIforExp(B)	
							Lower	Upper
X1			11.382	4	.023			
X1(1)	3.512	2.065	2.893	1	.089	33.518	.586	1918.557
X1(2)	4.412	1.328	11.033	1	.001	82.405	6.101	1113.039
X1(3)	3.883	1.262	9.475	1	.002	48.594	4.099	576.042
X1(4)	3.434	1.368	6.297	1	.012	30.985	2.121	452.745
X2			11.470	3	.009			
X2(1)	.270	.704	.147	1	.701	1.310	.329	5.209
X2(2)	−2.656	.894	8.820	1	.003	.070	.012	.405
X2(3)	1.092	.791	1.908	1	.167	2.981	.633	14.040
X3			3.127	3	.372			
X3(1)	1.646	1.391	1.401	1	.237	5.188	.340	79.264
X3(2)	−.105	.589	.032	1	.858	.900	.284	2.855
X3(3)	−1.332	1.072	1.543	1	.214	.264	.032	2.158
X4			.891	3	.828			
X4(1)	.249	.819	.093	1	.761	1.283	.258	6.394
X4(2)	.150	.922	.027	1	.871	1.162	.191	7.086
X4(3)	.689	.868	.631	1	.427	1.992	.364	10.912
X5			9.595	4	.048			
X5(1)	3.472	1.953	3.161	1	.075	32.211	.701	1480.088
X5(2)	3.378	1.588	4.525	1	.033	29.311	1.304	658.650
X5(3)	4.528	1.542	8.622	1	.003	92.586	4.507	1901.786
X5(4)	3.984	1.552	6.593	1	.010	53.755	2.568	1125.238
X6			6.575	4	.160			
X6(1)	2.828	2.217	1.627	1	.202	16.904	.219	1302.535
X6(2)	.384	1.695	.051	1	.821	1.468	.053	40.648
X6(3)	1.899	1.709	1.235	1	.266	6.680	.235	190.223

步骤1a （位于表格左侧行标签）

续表

变量代码	B	S.E.	Wald	df	Sig.	Exp(B)	95% CIforExp(B)	
							Lower	Upper
X6(4)	.813	1.817	.200	1	.654	2.255	.064	79.307
X7(1)	−1.015	.882	1.325	1	.250	.362	.064	2.041
X8			.396	2	.820			
X8(1)	.818	1.504	.296	1	.587	2.266	.119	43.200
X8(2)	.398	1.324	.090	1	.764	1.489	.111	19.942
X9			12.312	4	.015			
X9(1)	−1.853	1.835	1.019	1	.313	.157	.004	5.722
X9(2)	−1.280	1.501	.727	1	.394	.278	.015	5.268
X9(3)	.347	1.474	.055	1	.814	1.414	.079	25.428
X9(4)	3.130	1.820	2.956	1	.086	22.874	.645	810.681
常量	−5.961	2.604	5.240	1	.022	.003		

（步骤1a）

　　结果显示，X1(4)（P=0.012）、X5(2)（P=0.033）和X5(4)（P=0.010）在 α=0.05 水平上显著，X1(2)（P=0.001）、X1(3)（P=0.002）、X2(2)（P=0.003）、X5(3)（P=0.003）在 α=0.01 水平上显著，具有统计学意义，其余变量没有统计学意义。

　　由于分析时选择以各协变量（因变量）的第一个选项为参考类别，因此根据以上结果可以得出：

　　1.在变量 X1"您是否了解中国特色社会主义制度"中，以选项"完全不了解"为参考类别，根据表46中显著性水平 Sig. 和 OR 值 Exp（B）可以看出，选择对中国特色社会主义制度"一般了解"的受访者，认为思政课对提高制度自信的帮助程度"较大"的可能性是选择"完全不了解"的受访者的82.405倍；选择对中国特色社会主义制度"比较了解"的受访者，认为思政课对提高制度自信的帮助程度"较大"的可能性是选择"完全不了解"的受访者的48.594倍；选择对中国特色社会主义制度持"非常了解"的受访者，认为思政课对提高制度自信的帮助程度"较大"的可能性是选择"完全不了解"的受访者的30.985倍。从上述分析结果可以得出，随着受访者对中国特色社会主义制度了解程度的加深，他们认为思政课对提高制度自信的帮助程度"较大"的可能性逐渐降低。这可能是因为他们从思政课的学习中没有得到关于中国特色社会主义制度知识的更新和补充，这也为思政课教师讲深、讲透、讲活思政课的道理提出了明确要求。

2. 在变量 X2"认为中国特色社会主义制度最本质的特征"问题中，以选项"中国共产党领导"为参考类别，根据表 46 中显著性水平 Sig. 和 OR 值 Exp（B）可以看出，坚持"中国特色社会主义制度最本质的特征"是"坚持全面依法治国"观点的受访者，认为思政课对提高制度自信的帮助程度"较大"的可能性是选择"中国共产党"的受访者的 0.07 倍。可见，坚持"中国特色社会主义制度最本质的特征"是"中国共产党领导"观点的受访者，相比坚持"中国特色社会主义制度最本质的特征"是"坚持全面依法治国"观点的受访者，更认同思政课对提高制度自信的帮助程度"较大"。从上述分析可以得出，对高校青年学生而言，思政课是他们获得政治理论知识的主要途径。那些认为中国特色社会主义最本质的特征是中国共产党领导的受访者，显示出了他们具有较为扎实的政治理论基础，而这种政治理论基础，很大程度上则是来自高校思政课。

3. 在变量 X5"与其他国家的制度相比，如何评价中国特色社会主义制度的优势"中，以选项"完全不显著"为参考类别，根据表 46 中显著性水平 Sig. 和 OR 值 Exp（B）可以看出，坚持与其他国家相比中国特色社会主义制度优势"一般显著"观点的受访者，认为思政课对提高制度自信的帮助程度"较大"的可能性是坚持"完全不显著"观点的受访者的 29.311 倍；坚持与其他国家相比中国特色社会主义制度优势"比较显著"观点的受访者，认为思政课对提高制度自信的帮助程度"较大"的可能性是坚持"完全不显著"观点的受访者的 92.586 倍；坚持与其他国家相比中国特色社会主义制度优势"非常显著"观点的受访者，认为思政课对提高制度自信的帮助程度"较大"的可能性是坚持"完全不显著"观点的受访者的 53.755 倍。从上述分析结果可以得出，那些认为与其他国家相比中国特色社会主义制度优势的显著性越高的受访者，更倾向于认为思政课对提高制度自信的帮助程度越大。能够充分认识到中国特色社会主义制度优势的受访者，不仅是主观的感性认识，更是基于中国特色社会主义制度的科学性、历史底蕴等理论内涵的理性认识。不管是感性认识，还是理性认知，高校思政课在其中发挥着关键作用。

综上所述，高校青年学生关于思政课对提高制度自信帮助程度的认知，与他们自己对中国特色社会主义制度认知水平有密切关系，即青年学生对中国特色社会主义制度认同度越高，就越认同思政课对提升制度自信的作用。实际上，作为缺乏社会工作经验和实际体验的在校青年学生，他们对世情、社情、国情、党情的了解很大程度上来自书本和课堂学习，尤其是借助专门从理论和实践维度对世情、社情、国情、党情进行集中讲授的思政课。受访者的观点，说明了高校思政课在教育引导青年学生坚定制度自信过程中所起的重要作用，也说明了进一步推进制度自信教育融入高校思政课，通过思政课加强制度自信教育的重要性和必要性。

第四节　制度自信教育融入高校思政课的可行性

制度自信教育和高校思政课的密切关系，决定了将制度自信教育融入高校思政课的可能性。但是制度自信教育融入高校思政课是否具有可行性，在实际教学过程中还受到教师、学生、教材、教学方式以及课程设置方式等多种因素的影响。因此，本节内容主要通过实证分析的方式，研究制度自信教育融入高校思政课的可行性问题。

一、对制度自信教育融入高校思政课意义的认知

在高校，思政课和制度自信教育都是对青年学生进行理想信念教育、增强制度认同的教育方式，二者既有区别，也有联系。从联系来

看，不管是制度自信教育，还是思政课教学，都离不开教师、学生、教材、教学方式和课程设置等要素。通过对上述要素进行实证分析，可以为制度自信教育融入高校思政课提供数据支撑。

（一）描述性分析

1.对思政课教师采用教学方式的频次分析

在"您的思政课教师采用以下教学方式的频次"的选项上，根据回收到的有效调查问卷，绘得图 13 至图 16。

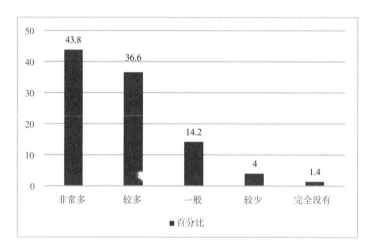

图 13　在理论逻辑上阐释中国制度优势

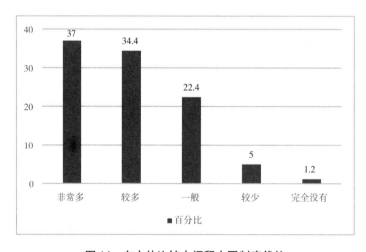

图 14　在中外比较中阐释中国制度优势

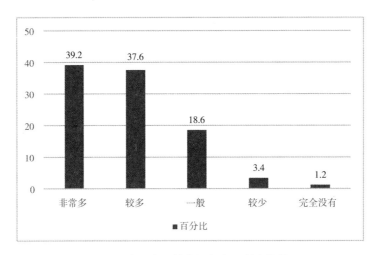

图15　在历史比较中阐释中国制度优势

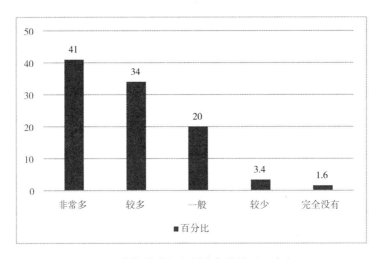

图16　青年学生坚定制度自信的重要意义

从图13至图16可以看出，受访者对思政课的授课方式的认同度趋势基本一致，按照选择比例从高到低依次为"非常多""较多""一般""较少""完全没有"。在每种教学方式的选择中，受访者选择"非常多"或"较多"的比例累计均在70%以上，选择"一般"的次之。

其中，"在理论逻辑上阐述中国制度优势"的选项中，受访者选择"非常多"和"较多"的比例累计数值最大，达80.4%，可见受访者对这种教学方式最为认同。

由上述分析可以得出，思政课教师总体上能以多样的教学方式推进课堂教学，提高思政课的教学实效性。思政课是讲道理的课程，只有把道理讲深、讲透、讲活，才能真正实现入脑入心。"在理论逻辑上阐述中国制度优势"被大多数受访者选择，说明了绝大多数思政课教师都能把科学的理论说得准、讲得清，以透彻的学理分析回应学生关切，以彻底的思想理论为学生释疑解惑。因此，推进思政课改革创新，提高思政课教学实效性，必须坚持理论为本，努力培养和提升青年学生理论思维的修养与能力。同时，从受访者对思政课中外对比和历史比较教学方式的高度认同情况来看，思政课教师要具有放眼全球的国际视野，将各国制度在应对各种风险挑战时的实际效用加以比较分析，让青年学生充分理解中国特色社会主义制度的独特优势；运用历史的维度阐明中国特色社会主义制度构建、完善与发展历程，引导学生了解党带领人民历经艰辛取得的各项制度成果和建立的科学制度体系，感受其深厚的历史文化底蕴和传统。

2. 对思政课课程所包含的中国特色社会主义制度内容的程度分析

思政课是开展马克思主义理论教育、培养社会主义建设者和接班人的专门性、专业性课程，具有知识传授、能力培养、素养训练、思维锻炼和人格培育的价值取向。根据受访者对所学思政课包含中国特色社会主义制度内容的评估，绘得图17至图21。

从图17至图21可以看出，在"请选出下列课程包含中国特色社会主义制度内容的程度"选项中，受访者选择"非常多"的前两名是《习近平新时代中国特色社会主义思想概论》与《毛泽东思想和中国特色社会主义理论体系概论》，分别为60.2%和53.8%。如果再加上"较多"的比例，选择这两门的比例累计均在90%以上。受访者高度认同这两门课程，既反映了受访者对这两门课程的熟悉程度，也说明了高校思政课教育教学取得的显著效果。

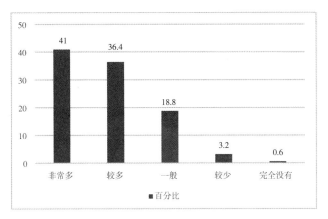

图 17 马克思主义基本原理

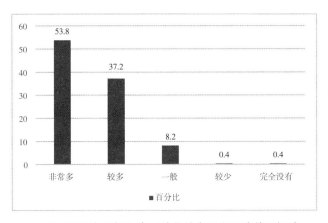

图 18 毛泽东思想和中国特色社会主义理论体系概论

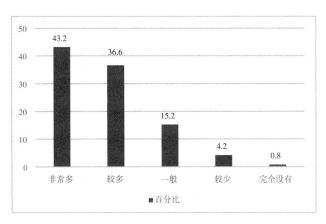

图 19 思想道德与法治

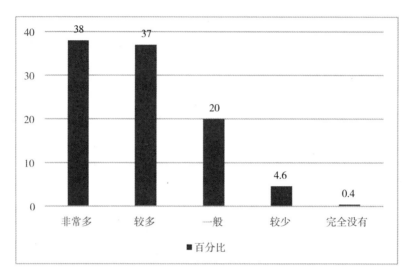

图 20　中国近现代史纲要

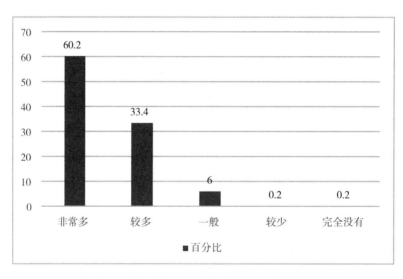

图 21　习近平新时代中国特色社会主义思想概论

　　正如上述数据所反映的情况，高校五门思政课（包括新开设的"习近平新时代中国特色社会主义思想概论"）蕴含着制度自信的生成机理、理论内涵、具体内容和价值意蕴，为制度自信教育提供了丰富的教学素材。其中，"马克思主义基本原理"课程注重从理论原理的角度将制度自信与马克思主义基本原理紧密联系在一起，也使"制度自信"理论极大丰富了马克思主义基本原理中的科学社会主义理论。《习近平新时代中国特色社会主义思想概论》和《毛泽东思想和中国特色社会主义理论体系概论》主要是从马克思主义中国化的最新理论成果和马克思主义中国化的历程与经验的角度，阐释中国特色社会主义制度的理论内涵、价值意蕴和伟大成就，与制度自信教育关系密切。同时，推进马克思主义中国化重要理论成果进教材、进课堂、进头脑，也是教材修订的主要任务。因此，受访者认为两门"概论"课程包含中国特色社会主义制度的内容"非常多"和"较多"。"中国近现代史纲要"课程注重从历史发展的维度来引导青年学生结合中国近代以来的屈辱史和抗争史，结合中国共产党领导的革命、建设和改革史，尤其是结合新中国成立和改革开放以来的光辉历史，向大学生展示制度自信生成的历史逻辑。"道德与法治"课程则注重从道德修养的角度将制度自信与课程紧密结合，巩固"制度自信"在高校思政课堂中的重要地位。因此，高校思政课教师在开展制度自信的教学中，按照每门课程的课程设计和具体内容，充分发挥思政课教材在制度自信教育中的指导作用。

3.对学习思政课后的制度自信程度的认知

由图 22 可以看出，受访者在学习思政课后，制度自信程度具有不同的表现。其中，选择"至多掌握了一些我国制度的相关知识，自信谈不上"选项的比例为 18.2%；选择"对个别的制度有自信，但总体上不能说做到了制度自信"的为 26.4%；选择"对我国制度总体自信，但在个别问题上没有被说服、不够自信"的为 31.4%；选择"对我国各方面的制度都很自信"的为 24%。虽然受访者选择"总体自信"和"都很自信"的比例累计达 55.4%，超过了一半，但是选项分布相对分散。从上述分析结果可以得出，受访者经过思政课学习，制度自信程度得到显著提升，但是还存在一定的质量问题。充分发挥思政课在制度自信教育中的关键作用，仍是当前思政课教学改革的一个重点难题。

当前，世界百年未有之大变局加速演进，不同思想文化交流交融

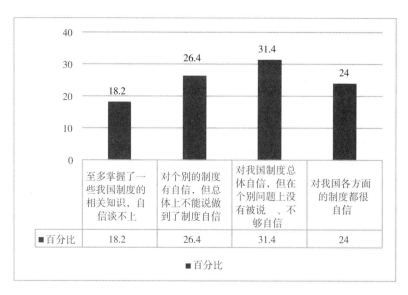

图22　通过学习思政课，您的制度自信程度

交锋、社会思潮多元多样多变、自媒体等新兴传媒在意识形态领域迅猛发展、"00后"学生呈现出鲜明个性特征等，都成为现阶段高校思政课教育教学面临的新形势和新挑战。为此，高校思政课必须与时俱进地进行改革创新，使青年学生在"知其然"的基础上，又能做到"知其所以然"，在正确认识当代中国发展进步的客观事实与中国特色社会主义制度不可分离的联系的基础上，又能深刻认识坚定中国特色社会主义制度自信的理论逻辑、历史逻辑和实践逻辑，将制度自信建立在对中国特色社会主义制度理论的深刻理解上，建立在对历史规律的深刻把握上，在全面建设社会主义现代化国家新征程中勇当开路先锋、争当事业闯将。

（二）相关性分析

1."您如何评价您的思政课"与"请选出您的思政课教师采用以下教学方式的频次"的相关性

因为"请选出您的思政课教师采用以下教学方式的频次"为多选题，且两个变量均为定序变量，因此将采用Gamma系数对两变量各选项逐一进行关系分析。

（1）"您如何评价您的思政课"与"在理论逻辑上阐释中国制度优

势"分析结果

表 47 "您如何评价您的思政课"＊"在理论逻辑上阐释中国制度优势"交叉百分表

占"在理论逻辑上阐释中国制度优势"百分比

您如何评价您的思政课	在理论逻辑上阐释中国制度优势					总计
	非常多	较多	一般	较少	完全没有	
沉闷，完全不喜欢	2.3	2.7	9.9	10.0	0.0	3.8
比较无趣，不喜欢	7.8	15.8	23.9	35.0	0.0	14.0
一般，谈不上喜欢，与谈不上反感	33.3	39.3	38.0	30.0	57.1	36.4
比较有趣，较喜欢	37.9	35.0	21.1	20.0	42.9	33.8
获得新知，很喜欢	18.7	7.1	7.0	5.0	0.0	12.0

由表 47 可以看出，总体认为思政课"在理论逻辑上阐述中国制度优势"越多的受访者，对思政课的评价越高。以认为"在理论逻辑上阐释中国制度优势""非常多"受访者为例，他们评价思政课"比较有趣，较喜欢"的比例最大，为 37.9%；认为思政课"沉闷，完全不喜欢"的比例最小，为 2.3%。相关性分析结果显示概率 P 值为 0，在 $\alpha=0.01$ 水平上存在显著，Gamma 取值为 -0.334，即"您如何评价您的思政课"与"在理论逻辑上阐释中国制度优势"选项上存在一定负相关性。从上述分析结果可以得出，对思政课评价越高的受访者，认为思政课教师采用"在理论逻辑上阐述中国制度优势"的教学方式频次越高。

（2）"您如何评价您的思政课"与"在中外比较中阐释中国制度优势"分析结果

表 48 "您如何评价您的思政课" * "在中外比较中阐释中国制度优势"
交叉百分表

占"在中外比较中阐释中国制度优势"百分比

您如何评价您的思政课	在中外比较中阐释中国制度优势					总计
	非常多	较多	一般	较少	完全没有	
沉闷，完全不喜欢	2.2	3.5	6.3	8.0	0.0	3.8
比较无趣，不喜欢	7.6	13.4	20.5	36.0	16.7	14.0
一般，谈不上喜欢，与谈不上反感	28.1	40.1	45.5	32.0	33.3	36.4
比较有趣，较喜欢	38.9	36.6	22.3	24.0	50.0	33.8
获得新知，很喜欢	23.2	6.4	5.4	0.0	0.0	12.0

从表 48 可以看出，总体认为"在中外比较中阐述中国制度优势"越多的受访者，对思政课的喜爱程度越高。以认为"在中外比较中阐释中国制度优势""非常多"的受访者为例，评价思政课"比较有趣，较喜欢"的比例最大，为 38.9%；评价思政课"沉闷，完全不喜欢"的比例最小，为 2.2%。相关性分析结果显示概率 P 值为 0，在 $\alpha=0.01$ 水平上显著，Gamma 取值为 -0.389，即"您如何评价您的思政课"与"在中外比较中阐释中国制度优势"选项上存在一定负相关。从上述分析结果可以得出，对思政课评价越高的受访者，认为思政课教师采用"在中外比较中阐释中国制度优势"的教学方式频次越高。

(3)"您如何评价您的思政课"与"在历史比较中阐释中国制度优势"分析结果

表49 "您如何评价您的思政课" * "在历史比较中阐释中国制度优势"交叉百分表

占"在历史比较中阐释中国制度优势"百分比

您如何评价您的思政课	在历史比较中阐释中国制度优势					总计
	非常多	较多	一般	较少	完全没有	
沉闷，完全不喜欢	2.0	3.7	7.5	0.0	16.7	3.8
比较无趣，不喜欢	8.2	12.8	23.7	47.1	0.0	14.0
一般，谈不上喜欢，与谈不上反感	30.1	43.1	37.6	23.5	50.0	36.4
比较有趣，较喜欢	39.3	34.0	24.7	29.4	0.0	33.8
获得新知，很喜欢	20.4	6.4	6.5	0.0	33.3	12.0

从表49可以看出，总体上认为"在历史比较中阐释中国制度优势"越多的受访者，对思政课的评价越高。以评价"在历史比较中阐释中国制度优势""非常多"的受访者为例，他们认为思政课可以"获得新知，很喜欢"的比例为20.4%。相关性分析结果显示概率P值为0，在 $\alpha = 0.01$ 水平上显著，Gamma取值为 -0.346，即"您如何评价您的思政课"与"在历史比较中阐释中国制度优势"选项上存在一定负相关。从上述分析结果可以得出，对思政课评价越高的受访者，认为思政课教师采用"在历史比较中阐释中国制度优势"的教学方式频次越高。

(4)"您如何评价您的思政课"与"青年学生坚定制度自信的重要意义"分析结果

表 50 "您如何评价您的思政课"＊"青年学生坚定制度自信的重要意义"交叉百分表

占"青年学生坚定制度自信的重要意义"百分比

您如何评价您的思政课	青年学生坚定制度自信的重要意义					总计
	非常多	较多	一般	较少	完全没有	
沉闷，完全不喜欢	2.0%	3.5%	8.0%	5.9%	0.0%	3.8%
比较无趣，不喜欢	7.8%	11.8%	25.0%	35.3%	37.5%	14.0%
一般，谈不上喜欢，与谈不上反感	28.3%	44.1%	41.0%	23.5%	50.0%	36.4%
比较有趣，较喜欢	41.5%	34.7%	20.0%	23.5%	12.5%	33.8%
获得新知，很喜欢	20.5%	5.9%	6.0%	11.8%	0.0%	12.0%

从表 50 可以看出，总体上认为"青年学生坚定制度自信的重要意义"越大的受访者，对思政课的评价越高。以评价"青年学生坚定制度自信的重要意义""非常多"的受访者为例，他们认为思政课"比较有趣，较喜欢"的比例最大，为 41.5%，认为思政课"获得新知，很喜欢"的比例为 20.5%。相关性分析结果显示概率 P 值为 0，在 $\alpha=0.01$ 水平上显著，Gamma 取值为 -0.403，即"您如何评价您的思政课"与"青年学生坚定制度自信的重要意义"存在一定负相关。从上述分析结果可以得出，对思政课评价越高的受访者，认为思政课教师采用"青年学生坚定制度自信的重要意义"的教学方式频次越高。

由上述分析结果可以看出，"您如何评价思政课"与"请选出您的思政课教师采用'以下教学方式的频次'"的四个选项分别呈现一定的正相关，即受访者对思政课评价越高，他们对各教学方式的选择频次越高。其中"您如何评价思政课"与"青年学生坚定制度自信的重要意义"相关性最高，Gamma 值为 -0.403，说明处于这个时期的青年学生高度关注外部世界，对未来发展满怀憧憬与期待，特别希望从思政课的教学中获得有助于自身成长的价值观念和思想理论。因此，高校思政课教师要高度关注青年学生的成长问题，在课堂教学中给予密切关注和积极引导，帮助其更好成长成才。同时，受访者对"在历史比较中阐释中国制度优势""在中外比较中阐释中国制度优势""在理论逻辑上阐释中国制度优势"教学方式高度认可，说明这些教学方式有助于青年学生增强对中国特色社会主义的了解和认知，有助于他们坚定制度自信。思政课教师要关注这种教学方式。

2."您如何评价您的思政课"与"通过学习思政课，您的制度自信程度"的关系分析

表51　"您如何评价您的思政课" ＊ "通过学习思政课，您的制度自信程度"交叉百分表

占"青年学生坚定制度自信的重要意义"百分比

通过学习思政课，您的制度自信程度	您如何评价您的思政课					总计
	沉闷，完全不喜欢	比较无趣，不喜欢	一般，谈不上喜欢，也谈不上反感	比较有趣，较喜欢	获得新知，很喜欢	
至多掌握了一些我国制度的相关知识，自信谈不上	31.6	11.4	26.9	13.0	10.0	18.2
对个别的制度有自信，但总体上不能说做到了制度自信	52.6	40.0	30.2	21.9	3.3	26.4
对我国制度总体自信，但在个别问题上没有被说服、不够自信	0.0	45.7	33.0	35.5	8.3	31.4
对我国各方面的制度都很自信	15.8	2.9	9.9	29.6	78.3	24.0

从表51可以看出，对思政课评价为"沉闷，完全不喜欢"的受访者，在学习完思政课后选择"对个别的制度有自信"的比例最高（52.6%），其次为"自信谈不上"（31.6）；对思政课评价为"获得新知，很喜欢"的受访者，在学习完思政课后选择"对我国各方面的制度都很自信"的比例高达78.3%。相关性分析结果显示概率 P 值为0，在 α=0.01 水平上显著，Gamma 取值为0.429，即"您如何评价您的思政课"与"通过学习思政课，您的制度自信程度"存在中等强度的正相关关系。从上述分析结果可以得出，对思政课评价越高的受访者，通过学习思政课后制度自信程度增强越大。积极评价思政课价值的受访者，往往能从思政课中增强获得感，这种获得感既是源于对思政课价值意义的理解认同，也是源于对中国特色社会主义制度的政治认同。

从上述分析结果可以看出，思政课和制度自信教育呈正相关关系。思政课是加强制度自信教育的重要方式，制度自信教育本身就是高校思政课教学内容的题中应有之义，受访者越是认同思政课的教学内容和价值意义，就越能够借助思政课的途径学到坚定制度自信的相关知识，进而坚定制度自信。中国特色社会主义实践的发展和制度的创新，决定了青年学生需要不断地汲取和更新制度自信的相关知识，在学习中加强和巩固制度自信。思政课为青年学生不断将制度认知转化为制度自信提供了重要途径，并在循环往复的学习和实践中坚定制度自信。

二、关于影响制度自信教育融入高校思政课制约因素的认知

本问题主要通过对影响青年学生坚定制度自信的相关因素进行实证分析，为提高制度自信教育融入高校思政课实效性提供对策建议。

（一）描述性分析

1.思政课教材在当前思政课教学中的作用表现

从图23可以看出，受访者在回答"您认为思政课教材在当前思政课教学中的作用表现"问题时，选择"教材为任课教师开展制度自信教育提供了遵循"的比例最大，为57.8%。另外三个选项由高到低依次是"任课教师在教材基础上自主讲授"（21.4%）、"教材成为任课教师开展

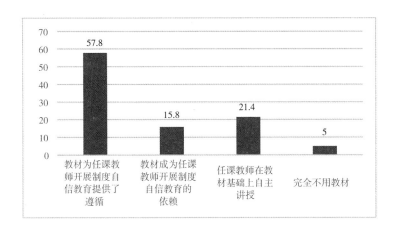

图23　您认为思政课教材在当前思政课教学中的作用表现

制度自信教育的依赖"（15.8%）、"完全不用教材"（5%）。从上述分析结果可以得出，在受访者看来，思政课教材在思政课教学中发挥着重要作用，是思政课教学的重要依据。

讲好思政课，首先要在研究教材上下功夫，只有熟悉教材，才能够立足教材又能跳出教材。"立足"是为了规范、"跳出"是为了创新。为此，要适时修订教材，将"活的现实、活的理论"融入思政课教材，从根本上改变口号多于理念、概念多于实际的情况，不断增强思政课教材的针对性、实效性。同时，要充分发挥思政课教师的主动性，既不能因为坚持思政课教学的政治性、思想性和规范性，就僵化地对待教学，照本宣科，也不能单纯地为了追求教学的创新性，追求所谓的教学模式而随意变更教材的内容，甚至完全脱离教材而随意地讲，使学生很难系统地把握教学的内容、重点与难点等。

2. 发挥教材在制度自信教育中的作用

从图24可以看出，在回答"您认为怎样才能发挥出教材在制度自信教育中的作用"问题时，受访者认同度最高的观点是"适时修改教材，推进理论与现实紧密结合"，比例为43.8%。其他选项由高到低依次是"鼓励教师在使用教材的前提下发挥出自己的专业特点"（34.4%）、"检查督导任课教师严格使用统编教材，发挥教材的指导作

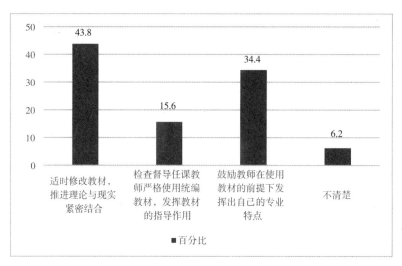

图24　您认为怎样才能发挥出教材在制度自信教育中的作用

用"（15.6%）、"不清楚"（6.2%）。从上述分析结果可以得出，受访者赞同教材能够与时俱进，尤其是将理论与现实的有机结合，同时赞同教师以教材为基础发挥自己的特长，推动教材体系向教学体系转化，使思政课教学充分体现出任课教师的个人风格，增强思政课的感染力和吸引力。

　　一般来讲，好的教材不仅包含一门课程的学科知识、教学目的、基本概念和一般理论，而且符合学生的认知特点、成长规律和学习规律。思政课是政治性、思想性与学术性的统一体，关系到青年学生世界观、人生观、价值观的塑造和育人育才、立德树人目标的实现。因此，思政课教学必须要符合培养社会主义合格建设者和可靠接班人的教学目标，教学活动必须符合科学性和规范性，而教材无疑是其中的关键一环和重要依据。为提高思政课的教学质量，党中央专门组织编写了"马工程"教材，目的在于解决高校思政课教材统一、质量保证的问题，也为制度自信教育融入思政课提供重要依据。所以，发挥教材在制度自信教育中的作用，属于教材编写的内在要求，符合学生接受知识的实际情况，有助于青年学生在思政课教学中更好地接受理想信念和制度自信教育。

3.思政课教师综合素质对制度自信教育融入思政课影响程度分析

从图 25 可以看出，在回答"您认为思政课教师的综合素质对制度自信教育融入思政课有影响吗"问题时，受访者所选答案的比例由高到低依次是"有影响，影响程度比较大"（40%）、"有影响，影响程度一般"（24.4%）、"有影响，影响程度非常大"（17%）、"有影响，影响程度很小"（13.8%）、"没有任何影响"（4.8%）。其中，选择"有影响，影响程度比较大"与"有影响，影响程度非常大"的比例累计为 57%。从上述分析结果可以得出，受访者认为思政课教师的综合素质对制度自信教育融入思政课有非常大的影响，以至于选择"有影响"的比例达 95% 以上。

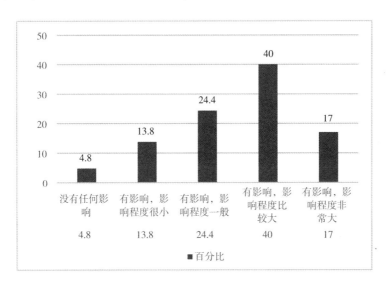

图 25　您认为思政课教师综合素质对于制度自信教育融入思政课有影响吗?

办好思政课关键在教师，提升制度自信教育的针对性和实效性关键也在教师。只有让信仰坚定、学识渊博、理论功底深厚的教师来讲思政课，才能让学生真心喜爱、终身受益。为此，广大思政课教师要成为学习和实践马克思主义的典范，提高理论修养，提升教学能力，创新教学方法，"把做研究、抓重点、讲故事有机统一起来，重点讲授的内容要深入研究，深入研究的内容要善于用故事来表达"①，不断提高思政课的教学实效性，使制度自信教育的目标在思政课的教学过程中充分得以实现。

4. 思政课老师在课堂讲授过程中体现本人制度自信程度

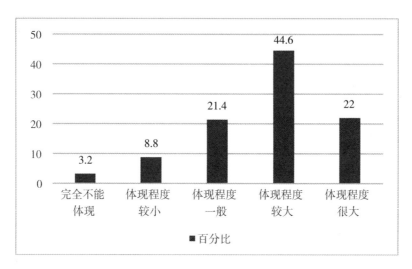

图 26　您的思政课教师在课堂讲授过程中体现出其本人的制度自信了吗?

从图 26 可以看出，受访者在回答"您的思政课老师在课堂讲授过程中体现出其本人的制度自信了吗"问题时，选择"体现程度较大"和"体现程度很大"的比例累计达 66.6%。不过，受访者认为"体现程度一般""体现程度较小"或"完全不能体现"的比例也达到了 33.4%。从上述分析结果可以得出，在受访者看来，思政课教师在总体上体现出较强的制度自信，但是思政课教师制度自信不强的现象也一定范围内存在。

高校思政课教师是中国特色社会主义制度自信的教育者，坚定中国特色社会主义制度自信是高校思政课教师应有的基本政治素养。正因为如此，习近平在学校思政课教师座谈会上的讲话时强调指出："办好思政课，有不少问题需要解决，但最重要的是解决好信心问题。'欲

---

① 王炳林：《思政课如何把道理讲深、讲透、讲活》，《思想政治课研究》2022 年第 3 期。

人勿疑，必先自信。'思政课教师本身都不信，还怎么教学生？"[①] 所以，高校思政课教师要深刻认识到自身所肩负的重要职责和历史使命，不断提高自身素养，坚持"八个相统一"，理直气壮地讲好思政课，担负起铸魂育人的神圣使命，让思政课成为学生成长成才的指路明灯，为培养好社会主义事业合格建设者和接班人贡献力量。

5.当前思政课教师的制度自信教育理论水平

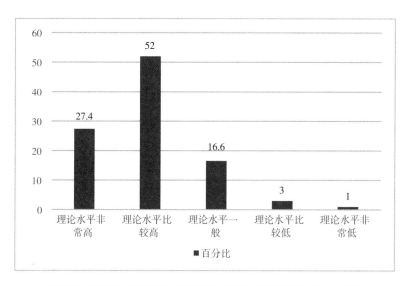

图 27　您认为当前思政课教师的制度自信教育理论水平如何？

从图 27 可以看出，受访者在回答"您认为当前思政课教师的制度自信教育理论水平如何"问题时，选择"理论水平非常高"和"理论水平比较高"的比例累计达 79.4%。这说明当前绝大部分思政课教师具备制度自信教育的知识基础和理论素养，能够用透彻的学理分析回应学生，以彻底的思想理论说服学生，用真理的强大力量引导学生。

思政课是"讲道理"的课，所谓"讲道理"，就是讲马克思主义理论，即教育引导青年学生掌握马克思主义基本原理，尤其是马克思主义

---

① 习近平：《思政课是落实立德树人根本任务的关键课程》，人民出版社 2020 年版，第 8 页。

中国化时代化的最新理论成果——习近平新时代中国特色社会主义思想，熟练运用马克思主义的立场、观点、方法去观察问题、分析问题、解决问题。思政课教师只有具备扎实的马克思主义理论素养，才能讲清楚中国特色社会主义制度的理论本质和性质特征，才能教育引导青年学生对中国特色社会主义制度优势的感性认识上升为理性认识，形成对中国特色社会主义制度的价值认同和政治信仰，从而在党的领导下自觉投身到实现中华民族伟大复兴的宏伟事业中。

（二）相关性分析

1.“您如何评价您的思政课”与“您认为思政课教材在当前思政课教学中的作用表现”的相关性

表52　您如何评价您的思政课＊您认为思政课教材在当前思政课教学中的作用表现交叉百分表

占“您如何评价您的思政课”百分比

您认为思政课教材在当前思政课教学中的作用表现	您如何评价您的思政课					总计
	沉闷，完全不喜欢	比较无趣，不喜欢	一般，谈不上喜欢，也谈不上反感	比较有趣，较喜欢	获得新知，很喜欢	
教材为任课教师开展制度自信教育提供了遵循	21.1	34.3	54.9	68.6	75.0	57.8
教材成为任课教师开展制度自信教育的依赖	26.3	22.9	18.1	13.6	3.3	15.8
任课教师在教材基础上自主讲授	31.6	34.3	22.5	15.4	16.7	21.4
完全不用教材	21.1	8.6	4.4	2.4	5.0	5.0

从表52可以看出，以评价思政课“获得新知，很喜欢”的受访者

为例，他们认为思政课教材在当前思政课教学中的作用表现为"教材为任课教师开展制度自信教育提供了遵循"的比例最高，为 75.0%。相关性分析结果显示概率 P 值为 0，在 $\alpha=0.01$ 水平上显著，克莱姆系数取值为 0.187，说明"您如何评价您的思政课"与"您认为思政课教材在当前思政课教学中的作用表现"两变量间存在一定的弱相关性。

从上述分析结果可以得出，虽然受访者对思政课评价观点不尽相同，但是都普遍认同教材为任课教师开展制度自信教育提供了根本遵循。教材是教师进行课堂教学的根本依据，高校思政课教师在遵循教材基本要求的前提下，结合自身的学术素养和学生的基本情况进行教学改革，推动教材体系转变为教学体系，使课堂教学更加符合目前思政课教学实际，提高思政课的吸引力和感染力。

2."您如何评价您的思政课"与"您认为思政课教师的综合素质对制度自信教育融入思政课有影响吗"的相关性

表 53 如何评价您的思政课 * 思政课教师的综合素质对制度自信教育融入思政课有影响吗交叉百分表

占"您如何评价您的思政课"百分比

您认为思政课教师的综合素质对制度自信教育融入思政课有影响吗	您如何评价您的思政课					
	沉闷，完全不喜欢	比较无趣，不喜欢	一般，谈不上喜欢，也谈不上反感	比较有趣，较喜欢	获得新知，很喜欢	总计
没有任何影响	5.3	2.9	9.3	1.8	1.7	4.8
有影响，影响程度很小	31.6	27.1	12.1	10.7	6.7	13.8
有影响，影响程度一般	15.8	30.0	27.5	26.0	6.7	24.4
有影响，影响程度比较大	15.8	31.4	39.0	46.2	43.3	40.0
有影响，影响程度非常大	31.6	8.6	12.1	15.4	41.7	17.0

从表 53 可以看出，那些认为学习思政课能够"获得新知，很喜欢"

的受访者，更倾向认同思政课教师综合素质对制度自信教育融入思政课有很大影响的观点，选择"影响程度比较大"和"影响程度非常大"的比例累计达 85%。相关性分析结果显示概率 P 值为 0，在 α=0.01 水平上显著，Gamma 取值为 0.300，说明"您如何评价您的思政课"与"您认为思政课教师的综合素质对制度自信教育融入思政课有影响吗"两者存在正相关关系。

从上述分析结果可以得出，受访者对思政课评价越高，认为思政课教师的综合素质对制度自信融入思政课的影响程度就越高。兴趣是最好的老师，对思政课感兴趣的学生，在掌握好思政课知识的同时更关注思政课的价值意义等相关问题。虽然受访者对思政课的评价存在差异，但不同受访者都认为思政课教师的综合素质对制度自信教育融入思政课具有重要影响。因此，要不断加强思政课教师队伍建设，培养政治强、情怀深、思维新、视野广、自律严、人格正的思政课教师。通过加强思政课教师队伍建设，提高思政课的教学实效性，教育引导青年学生坚定中国特色社会主义制度自信。

3. "您如何评价您的思政课"与"您认为当前思政课教师的制度自信教育理论水平如何"的相关性

表 54　您如何评价您的思政课 * 您认为当前思政课教师的制度自信教育理论水平如何交叉百分表

占"您如何评价您的思政课"百分比

您认为当前思政课教师的制度自信教育理论水平如何	您如何评价您的思政课					总计
	沉闷，完全不喜欢	比较无趣，不喜欢	一般，谈不上喜欢，也谈不上反感	比较有趣，较喜欢	获得新知，很喜欢	
理论水平非常高	10.5	10.0	23.1	29.6	60.0	27.4
理论水平比较高	31.6	58.6	57.7	54.4	26.7	52.0
理论水平一般	52.6	24.3	18.1	11.2	6.7	16.6
理论水平比较低	0.0	5.7	1.1	3.6	5.0	3.0
理论水平非常低	5.3	1.4	0.0	1.2	1.7	1.0

从表54可以看出，以评价思政课"沉闷，完全不喜欢"的受访者为例，他们认为当前思政课老师"理论水平非常高"的比例仅占10.5%，"理论水平一般"的占比最高，为52.6%；评价思政课"获得新知，很喜欢"的受访者，则更多认为当前思政课老师理论水平非常高，占比为60%。相关性分析结果显示概率 P 值为0，在 α=0.01 水平上显著，Gamma 取值为 −0.351，说明"您如何评价您的思政课"与"您认为当前思政课教师的制度自信教育理论水平如何"两变量间存在负相关关系。

从上述结果可以得出，受访者对思政课评价越高，认为当前思政课教师的制度自信教育水平也越高。在思政课的教学过程中，教师发挥着关键作用。受访者对思政课评价越高，说明他们在课堂学习中获得感越强，越能感受到思政课教师的理想信念、学科知识、学术视野等个人的理论素养。虽然受访者普遍认为思政课教师具有较高的制度自信教育理论水平，但是思政课教师还要充分认识到当前高校思政课教育教学面临的挑战，不断筑牢理论根基，提升理论修养，自觉用党的科学理论武装头脑，更好地把马克思主义的真理力量传递给学生。

三、相关制约因素的回归分析

为进一步验证青年学生关于思政课对提高制度自信的帮助程度，本部分内容对 Q21 与 Q29、Q30、Q31、Q32、Q33、Q34、Q35 进行回归分析。其中，Q21 是因变量"您认为思政课对提高制度自信的帮助程度"，定义"很小"为 y=1，定义"较小"为 y=2，定义"一般"为 y=3，定义"较大"为 y=4，定义"很大"为 y=5。Q29 至 Q35 为根据问卷内容选取的七个自变量，各变量赋值见表55。

（一）问题与数据

本部分通过对 Q21 与 Q29、Q30、Q31、Q32、Q33、Q34、Q35 进行回归分析，研究影响受访者评价思政课对提高制度自信教育效果的显著性因素。因变量 Q21 为有序分类变量，因此将采用有序 Logistic 回归进行分析。变量赋值表55如下：

表 55 变量赋值

自变量	变量代码	变量定义
您认为思政教材在当前思政课教学中的作用表现	Q29	1= 教材为任课教师开展制度自信教育提供了遵循；2= 教材成为任课教师开展制度自信教育的依赖；3= 任课教师在教材基础上自主讲授；4= 完全不用教材
您认为怎样才能发挥出教材在制度自信教育中的作用	Q30	1= 适时修改教材，推进理论与现实紧密结合；2= 检查督导任课教师严格使用统编教材，发挥教材的指导作用；3= 鼓励教师在使用教材的前提下发挥出自己的专业特点；4= 不清楚
您认为思政课教师的综合素质对制度自信教育融入思政课有影响吗	Q31	1= 没有任何影响；2= 有影响，影响程度很小；3= 有影响，影响程度一般；4= 有影响，影响程度比较大；5= 有影响，影响程度非常大
您的思政课老师在课堂上讲授过程中体现出其本人的制度自信吗	Q32	1= 完全不能体现；2= 体现程度较小；3= 体现程度一般；4= 体现程度较大；5= 体现程度很大
您认为当前思政课教师的制度自信教育理论水平如何	Q33	1= 理论水平非常低；2= 理论水平比较低；3= 理论水平一般；4= 理论水平比较高；5= 理论水平非常高
Q34 您认为采用以下几种方式开展制度自信教育的有效性如何		
传统讲授式（老师讲、学生听为主）	Q34-1	1=1 分；2=2 分；3=3 分；4=4 分；5=5 分
案例式	Q34-2	1=1 分；2=2 分；3=3 分；4=4 分；5=5 分
问题专题式	Q34-3	1=1 分；2=2 分；3=3 分；4=4 分；5=5 分
情景体验式（情景模拟、角色扮演、游戏）	Q34-4	1=1 分；2=2 分；3=3 分；4=4 分；5=5 分
参与互动式（讨论、演讲、辩论）	Q34-5	1=1 分；2=2 分；3=3 分；4=4 分；5=5 分
实践教学（参观红色教育基地）	Q34-6	1=1 分；2=2 分；3=3 分；4=4 分；5=5 分
Q35 如何评价您的思政课教师开展制度自信教育的效果		
老师运用典型案例将制度自信阐释得通俗易懂	Q35-1	1=1 分；2=2 分；3=3 分；4=4 分；5=5 分

续表

自变量	变量代码	变量定义
老师注重将热点问题和学生思想困惑进行对接	Q35-2	1=1 分；2=2 分；3=3 分；4=4 分；5=5 分
老师注重运用讲解、讨论、影视资料等教学方式提升课堂的吸引力	Q35-3	1=1 分；2=2 分；3=3 分；4=4 分；5=5 分
我仍能记得老师上课时讲授的制度自信的相关内容	Q35-4	1=1 分；2=2 分；3=3 分；4=4 分；5=5 分
老师的教学内容让我接受到了有效的制度自信教育，我的思想和行动产生了积极转变	Q35-5	1=1 分；2=2 分；3=3 分；4=4 分；5=5 分
老师的教学让我认识到坚定制度自信的重大意义	Q35-6	1=1 分；2=2 分；3=3 分；4=4 分；5=5 分
老师的制度自信教育只突出某些方面（反腐、扶贫等），缺乏完整性和系统性	Q35-7	1=1 分；2=2 分；3=3 分；4=4 分；5=5 分
老师的制度自信教育不能结合生活实际，变成了文字罗列和要点讲述	Q35-8	1=1 分；2=2 分；3=3 分；4=4 分；5=5 分

（二）模型设定与分析

经过回归分析和"拟合优度"检验，显示 Pearson 和 Deviance 两种检验的 P 值均大于 1，证明模型拟合度较好。"模型拟合信息"中 P 值为 0，在 $\alpha=0.01$ 上显著，说明模型存在统计学意义。"平行线检验"中 P 值为 0.095，大于显著性水平 α（$\alpha=0.05$）。分析结果满足平行线检验等差的前提条件，说明参数估计表的数值是准确可靠的。因篇幅原因，仅展示部分存在显著性差异的变量。

表56　参数估算值及 OR 值

		估算	标准错误	瓦尔德	自由度	显著性	Exp(B)	95%置信区间	
								下限	上限
阈值	[Q21=1]	-5.396	1.056	26.129	1	.000	0.005	-7.465	-3.327
	[Q21=2]	-2.520	1.042	5.854	1	.016	0.080	-4.562	-.479
	[Q21=3]	.032	1.027	.001	1	.975	1.033	-1.981	2.044
	[Q21=4]	1.353	1.030	1.725	1	.189	3.869	-.666	3.372
位置	[Q29=1]	-1.954	.504	15.054	1	.000	0.142	-2.941	-.967
	[Q29=4]	0a	.	.	0	.	.	.	.
	[Q30=1]	-2.495	.456	29.878	1	.000	0.082	-3.389	-1.600
	[Q30=2]	-2.517	.498	25.507	1	.000	0.081	-3.494	-1.540
	[Q30=3]	-2.382	.458	26.994	1	.000	0.092	-3.281	-1.483
	[Q30=4]	0a	.	.	0	.	.	.	.
	[Q31=2]	1.603	.387	17.130	1	.000	4.968	.844	2.363
	[Q31=3]	1.479	.355	17.385	1	.000	4.389	.784	2.174
	[Q31=4]	.771	.312	6.097	1	.014	2.162	.159	1.383
	[Q31=5]	0a	.	.	0	.	.	.	.
	[Q33=1]	-2.350	1.017	5.334	1	.021	0.095	-4.344	-.356
	[Q33=5]	0a	.	.	0	.	.	.	.
	[Q34_2=1]	-3.606	1.012	12.696	1	.000	0.027	-5.590	-1.623
	[Q34_2=5]	0a	.	.	0	.	.	.	.
	[Q35_2=1]	-2.308	1.165	3.924	1	.048	0.099	-4.592	-.024
	[Q35_2=5]	0a	.	.	0	.	.	.	.
	[Q35_4=1]	1.522	.740	4.235	1	.040	4.581	.072	2.971
	[Q35_4=2]	1.146	.576	3.955	1	.047	3.146	.017	2.275
	[Q35_4=5]	0a	.	.	0	.	.	.	.
位置	[Q35_6=1]	2.302	1.070	4.629	1	.031	9.994	.205	4.399
	[Q35_6=2]	2.145	.702	9.337	1	.002	8.542	.769	3.522
	[Q35_6=5]	0a	.	.	0	.	.	.	.
关联函数：分对数									

（三）结果解读

阈值中对应的 Q21=1、2、3、4 四个估值分别是本次分析中拆分的四个二元 Logistic 回归的常数项，位置中 Q29 至 Q35 对应的参数估值为自变量的估值。以 Q29 为例，因多分类被拆分成三个哑变量（即取值 1、2、3），分别与 Q29=4 的组进行对比。

由上述分析结果可以看出，当显著性水平 α =0.05 时，在"您认为思政课对提高制度自信的帮助程度"的多因素分析中，"Q29 您认为思政教材在当前思政课教学中的作用表现"的选项 1（教材为任课教师开展制度自信教育提供了遵循），"Q30 您认为怎样才能发挥出教材在制度自信教育中的作用"的全部选项，"Q31 您认为思政课教师的综合素质对制度自信教育融入思政课有影响吗"的选项 2（有影响，影响程度很小）和选项 3（有影响，影响程度一般）、选项 4（有影响，影响程度比较大），"Q33 您认为当前思政课教师的制度自信教育理论水平如何"的选项 1（理论水平非常高），"Q34 您认为采用以下几种方式开展制度自信教育的有效性如何"的选项 1（案例式），"Q35 如何评价您的思政课教师开展制度自信教育的效果——'Q35—1 老师注重将热点问题和学生思想困惑进行对接'的选项 1（1 分）、'Q35—4 我仍能记得老师上课时讲授的制度自信的相关内容'的选项 1（1 分）和选项 2（2 分）、'Q35-6 老师的教学让我认识到坚定制度自信的重大意义'的选项 1（1 分）和选项 2（2 分）"。以上因变量均是受访者认为思政课对提高制度自信程度的主要因素。

在 Q29"您认为思政教材在当前思政课教学中的作用表现"的问题中，以选项"完全不用教材"为对照组。从表 56 中显著性水平 Sig. 和 OR 值 Exp（B）可以看出，选择"教材为任课教师开展制度自信教育提供了遵循"的受访者，认为思政课对提高制度自信的帮助程度"很小"的可能性是选择"完全不用教材"的受访者的 0.140 倍。从上述分析结果可以得出，相比之下，认为教材为任课教师开展制度自信教育提供了遵循的受访者，更同意思政课对提高制度自信的帮助程度较大。这类群体既重视对教材内容的学习，也关注教师在课堂教学过程中对教材的运用，因而这类群体的学习效果更佳，能敏锐地注意到思政课上有关制度自信教育的内容，真正做到了学有所得，会更加同意思政课对提高制度自信的帮助程度较大。

在 Q30"您认为怎样才能发挥出教材在制度自信教育中的作用"的问题中，以选项"不清楚"为对照组。从表 56 中显著性水平 Sig. 和 OR 值 Exp（B）可以看出，选择"适时修改教材，推进理论与现实紧密结合"的受访者，认为思政课对提高制度自信的帮助程度"很小"的可能性是选择"不清楚"的受访者的 0.082 倍；选择"检查督导任课教师严格使用统编教材，发挥教材的指导作用"的受访者，认为思政课对提高制度自信的帮助程度"很小"的可能性是选择"不清楚"的受访者的 0.081 倍；选择"鼓励教师在使用教材的前提下发挥出自己的专业特点"的受访者，认为思政课对提高制度自信的帮助程度"很小"的可能性是选择"不清楚"的受访者的 0.092 倍。从上述分析结果可以得出，认为教材为任课教师开展制度自信教育提供了遵循的受访者，更认同思政课对提高制度自信具有重要帮助作用。这部分受访者反映的教材问题是推进高度思政课改革创新的两大关键要素，上述结果恰恰说明受教育者与教材的正向关系，即提高思政课的教学实效性，必须要推进教材改革。

在 Q31"您认为思政课教师的综合素质对制度自信教育融入思政课有影响吗"的问题中，以选项"有影响，影响程度非常大"为对照组。从表 56 中显著性水平 Sig. 和 OR 值 Exp（B）可以看出，选择"有影响，影响程度很小"的受访者，认为思政课对提高制度自信的帮助程度"很小"的可能性是选择"有影响，影响程度非常大"的受访者的 4.976 倍；选择"有影响，影响程度一般"的受访者，认为思政课对提高制度自信的帮助程度"很小"的可能性是选择"有影响，影响程度非常大"的受访者的 4.389 倍；选择"有影响，影响程度较大"的受访者，认为思政课对提高制度自信的帮助程度"很小"的可能性是选择"有影响，影响程度非常大"的受访者的 2.162 倍。从上述分析结果可以得出，思政课教师是讲好思政课的关键，认为思政课教师的综合素质对制度自信教育融入思政课影响较大的受访者，更认同思政课，有助于提高制度自信。扎实的知识功底、过硬的教学能力、勤勉的教学态度、科学的教学方法是教师的基本素质。正所谓亲其师者信其道，思政课教师只有自身做到真学、真懂、真信，才能在教学过程中真用，才能用真情实感将这种信仰传递给学生，从而培养出具有坚定制度自信的学生。

　　总之，从上述分析结果可以看出，将制度自信教育融入高校思政课，涉及教学体系设计、教材改革、思政课教师综合素质、课程和教师的考核评价机制、教育教学手段和方式等方面的因素。通过定量分析，证实了思政课中的教材、教师、教学内容、教学方式等因素对提高制度自信教育具有显著促进作用。因此，以影响制度自信教育融入高校思想政治理论的相关因素为着力点，推动高校思政课改革创新，使制度自信教育更好地融入思政课的教学过程中，成为未来高校思政课改革的重要方向之一。

第四章　制度自信教育融入"中国近现代史纲要"课程的个案研究

　　培养青年学生以唯物史观回顾过去、审视当下和展望未来的思维能力，是高校思政课的一个重要任务。"中国近现代史纲要"是高校开设的"四门"思想政治理论课程中唯一一门培养大学生运用科学的历史观和方法论分析和评价历史问题与社会发展方向的课程，目的在于帮助青年学生运用历史思维客观评价中国特色社会主义的制度优势，并在此基础上生成坚定的制度自信。我们坚定中国特色社会主义制度自信，一个重要方法是要将中国特色社会主义制度的发展过程放置于中国近现代历史发展的逻辑中去考察，这样我们更容易理解和认识中国特色社会主义制度在中国人民探索国家出路的历史进程中的独特作用，使我们更加坚信中国特色社会主义制度是中国历史和人民的必然选择。学习本课程的一个重要方法，就是要把中国选择社会主义制度的必然性和实施改革开放走中国特色社会主义道路的必然性及历史成就作为本课程的重要线索，即学会"了解开创和发展中国特色社会主义伟大进程和重大意义，了解中国特色社会主义新时代的伟大变革和里程碑意义，坚定只有中国特色社会主义才能发展中国、只有坚持和发展中国特色社会主义才能实现中华民族伟大复兴的信念，增强中国特色社会主义的道路自信、理论自信、制度自信、文化自信"。① 因此，制度自信教育融入"中国近现代史纲要"的个案分析，为我们提供了以思政课坚定青年学生制度自信的独特视角，为我们正确理解制度自信教育融入高校思政课的意义和

---

① 《中国近现代史纲要》，高等教育出版社 2023 年版，第 12 页。

路径提供了理论依据。

第一节　制度自信教育融入"中国近现代史纲要"课程的理论逻辑

习近平指出:"领导干部要加强理论修养,深入学习马克思主义基本理论,学懂弄通做实新时代中国特色社会主义思想,掌握贯穿其中的辩证唯物主义的世界观和方法论,提高战略思维、历史思维、辩证思维、创新思维、法治思维、底线思维能力,善于从纷繁复杂的矛盾中把握规律,不断积累经验、增长才干。"① 所谓历史思维,就是运用历史唯物主义认识历史、把握现实的科学思想方法,体现为对历史的尊重,把现实置于过去、现在、未来的历史发展过程中进行思考,揭示事物发展的必然规律和内在逻辑。"中国近现代史纲要"课程是培养青年学生运用历史思维审视中国近现代历史的发展规律,正确认识中国特色社会主义的历史成就和重大意义,坚定中国特色社会主义的信心和信念的课程。从这个角度看,制度自信教育的内容、目标与意义内含于"中国近现代史纲要"课程教学目标和要求之中,将制度自信教育融入"中国近现代史纲要"课程具有内在逻辑的一致性和严谨的理论自洽性。

一、中国特色社会主义制度是中国近现代历史发展的产物

中国特色社会主义制度是社会主义制度在当代中国的实践形态,是近代以来中国人民探索国家出路的重要成果,是近现代中国历史的重要组成部分。近代以来,为解决争取民族独立、人民解放和实现国家富强、人民富裕的两大历史任务,中国人民进行了不懈的探索和抗争。但是在民族不独立、国家不统一、人民无权利的半殖民地半封建社会里,

① 《习近平谈治国理政》第三卷,外文出版社 2020 年版,第 223 页。

无数探索主张并不能从根本上给濒临危亡的中国指明正确的出路。马克思主义在中国的出现和中国共产党的成立，极大地改变了中国历史的进程，使社会主义成为改造中国的一个成功方案。

1918 年 7 月，李大钊在《法俄革命之比较观》中，第一次明确阐释了十月革命的性质："俄罗斯之革命是二十世纪初期之革命，是立于社会主义上之革命，是社会的革命而并著世界的革命之采色者也。"[①] 他认为正是这一社会主义性质的革命开辟了世界历史的新时代，并预言"二十世纪初叶以后之文明，必将起绝大之变动，其萌芽即苗发于今日俄国革命血潮之中"[②]。在《庶民的胜利》和《布尔什维主义的胜利》两篇文章中，李大钊在深刻揭露第一次世界大战的本质时，热情讴歌了十月革命和布尔什维主义的胜利，预言"试看将来的环球，必是赤旗的世界"！李大钊对俄国十月革命及社会主义的宣传，使马克思主义在中国的传播进入新的阶段，为成立旨在改造中国前途命运的中国共产党奠定了理论基础。中国共产党成立后，立即投入以马克思主义与中国实际和中华优秀传统文化相结合为指导原则的探索中国出路的过程中，经历了一系列坎坷和曲折，终于找到了一条实现民族独立和人民解放的正确道路。正如毛泽东在《论人民民主专政》一文中所总结的中国革命的成功经验，"一个有纪律的，有马克思列宁主义的理论武装的，采取自我批评方法的，联系人民群众的党。一个由这样的党领导的军队。一个由这样的党领导的各革命阶级各革命派别的统一战线。这三件是我们战胜敌人的主要武器。这些都是我们区别于前人的。依靠这三件，使我们取得了基本的胜利。我们走过了曲折的道路。我们曾和党内的机会主义倾向作斗争，右的和'左'的。凡在这三件事上犯了严重错误的时候，革命就受挫折。错误和挫折教训了我们，使我们比较地聪明起来了，我们的事情就办得好一些。任何政党，任何个人，错误总是难免的，我们要求

---

① 《李大钊全集》第 2 卷，人民出版社 2013 年版，第 330 页。
② 《李大钊全集》第 2 卷，人民出版社 2013 年版，第 329 页。

犯得少一点。犯了错误则要求改正，改正得越迅速，越彻底，越好。"①
经过 28 年的浴血奋斗，中国共产党带领人民终于实现了数代人为之奋
斗的民族独立和人民解放的愿望，为实现国家富强和人民富裕的宏伟目
标奠定了政治基础。

　　从 1953 年开始，中国共产党领导人民通过对农业、手工业和资本
主义工商业的社会主义改造的历史意义，在中国确立了社会主义基本制
度，基本上结束了延续几千年的阶级剥削制度的历史，社会生产力从旧
的生产关系的束缚中解放出来，为充分发挥社会主义制度的优势创造了
条件。1981 年党的十一届六中全会审议通过的《关于建国以来党的若
干历史问题的决议》高度评价了社会主义改造，强调社会主义改造虽然
存在某些缺点和偏差，"但整个来说，在一个几亿人口的大国中比较顺
利地实现了如此复杂、困难和深刻的社会变革，促进了工农业和整个国
民经济的发展，这的确是伟大的历史性胜利。"② 社会主义改造完毕后，
中国共产党在汲取苏联社会主义建设的教训，并结合中国的实际情况，
对中国社会主义建设道路进行了一系列开创性的探索，取得了一系列成
就。虽然在社会主义建设道路的探索过程中发生了"大跃进"和"文化
大革命"等"左"的严重失误，但辩证地看，这些探索都为后来找到中
国特色社会主义道路提供了宝贵经验、理论准备和物质基础。即使在极
端困难的情况下，中国共产党仍充分发挥社会主义制度优势，集中力量
在国防科技领域取得了重大突破，缩短了中国同世界先进国家在高科技
领域的差距，使中国以崭新的面貌屹立于世界民族之林。正如《中共中
央关于党的百年奋斗重大成就和历史经验的决议》所评价："从新中国
成立到改革开放前夕，党领导人民完成社会主义革命，消灭一切剥削制
度，实现了中华民族有史以来最为广泛而深刻的社会变革，实现了一穷
二白、人口众多的东方大国大步迈进社会主义社会的伟大飞跃。在探索
过程中，虽然经历了严重曲折，但党在社会主义革命和建设中取得的独

---

① 《毛泽东选集》第四卷，人民出版社 1991 年版，第 1480 页。

② 《三中全会以来重要文献选编》（下），中央文献出版社 2011 年版，第 135 页。

创性理论成果和巨大成就，为在新的历史时期开创中国特色社会主义提供了宝贵经验、理论准备、物质基础。"①

改革开放开启了中国特色社会主义建设的新局面，迈出了中华民族"富起来"的关键一步。走中国特色社会主义道路，是中国共产党对中国社会主义建设经验教训的深刻总结，也是对国际共产主义运动经验教训的合理借鉴。邓小平是中国改革开放的总设计师，是中国特色社会主义事业的奠基人，他系统地提出了什么是社会主义和怎样建设社会主义的问题，把中国特色社会主义事业推向了新的历史高度。以江泽民同志为主要代表的中国共产党人，在建设中国特色社会主义的实践中，加深了对什么是社会主义、怎样建设社会主义和建设什么样的党、怎样建设党的认识，形成了"三个代表"重要思想，成为加强和改进党的建设、推进我国社会主义自我完善和发展的强大思想武器。进入 21 世纪后，以胡锦涛同志为主要代表的中国共产党人在新的历史起点上奋力推进中国特色社会主义事业，深刻认识和回答了新形势下实现什么样的发展和怎样发展的重大问题，形成以人为本、全面协调可持续发展的科学发展观，成为新世纪发展中国特色社会主义必须长期坚持的指导思想。党的十八大以来，以习近平同志为主要代表的中国共产党人，在新的发展历史条件下，从理论和实践相结合的角度系统回答了新时代坚持和发展什么样的中国特色社会主义、怎样坚持和发展中国特色社会主义这个重大课题，创立了习近平新时代中国特色社会主义思想。中国特色社会主义进入新时代，"意味着近代以来久经磨难的中华民族迎来了从站起来、富起来到强起来的伟大飞跃，迎来了实现中华民族伟大复兴的光明前景；意味着科学社会主义在二十一世纪的中国焕发出强大生机活力，在世界上高高举起了中国特色社会主义伟大旗帜；意味着中国特色社会主义道路、理论、制度、文化不断发展，拓展了发展中国家走向现代化的途径，给世界上那些

---

① 《中共中央关于党的百年奋斗重大成就和历史经验的决议》，人民出版社 2021 年版，第 14 页。

既希望加快发展又希望保持自身独立性的国家和民族提供了全新选择，为解决人类问题贡献了中国智慧和中国方案。"①

　　从 20 世纪初社会主义作为一种理论在中国开始传播，到 20 世纪 50 年代中国建立社会主义制度，到改革开放开启中国特色社会主义建设新局面，再到新时代中国特色社会主义取得的辉煌成就和呈现出的勃勃生机，生动地展现了中国人民探索自己未来出路的奋斗过程。正如《中共中央关于党的百年奋斗重大成就和历史经验的决议》所强调指出："一百年来，党坚持把马克思主义写在自己的旗帜上，不断推进马克思主义中国化时代化，用博大胸怀吸收人类创造的一切优秀文明成果，用马克思主义中国化的科学理论引领伟大实践。马克思主义的科学性和真理性在中国得到充分检验，马克思主义的人民性和实践性在中国得到充分贯彻，马克思主义的开放性和时代性在中国得到充分彰显。马克思主义中国化时代化不断取得成功，使马克思主义以崭新形象展现在世界上，使世界范围内社会主义和资本主义两种意识形态、两种社会制度的历史演进及其较量发生了有利于社会主义的重大转变。"② 所以，中国特色社会主义制度的发展史为我们提供了一个认识近代中国历史的独特视角，是我们认识近代以来中国人民为完成争取民族独立、人民解放和实现国家富强、人民富裕两大历史任务的重要线索。

二、中国近现代历史是制度自信教育的生动教材

　　中国近现代历史是一部中国人民经历挫折而奋起、经历苦难而辉煌的探索历史，它不仅是制度自信生成的历史背景，而且为开展制度自信教育提供了丰富的历史素材，是开展制度自信教育的生动教材。

　　实现中华民族伟大复兴，是近代以来中国人民最伟大的梦想。中国人民为实现中华民族伟大复兴，前仆后继、不懈探索，流血牺牲、百

---

① 《习近平谈治国理政》第三卷，外文出版社 2020 年版，第 8—9 页。

② 《中共中央关于党的百年奋斗重大成就和历史经验的决议》，人民出版社 2021 年版，第 63—64 页。

折不挠，在中国共产党的带领下中华民族迎来了从站起来、富起来到强起来的伟大飞跃，我们此时比历史上任何时期都更接近中华民族伟大复兴的目标，比历史上任何时期都更有信心、有能力实现这个目标。这个被中国人民近代以来180多年的斗争史，中国共产党100多年的奋斗史，中华人民共和国70多年的发展史，改革开放40多年的实践史，新时代中国特色社会主义取得的历史性成就、发生的历史性变革所证明了的历史事实，是我们坚定中国特色社会主义制度自信的物质基础和强大底气。习近平明确指出："一百年来，我们党致力于为中国人民谋幸福、为中华民族谋复兴，致力于为人类谋进步、为世界谋大同，天下为公、人间正道，这是我们党具有历史自信的最大底气，是我们党在中国执政并长期执政的历史自信，也是我们党团结带领人民继续前进的历史自信。今天，我们完全可以说，中国共产党没有辜负历史和人民的选择。"① 但是，我们也要充分认识到中国特色社会主义道路来之不易，继续向前推进仍然是长期而艰巨的历史任务。如果当初没有果断实施改革开放的伟大决策，没有坚定不移地把握住改革开放的正确方向，中国的社会主义建设就不会有今天的历史性转变。

历史是一面镜子，鉴古知今，学史明智。重视历史、研究历史、借鉴历史，是中华民族5000多年文明史的一个优良传统。重视对历史的学习和对历史经验的总结与运用，善于从不断认识和把握历史规律中找到前进的正确方向和正确道路，也是中国共产党之所以能够领导中国革命、建设、改革不断取得胜利的一个重要经验。1963年9月，毛泽东在修改《关于工业发展问题（初稿）》时专门提到："我国从十九世纪四十年代起，到二十世纪四十年代中期，共计一百零五年时间，全世界几乎一切大中小帝国主义国家都侵略过我国，都打过我们，除了最后一次，即抗日战争，由于国内外各种原因以日本帝国主义投降告终以外，

---

① 《中共中央政治局召开专题民主生活会强调　弘扬伟大建党精神坚持党的百年奋斗历史经验　增加历史自信增进团结统一增强斗争精神》，《人民日报》2021年12月29日。

没有一次战争不是以我国失败、签订丧权辱国条约而告终。……我们应当以可能挨打为出发点来部署我们的工作,力求在一个不太长久的时间内改变我国社会经济、技术方面的落后状态,否则我们就要犯错误。"①这是从中国近代历史发展的经验中得出的结论,这是我们推动中国特色社会主义向前发展的强大思想动力。进入改革开放和社会主义现代化建设新时期,对于如何进行中国特色社会主义建设,我们虽然没有成功的建设经验可以借鉴,但是中国共产党带领人民进行奋斗的历史经验给我们提供了思想指引。邓小平指出:中国近代以来的历史告诉我们,"中国走资本主义道路不行,中国除了走社会主义道路没有别的道路可走。一旦中国抛弃社会主义,就要回到半殖民地半封建社会,不要说实现'小康',就连温饱也没有保证。所以了解自己的历史很重要。青年人不了解这些历史,我们要用历史教育青年,教育人民。"②江泽民也指出:"今天的中国是历史的中国的发展,作为当代中国的领导干部,如果不了解中国的历史,特别是中国的近代史、现代史和我们党的历史,就不可能认识和把握中国社会发展的客观规律,继承和发扬我们党在长期斗争中形成的光荣传统,也就不能胜任领导建设有中国特色社会主义的职责。"③中国特色社会主义正是在总结历史经验的过程中探索出的。

我们开展制度自信教育,一个重要的方法是从纵向的历史维度比较前后发生的变化,进而凸显出中国特色社会主义制度的优势及其给中国发展带来的巨大变化,以实实在在的发展变化,转化为生成制度自信认同的物质力量。中国特色社会主义制度优势及其实践,特别是中国共产党领导这个最大优势,是中华民族迎来从站起来、富起来到强起来的伟大飞跃,是实现中华民族伟大复兴进入不可逆转历史进程的根本原因。我们探究中华民族迎来从站起来、富起来到强起来的巨大历史转变,就是要从根本上去分析中国特色社会主义制度优势生发的强大发展

① 《建国以来重要文献选编》第 17 册,中央文献出版社 1997 年版,第 135—136 页。

② 《邓小平文选》第三卷,人民出版社 1993 年版,第 206 页。

③ 《十四大以来重要文献选编》(下),人民出版社 1999 年版,第 1962 页。

动力的原因。这个原因，即坚持中国共产党的领导，这是中华民族迎来从站起来、富起来到强起来的"制度密码"和根本原因。所以，我们从中国特色社会主义制度优势，特别是从中国特色社会主义制度最大优势的中国共产党的领导的角度，理解推进中华民族从站起来、富起来到强起来的伟大飞跃，有助于我们正确理解中国近现代历史，特别是改革开放以来中国发生翻天覆地变化的根本原因。

正因为在历史的比较中更容易认识到中国取得的发展进步和辉煌成就，奠定制度自信的思想、物质基础，所以习近平多次强调要加强开展"四史"教育，强调："要在学生中加强中国历史特别是中国近现代史、中国革命史、中国共产党史、中华人民共和国史、中国改革开放史等的教育，坚持不懈培育和弘扬社会主义核心价值观。只有社会主义才能救中国，只有坚持和发展中国特色社会主义才能实现中华民族伟大复兴。要给学生讲清楚这一被实践证明了的历史逻辑和现实逻辑，增强学生的中国特色社会主义道路自信、理论自信、制度自信、文化自信，不被任何干扰所惑，立志肩负起民族复兴的时代重任。"[1] 历史是一种客观存在，不管是以纵向的历史维度审视中国近现代历史的沧桑巨变，还是以横向的国际视野审视中国近现代史的历史性飞跃，都以不以人的意志为转移的客观历史事实证明了中国特色社会主义取得的历史性成就，都是对广大青年学生进行制度自信教育的丰富素材，都是教育引导大学生坚定跟党走中国特色社会主义道路决心和信心的生动教材。

三、"中国近现代史纲要"课程是开展制度自信教育的有效方式

"中国近现代史纲要"课程是高校开设的面向本科生的五门思政课之一。从其科学体系看，它是一门历史课；从其性质看，它又是一门思想政治理论课，兼具科学性与政治性相统一的特点。这样的课程特征，决定着本课程是通过学习和了解中国近代以来中国人民的奋斗历程，

---

① 《十九大以来重要文献选编》（上），中央文献出版社 2019 年版，第 648—649 页。

增强对当前中国特色社会主义制度自信的认知，实现制度自信教育的目的。

"中国近现代史纲要"课程内容记录着近代以来中国人民探索国家出路、实现中华民族伟大复兴的伟大奋斗历程。从内容上来看，"中国近现代史纲要"课程主要是围绕一个主线索和四条辅线索来展开的。实现中华民族伟大复兴是贯穿中国近现代历史的主题和主线，也是教师讲授本课程的主线。正如习近平所指出的："实现中华民族伟大复兴，就是中华民族近代以来最伟大的梦想。这个梦想，凝聚了几代中国人的夙愿，体现了中华民族和中国人民的整体利益，是每一个中华儿女的共同期盼。"① 四条辅线索主要是：其一是社会史的视角。通过对近现代以来中国社会发展变迁史的学习，使学生能够了解中国革命、建设、改革发生发展的国情，包括广大的农村、农业和农民问题，也包括近代城市的形成和发展情况，尤其是要认识只有社会主义可以救中国的历史规律和逻辑结论。我们当前之所以强调以社会史来深化中共党史研究，是因为中国近现代以来的社会发展为中国共产党革命、建设、改革的发生发展提供了时代背景和实践舞台，离开对社会生活的考察研究，就不能科学地解释中国共产党革命、建设、改革的发生发展逻辑，当然也就无法讲清楚"四个必然选择"的问题。其二是思想文化史的视角。近现代以来，中国传统文化与马克思主义、西方近代思想文化相互碰撞与融合，对中国近现代社会发展产生了积极与消极影响，为我们提供了了解中国近现代历史的一面镜子。例如，我们研究马克思主义在中国传播和发展，首先要讨论的问题就是新文化运动的发生发展问题。新文化运动在社会上掀起了思想解放的潮流，冲决了禁锢人们思想的闸门，为马克思主义在中国开始广泛传播奠定了思想基础。其三是经济发展史的视角。1840 年鸦片战争以后，中国社会被纳入世界资本主义市场体系，原有的自然经济秩序逐渐被打破，最终沦为半殖民地半封建社会。了解中国近现代经济发展的进程，可

---

① 《习近平谈治国理政》第一卷，外文出版社 2018 年版，第 36 页。

以使大学生更加深刻地认识今天中国特色社会主义市场经济的特点和发展规律。其四是政治发展史的视角。近代以来，争取民族独立、人民解放和实现国家富强、人民富裕，是中国革命、建设、改革发生发展的任务和目标，为此中国的不同政治力量都进行了尝试和探索。结果证明，以实验主义、实用主义、工团主义、民粹主义、自由主义、无政府主义等为指导的各种团体和组织，都不能完成中国的两大任务，以马克思主义为理论武装的中国共产党领导中国人民经过艰苦卓绝的探索奋斗，建立了中华人民共和国，开启了中国特色社会主义的建设之路，实现了近现代以来中国人民孜孜以求的奋斗目标。通过一条主线和四条辅线的学习，可以使青年学生对近代以来，特别是中国共产党百年历史的发展线索和伟大成就中产生直观的认识，为正确认识和理解中国选择马克思主义的历史必然性、选择中国共产党的历史必然性、选择社会主义道路的历史必然性、选择改革开放的历史必然性提供了历史逻辑。

"中国近现代史纲要"课程的思政课属性，使其承载着对青年学生开展制度自信教育的职责使命。"中国近现代史纲要"课程的思想政治理论课属性，内在地要求在教授本课程过程中重点不在于对中国近现代历史进行详细展开，而是要突出中国近现代史的"纲"和"要"，即结合中国近现代历史发展的基本线索，阐明中国近现代历史的主题主线、主流本质。通过本课程的学习，使青年学生了解近现代中国社会发展和革命发展的历史进程和内在规律，确立并增强对中国共产党、对马克思主义和对社会主义的信念，把青年学生锻造成具有坚定的马克思主义信仰的中国特色社会主义事业的建设者和接班人。

为达到以科学的历史知识和正确的历史观增强青年学生的制度自信，本课程在教学过程中要拥有历史思维和全球视野。所谓历史思维，就是运用历史唯物主义认识历史、把握现实的科学思想方法，在对历史发展过程进行分析的基础上揭示事物发展的必然规律和内在逻辑。要了解现在，把握未来，就必须了解中国的历史，特别是中国的近现代史。只有把昨天的中国和今天的中国联系起来，才能认识历史和人民选择马克思主义的必然性、选择中国共产党的必然性、选择社会主义道路的必然性、选择改革开放的必然性，正确认识中国社会的发展变化，提高通过联系和发展的观点认识和分析问题的能力。所谓全球视野，就是要认识到中国近现代史是世界近现代史的一部分，只有把中国的历史事件放在世界历史的大背景中考察，才能真正地理解中国近现代史，认清中国革命的必然性，认识近代中国民族独立和人民解放与实现国家富强和人民幸福的两大基本任务及其相互关系。如果不联系中国所处的时代历史条件和国际环境，不联系世界资本主义发展的情况，我们就没有办法了解中国从古代社会向近代社会的转型，特别是对中国共产党在推动中华民族走向伟大复兴过程中的作用认识不清楚，关于当代中国发展的许多问题也会说不清楚的。例如，为什么说中国共产党的成立是开天辟地的大事变？为什么中国近代的其他政党无法带领中国实现民族独立和人民解放？等等。

在讲授方法方面，围绕教材内容和教学目的，着力推动"教材体系"向"教学体系"的转化，即聚焦教学大纲要求的难点和重点问题，回答社会和学生关心的诸如中国共产党为什么"能"，马克思主义为什么"行"，中国特色社会主义为什么"好"等重大理论和现实问题。中国近现代历史蕴含着丰富的阐释中国人民为实现中华民族伟大复兴的历史资料和历史观点，思政课教师在讲授本课程时，要将这些史料转化成为增强制度自信教育说服力的生动素材，要将这些历史观点转化成为增强制度自信教育说服力的理论基础，提高制度自信教育的吸引力和感染力，最终实现增强对中国特色社会主义制度自信的教育目的。正如习近平指出："会讲故事、讲好故事十分重要，思政课就要讲好中华民族的故事、中国共产党的故事、中华人民共和国的故事、中国特色社会主义的故事、改革开放的故事，特别是要讲好新时代的故事。"[1]

---

① 习近平：《论中国共产党历史》，中央文献出版社 2021 年版，第 31 页。

第二节　制度自信教育融入"中国近现代史纲要"课程的有效方式

制度自信源于对制度的理性认同，是制度优势得以发挥的重要社会心理基础。制度自信教育既是一种教育方式，也是一种教育内容，把制度自信教育融入"中国近现代史纲要"课程中，就是把制度自信教育的观点、材料与方法等融入"中国近现代史纲要"课程教学过程中，对青年学生开展有针对性的制度自信教育，提高制度自信教育的实效性。

一、制度自信教育融入教材内容

教材是教学内容的主要载体，是教学的重要依据、培养人才的重要保障。把制度自信教育融入教材中，是指把与制度自信教育相关的理论创新成果、实践创新成果、学术研究成果融入教材中，在教学理念上给予指引，在教学内容上给予丰富充实。

（一）修订教材是高校思政课改革创新的重要举措

适时修订高校思政课教材，将最新的创新理论和学术观点融入教材之中，是高校思政课改革创新的一个重要特征。

2005 年 3 月，中央宣传部、教育部印发《〈关于进一步加强和改进高等学校思想政治理论课的意见〉实施方案》的通知，规定自 2006 年 9 月起，我国高校本科生必修的思想政治理论课为："马克思主义基本原理概论""毛泽东思想、邓小平理论和'三个代表'重要思想概论"（现已改为"毛泽东思想和中国特色社会主义理论体系概论"）、"中国近现代史纲要""思想道德修养与法律基础"（现已改为"思想道德与法治"）。自从"中国近现代史纲要"课程被确定为高校思政课之后（即"05 方案"），为了及时反映中国特色社会主义的理论成果、实践历程与经验，相关部门组织人员分别于 2008 年、2009 年、2010 年、2013 年、2015 年、2018 年、2021 年、2023 年对教材进行了修订，将党的重要理论创新成果、中国特色社会主义建设重大成就及时融入教材中。

2021年修订教材时，《中国近现代史纲要》教材编写组吸收了《论中国共产党历史》和《毛泽东邓小平江泽民胡锦涛关于中国共产党历史论述摘编》《中国共产党简史》《习近平新时代中国特色社会主义思想学习问答》等内容，特别是习近平在庆祝中国共产党成立100周年大会上的重要讲话等内容。在此基础上，2023年修订教材时重点将十九届六中全会和党的二十大精神融入教材之中。在2021年版教材中，在导言部分增写了一段与制度自信教育相关的内容，2023年版教材对部分词句进行了调整，即"100多年来，中国共产党坚持以马克思主义为指导，团结带领全国各族人民取得革命、建设、改革的伟大胜利，开创和发展了中国特色社会主义。坚持和发展中国特色社会主义，是实现中华民族伟大复兴的必由之路。坚持中国共产党的领导，是实现中华民族伟大复兴的根本保证"①。这段话，既高度概括了中国共产党成立百年来的历史和最重要的历史经验，也开宗明义地强调了中国特色社会主义制度最根本最核心的内容是中国特色社会主义和中国共产党领导。此外，2021年版教材对第八章社会主义革命和建设时期的相关节目内容进行了重新设计，分别为"中华人民共和国的成立与新生人民政权的巩固""党在过渡时期的总路线及其实施""社会主义基本制度的确立""社会主义建设的良好开端""社会主义道路的艰辛探索和曲折发展"。2023年版教材保留了2021年版的修改内容，只是对部分"目"作了修改。2021年版教材最大的修改内容是增加了党的十八大以来中国特色社会主义建设取得的历史性成就，这是增强制度自信的物质和理论基础，是进行制度自信教育的客观依据。为此，2021年版教材专门设立了第十章"中国特色社会主义进入新时代"，并设立了"开拓中国特色社会主义更为广阔的发展前景""夺取新时代中国特色社会主义伟大胜利""全面建成小康社会和开启全面建设社会主义现代化国家新征程"三节，并设立相关的子目。2023年版教材继承了

---

① 《中国近现代史纲要》，高等教育出版社2023年版，第1页。

2021 年版教材关于本章内容的逻辑结构，保留了三个节的标题，但是对子目的内容进行了调整。例如，将第三节第一目的标题由"脱贫攻坚战取得全面胜利"修订为"完成脱贫攻坚、全面建成小康社会的历史任务实现第一个百年目标"，详细地对脱贫攻坚的历史性成就、全面建成小康社会的历史任务进行了阐释，既有大量详尽数据和具体事例，也有科学的经验总结和深刻的理论概括，极大地增强了教材的生动性、可读性与理论性、时代性。正如本部分对全面建成小康社会历史任务的评价，"中国全面建成小康社会，使得世界上人均国内生产总值超过 1 万美元的人口数量翻了将近一番，充分彰显了中国特色社会主义制度的强大生命力和巨大优越性。全面建成小康社会的理论和实践，深化了对社会主义本质的认识和理解，开拓了社会主义发展新境界，使科学社会主义在21世纪的中国焕发出强大生机活力。"① 从"中国近现代史纲要"课程的修订过程可以看出，及时修订教材，将最新的理论创新成果和重要的发展成就融入《中国近现代史纲要》教材中，是提升《中国近现代史纲要》教材的政治性、时代性、科学性、可读性的宝贵经验。

（二）制度自信教育融入教材是推进"中国近现代史纲要"课程改革创新的必然要求

制度自信教育理论创新成果是马克思主义中国化的重要成果，及时融入《中国近现代史纲要》教材中，不仅是贯彻党中央关于推进高校思政课改革创新的具体表现，而且是引导青年学生坚定中国特色社会主义道路自信、理论自信、制度自信、文化自信的客观要求。

2019 年 8 月，中共中央办公厅、国务院办公厅印发《关于深化新时代学校思想政治理论课改革创新的若干意见》，专门对高校思政课的教材内容作出指导性修改意见。《意见》明确指出：要科学制定教材建设规划，注重提升思想政治理论课教材的政治性、时代性、科学性、可读性，"在教材中及时融入马克思主义中国化最新成果、坚持和发展中

---

① 《中国近现代史纲要》，高等教育出版社 2023 年版，第 388 页。

国特色社会主义最新经验、马克思主义理论学科最新研究进展。"① 把制度自信教育融入《中国近现代史纲要》教材,正是贯彻执行《意见》的重要举措。具体而言,把制度自信教育融入《中国近现代史纲要》教材,应着重围绕以下三点:

一是坚持历史逻辑。中国特色社会主义制度不是从天上掉下来的,而是在中国的社会土壤中生长起来的,是经过革命、建设、改革长期实践形成的,是马克思主义基本原理同中国具体实际和中华优秀传统文化相结合的产物,是理论创新、实践创新、制度创新相统一的成果,凝结着党和人民的智慧。因此,把制度自信教育融入《中国近现代史纲要》教材,应从近代中国历史发展的逻辑,系统梳理分析教材中关于制度自信教育的教学知识点,掌握制度自信教育融入《中国近现代史纲要》教材的基本情况,形成制度自信教育融入《中国近现代史纲要》教材的知识地图。

就中国近现代史的主题主线和主流本质而言,主要是凸显中国人民为救亡图存和实现中华民族伟大复兴而英勇奋斗、艰辛探索并不断取得伟大成就的历史。所以,在讲授这段历史的过程中,要重点突出在近代以来中华民族遭受侵略、中国人民遭受苦难历史条件下,中国人民中的先进分子领导人民进行了艰辛的探索,特别是中国人民在中国共产党的领导下把极度贫困落后的中国改变成为持续走向繁荣富强、充满生机活力的社会主义中国的历史。从近代以来中国历史的发展进程可以清晰地看出,中国特色社会主义制度优势既是在改革开放 40 多年的伟大实践中形成和不断发展的,又是在中华人民共和国成立 70 多年的持续探索中形成和不断发展的,更是在对近代以来 180 多年中华民族奋斗历程的深刻总结中形成和不断发展的。这样通过前后历史事实的对比,极其鲜明地映衬出中国共产党诞生后中国历史的新面貌。这种新的历史面貌

---

① 《中共中央办公厅　国务院办公厅印发〈关于深化新时代学校思想政治理论课改革创新的若干意见〉》,见 http://www.gov.cn/gongbao/content/2019/content_5425326.htm。

的呈现，正是建立在党领导人民所建立的制度基础上所取得的历史成就，引导学生通过历史现象认识到历史的本质。

二是坚持理论逻辑。中国特色社会主义制度是党把马克思主义基本原理同中国具体实际、中华优秀传统文化相结合而形成的中国化马克思主义成果的重要内容，是党在领导人民进行革命、建设、改革的过程中取得重要理论成果。把制度自信教育融入《中国近现代史纲要》教材中，需要系统梳理归纳中国化马克思主义理论成果，特别是关于中国特色社会主义制度建设的重要论述，并与教材中的知识点进行对比，对现有教材内容进行补充，引导学生从理论基础上理解和认识中国特色社会主义制度的科学性。

《中共中央关于党的百年奋斗重大成就和历史经验的决议》在总结社会主义革命和建设的重大成就和历史经验时强调指出："社会主义革命和建设时期，党面临的主要任务是，实现从新民主主义到社会主义的转变，进行社会主义革命，推进社会主义建设，为实现中华民族伟大复兴奠定根本政治前提和制度基础。"[1] 根据这一重要论断，需要对教材所涉及的从新民主主义向社会主义过渡的内容进行修订和完善，着重突出20世纪50年代中国进行社会主义改造、建立社会主义的必然性，突出社会主义制度建立后对中国社会制度发生根本性变化并为中国特色社会主义制度建立起到的奠基作用。例如，对于这一时期的"文化大革命"，必须要认识到对"文化大革命"这个运动本身要否定，但是对于"文化大革命"十年的历史要客观对待。胡绳认为，"文化大革命"时期的历史主角不是林彪、"四人帮"，"而是以各种方式抵制'文化大革命'的工人、农民、知识分子和广大群众，是那些党内、党外处于极端困难的条件下，仍坚持热爱祖国、热爱党、拥护社会主义的人。"[2]2021年出版的《中国共产党简史》正是按照这样的观点评述这段历史的，强调指

---

① 《中共中央关于党的百年奋斗重大成就和历史经验的决议》，人民出版社2021年版，第9页。

② 《胡绳全书》第3卷（上），人民出版社1998年版，第73—74页。

出:"'文化大革命'不是任何意义上的革命和社会进步，它是一场由领导者错误发动，被反革命集团利用，给党、国家和各族人民带来严重灾难的内乱，留下了极其惨痛的教训。……作为政治运动的'文化大革命'与'文化大革命'历史时期是有区别的。这一时期，我国国民经济出现较大起伏，但在党和人民的共同努力下，各项工作在艰难中仍然取得了重要进展。"① 也是按照这种观点，《中共中央关于党的百年奋斗重大成就和历史经验的决议》高度评价了社会主义革命和建设时期历史意义，即"在探索过程中，虽然经历了严重曲折，但党在社会主义革命和建设中取得的独创性理论成果和巨大成就，为在新的历史时期开创中国特色社会主义提供了宝贵经验、理论准备、物质基础"。② 遵循这样的理论逻辑，就可以使青年学生很自然地把改革开放前后的历史融洽地联系在一起。

三是坚持实践逻辑。实践是检验真理的唯一标准。中国特色社会主义制度的优势是在人民群众的生产生活实践中体现出来的，人民群众对中国特色社会主义制度的自信首先是建立在自己的切身感受和体会上的。因此，归纳整理中国特色社会主义制度优势的实践经验的鲜活案例，融入教材相对应的章节中，使之成为增强制度自信教育实效性的生动素材，为讲好制度自信的故事奠定基础。

《中共中央关于党的百年奋斗重大成就和历史经验的决议》在回顾梳理党的百年奋斗四个历程的基础上，高度评价了党的百年奋斗的重大成就。在新民主主义革命时期，"实现民族独立、人民解放，彻底结束了旧中国半殖民地半封建社会的历史，彻底结束了极少数剥削者统治广大劳动人民的历史，彻底结束了旧中国一盘散沙的局面，彻底废除了列强强加给中国的不平等条约和帝国主义在中国的一切特权，实现了中国从几千年封建专制政治向人民民主的伟大飞跃，也极大改变了世界政治

---

① 《中国共产党简史》，人民出版社、中共党史出版社2021年版，第206—207页。

② 《中共中央关于党的百年奋斗重大成就和历史经验的决议》，人民出版社2021年版，第14页。

格局，鼓舞了全世界被压迫民族和被压迫人民争取解放的斗争"①；在社会主义革命和建设时期，"从新中国成立到改革开放前夕，党领导人民完成社会主义革命，消灭一切剥削制度，实现了中华民族有史以来最为广泛而深刻的社会变革，实现了一穷二白、人口众多的东方大国大步迈进社会主义社会的伟大飞跃。"② 在改革开放和社会主义现代化建设新时期，"改革开放和社会主义现代化建设的伟大成就举世瞩目，我国实现了从生产力相对落后的状况到经济总量跃居世界第二的历史性突破，实现了人民生活从温饱不足到总体小康、奔向全面小康的历史性跨越，推进了中华民族从站起来到富起来的伟大飞跃。"③ 在新时代，"出台一系列重大方针政策，推出一系列重大举措，推进一系列重大工作，战胜一系列重大风险挑战，解决了许多长期想解决而没有解决的难题，办成了许多过去想办而没有办成的大事，推动党和国家事业取得历史性成就、发生历史性变革。"④ 这些彪炳史册的历史成就，是教育引导青年学生坚定中国特色社会主义制度自信的底气所在。所以，把制度自信教育融入《中国近现代史纲要》教材时，一个重要的工作就是在课堂讲授的过程中要围绕上述四个主题广泛搜集和整理相关的史料，在坚持正确历史观的前提下，让史料说话，充分发挥历史事实教学过程中的独特作用。

（三）制度自信教育融入辅助教材中是提高思政课教学实效性的重要补充

辅助类教材是开展课堂教学的重要支撑材料，是对教师开展教学和学生深化理解课堂教学内容的重要推动。2023 年版《中国近现代史

---

① 《中共中央关于党的百年奋斗重大成就和历史经验的决议》，人民出版社 2021 年版，第 8 页。

② 《中共中央关于党的百年奋斗重大成就和历史经验的决议》，人民出版社 2021 年版，第 14 页。

③ 《中共中央关于党的百年奋斗重大成就和历史经验的决议》，人民出版社 2021 年版，第 22 页。

④ 《中共中央关于党的百年奋斗重大成就和历史经验的决议》，人民出版社 2021 年版，第 27 页。

纲要》教材围绕近代以来中国人民探索中华民族伟大复兴的历程，共设计了十章内容。可以看出，180 多年的中国近现代史以十章的内容，在学校一个学期来讲述，只能是围绕中国近现代史的主题主线、主流本质来展开，特别是将一些重大的历史事件、历史人物、重大会议等内容作为重点内容。所以，如何处理好既要凸显出历史发展的主题主线，又要使历史主题主线丰满和立体，是增强课堂讲授的吸引力和感染力，讲好本课程的一个重要问题。解决这个矛盾，一个重要措施就是做好教材体系向教学体系转化，在围绕教学中心任务不变的前提下有针对性地设计教学内容。做好统编辅助教材的编写工作，是实现教材体系向教学体系转化的重要方法。

一是制作具有鲜明主题特征的辅助教材。所谓具有鲜明主题特征，是指制作的辅助教材具有一定的针对性，是对统编教材的某个方面或问题的重点补充。目前高校在推进思想政治理论课改革创新的措施中，一个内容就是结合本校的特征推进教材体系转化为教学体系。例如，在财经类的高校，任课教师在讲授中国近现代史的过程中多围绕学生们熟悉的财经类问题进行讲授，理工类院校则多围绕中国近现代史的理论和知识解释中国工业化发展道路、科技创新发展等方面的问题。在此背景下，编写符合教学要求的辅助教材就显得非常具有必要性。这种因校而异的教学内容，在教学实践中得到了较好的反映，受到学生们的欢迎。

同时，为了将某一重大理论创新成就、实践探索成就等材料转化为教学内容，也可以通过制作辅助教材的方式来实现。2021 年是中国共产党百年华诞，将党的百年奋斗成就和经验融入"中国近现代史纲要"的课程教学中，是开展制度自信教育的有效方式，使大学生在百年党的奋斗历程中对党推动中华民族迎来从站起来、富起来到强起来的伟大飞跃的历史认知更为真切，对中国特色社会主义制度的政治自信、情感自信、历史自信更加深刻。例如，北京师范大学王炳林教授牵头编写的《"四史"课教学案例解析》，是在开展百年党史学习教育的背景下制作的一本辅助教材，从理论、历史和实践三个方面为丰富"中国近现代史纲要"课教学提供支撑和保障。以下为该书的提纲：

第一专题　社会主义发展史

　　1. 社会主义从空想到科学

　　2. 社会主义从理论到实践

　　3. 社会主义从一国到多国

第二专题　中共党史

　　1. 理论创新、理论创造的历史

　　2. 践行初心使命的历史

　　3. 自身建设的历史

　　4. 形成伟大精神的历史

第三专题　新中国史

　　1. 经济发展史

　　2. 政治建设史

　　3. 文化建设史

　　4. 社会建设史

　　5. 生态文明建设史

　　6. 国防和军队发展史

　　7. 新中国外交史

第四专题　改革开放史

　　1. 改革开放的伟大历程

　　2. 改革开放的伟大成就

　　3. 改革开放的宝贵经验

　　二是制作具有通用性的辅助教材。所谓通用性，是指这类辅助教材主要是结合统编教材的结构和问题而设计的，有针对性地在相关历史细节方面进行补充和完善，使统编教材限于篇幅难以呈现的细节问题在辅助教材中得到体现，实现与统编教材的有机结合。在呈现历史细节方面，辅助教材不仅在正文的叙述中更多地通过史论结合、夹叙夹议的方式呈现出来，使历史事实更加鲜活和生动，而且在辅助材料的呈现方面也具有更多的灵活性。例如，借助移动互联网广泛普及和高校学生移动终端广泛普及的特点，在书中添加二维码，读者在阅读辅助教材时，可以通过用手机扫描二维码，补充相关历史事实，增强对历史细节的认知。2020 年，《〈中国近现代史纲要〉辅导用书》编写组编写的《〈中国近现代史纲要〉辅导用书》便是在这方面进行的尝试和突破，在辅助教材方面具有重要的探索意义。该书不仅在行文中补充了相关的史料，而且每章都设有"拓展资源"一个环节，不仅简要回答了统编教材在本章结束部分提出的问题，而且还设计了实践教学建议。例如，该书在第一章的"拓展资源"中的"实践教学建议"中提出，一方面组织学生就近参观纪念地、纪念馆，观看相关文献专题片，撰写心得体会，进行交流研讨；另一方面组织学生按照政治、经济、文化、军事、科技等专题分组查阅相关资料，组织交流讨论。[①] 这些在辅助教材中专门设计的内容，给理论教学和实践教学提供了指导意见，具有重要的探索意义。

二、制度自信教育融入课程教学

把制度自信教育融入"中国近现代史纲要"课程教学中，就是在开展"中国近现代史纲要"课程教学时及时将制度自信的理论观点和材料融入课堂教学的过程中，实现"教材体系"向"教学体系"的转化，提高"中国近现代史纲要"课程教学的学术性、政治性和时代性。

（一）把制度自信的理论观点融入课程教学中

习近平指出："思政课重在塑造学生的价值观，这一点必须牢牢抓住。强调思政课的价值性，不是要忽视知识性，而是要通过满足学生对知识的渴求加强价值观教育。只有空洞的价值观说教，没有科学的知识作支撑，价值观教育的效果也会大打折扣。"[②]"中国近现代史纲要"课程教学的目的便在于培养学生以正确的历史观审视中国近现代史的发展进程，把握历史发展的主题主流、主流本质，认识中国人民为实现中华民族伟大复兴而奋斗的历程和成就，坚定历史自信。

---

① 《〈中国近现代史纲要〉辅导用书》，高等教育出版社 2020 年版，第 45 页。
② 习近平:《思政课是落实立德树人根本任务的关键课程》，人民出版社 2020 年版，第 18 页。

知识是载体，价值是目的，要寓价值观引导于知识传授之中。我们在课堂教学中将从历史发展的趋势和规律中坚定制度自信的理论观点融入课堂教学中，使青年学生在学习中国近现代史历史的过程中始终得到正确的理论观念指导。例如，新中国成立后，党领导人民开始在新的生产关系和社会关系的基础上建设新家园，教育引导人们认识到新制度的优越性，是党巩固新生政权的一项重要措施。我们在讲授新中国成立初期党领导人民进行新政权的奠基工作时，就可以将党关于社会主义制度特点和优势的重要理论观点融入教学中，增强对历史事实的价值判断，加强对青年学生的价值观教育。关于社会主义制度的优势，毛泽东认为："我国现在的社会制度比较旧时代的社会制度要优胜得多。如果不优胜，旧制度就不会被推翻，新制度就不可能建立。所谓社会主义生产关系比较旧时代生产关系更能够适合生产力发展的性质，就是指能够容许生产力以旧社会所没有的速度迅速发展，因而生产不断扩大，因而使人民不断增长的需要能够逐步得到满足的这样一种情况。"[①] 关于党的民主集中制原则的突出优势，毛泽东认为："只有这个制度，才既能表现广泛的民主，使各级人民代表大会有高度的权力；又能集中处理国事，使各级政府能集中地处理被各级人民代表大会所委托的一切事务，并保障人民的一切必要的民主活动。"[②] 关于中国特色社会主义制度建设成就和经验，习近平强调指出："坚持把马克思主义基本原理同中国具体实际相结合，把开拓正确道路、发展科学理论、建设有效制度有机统一起来，用中国化的马克思主义、发展着的马克思主义指导国家制度和国家治理体系建设，不断深化对共产党执政规律、社会主义建设规律、人类社会发展规律的认识，及时把成功的实践经验转化为制度成果，使我国国家制度和国家治理体系既体现了科学社会主义基本原则，又具有鲜明的中国特色、民族特色、时代特色。"[③] 这种建立在历史事实基础上

---

① 《毛泽东文集》第七卷，人民出版社 1999 年版，第 214 页。
② 《毛泽东选集》第三卷，人民出版社 1991 年版，第 1057 页。
③ 《习近平谈治国理政》第三卷，外文出版社 2020 年版，第 122 页。

的理论概括，凸显出了鲜明的价值判断导向，可以使学生在史论结合的过程中深化对历史问题的认识和理解。

　　发挥制度自信教育在"中国近现代史纲要"课程中的价值观教育作用，一个重要任务就是要教育引导学生正确看待、辩证认识、理性分析历史问题，直面各种错误观点和思潮，旗帜鲜明地批判历史虚无主义。党在领导人民进行革命、建设、改革的过程中，针对不同阶段所面临的问题，都提出了坚决反对历史虚无主义、坚定历史自信的理论观点。我们在开展"中国近现代史纲要"课程的教学过程中，要将党反对历史虚无主义、坚定历史自信的理论观点融入相关的教学内容中，增强理论指导认识实践的作用，深化在"中国近现代史纲要"课程教学中对批判历史虚无主义重要意义的理解。例如，在全面抗战爆发的背景下，毛泽东号召党内学习中国历史，从中国历史中汲取政治智慧，坚定历史自信。他说："指导一个伟大的革命运动的政党，如果没有革命理论，没有历史知识，没有对于实际运动的深刻的了解，要取得胜利是不可能的。……我们这个民族有数千年的历史，有它的特点，有它的许多珍贵品。对于这些，我们还是小学生。今天的中国是历史的中国的一个发展；我们是马克思主义的历史主义者，我们不应当割断历史。从孔夫子到孙中山，我们应当给以总结，承继这一份珍贵的遗产。这对于指导当前的伟大的运动，是有重要的帮助的。"[1]党的十八大以来，习近平反复强调要充分认识历史虚无主义的危害性，要旗帜鲜明地反对历史虚无主义，以史为镜、以史明志，坚定历史自信、增强历史自觉。他强调指出："要旗帜鲜明反对历史虚无主义，加强思想引导和理论辨析，澄清对党史上一些重大历史问题的模糊认识和片面理解，更好正本清源、固本培元。"[2]"历史和现实都表明，一个抛弃了或者背叛了自己历史文化的民族，不仅不可能发展起来，而且很可能上演一场历史悲剧。"[3]"要

---

① 《毛泽东选集》第二卷，人民出版社1991年版，第533—534页。

② 习近平：《在党史学习教育动员大会上的讲话》，人民出版社2021年版，第25页。

③ 《习近平谈治国理政》第二卷，外文出版社2017年版，第339页。

注重引导学生传承民族气节、崇尚英雄气概，引导学生学习英雄、铭记英雄，自觉反对那些数典忘祖、妄自菲薄的历史虚无主义和文化虚无主义，自觉提升境界、涵养气概、激励担当。"① 等等。这些重要理论观点，不仅为思政课教师开展"中国近现代史纲要"课程教学提供了理论指导，更为重要的是，这些理论观点使课堂讲授的历史事实更加具有理论性和针对性，使青年学生在历史事实的学习过程中认识到历史事实背后的规律，进而提高思政课的教学实效性。

（二）把制度自信的案例材料融入课程教学中

"中国近现代史纲要"课程是以鸦片战争以来中国人民探索中华民族伟大复兴的历程为线索，教育引导青年学生认识中国革命、建设、改革的历史进程及其历史规律为目的。把制度自信的案例材料融入课程教学中，不仅有助于提高课堂教学的吸引力和感染力，而且有助于在丰富的案例材料教学中深化对近代以来中国社会发展历史规律的认识。

把制度自信的案例材料融入课程教学中，不是简单的举例，也不是简单的案例展示，需要符合以下三个方面的要求。一是案例的选择和设计要适应课堂教学内容的需要，只有选择了符合课堂教学内容的案例，学生才能够将教材中的基本理论和观点与现实案例联系起来，才能联系到具体的现实世界。二是教学案例的选择要能够积极回应学生的心理需求和思维特点，只有选择学生熟悉和与自身利益切实相关的案例，使学生在学习过程中既能解决现实需要又能获得新的体验，才能调动学生的学习积极性和主动性。三是案例设计要能够提出具有典型性和启发性的问题，启迪学生进行理论思考。例如，在讲授"中国特色社会主义文化"问题时，就可以把北京市发展文化产业的理论与实践作为鲜活的教学案例融入教学之中。从理论上看，北京市明确提出打造中国特色社会主义先进文化之都，建设具有世界影响力的文化中心城市的战略任务。从实践上看，北京文化事业和文化产业发展规模速度领跑全国，是当之

---

① 习近平:《思政课是落实立德树人根本任务的关键课程》，人民出版社 2020 年版，第 19 页。

无愧的全国文化建设排头兵。①

　　"中国近现代史纲要"课程的一个重要教学目的，是教育引导青年学生深刻领会历史和人民是选择马克思主义、选择中国共产党、选择社会主义道路、选择改革开放的历史必然性，从而更加坚定地在中国共产党坚强领导下为实现中华民族伟大复兴而不懈奋斗。就选择社会主义道路而言，有历史虚无主义者称20世纪50年代中国进行社会主义改造、建立社会主义制度是违背了中国社会发展现状和人民的意愿。因此，讲授此知识点时，应着重从中国社会经济发展状况和广大人民群众的意愿等方面进行分析，特别是将学术界的相关研究成果运用到课堂的讲授中，从政治性、学术性的角度引导青年学生正确认识20世纪50年代深刻社会主义改造的伟大历史意义。在这场深刻的社会变革中，党和人民政府通过宣传教育、政策支持等方式，引导不同社会阶层的广大民众逐步认识到，确立社会主义制度，走社会主义的发展道路是中国文明进步的必然趋势和最好选择。例如，根据农村的实际情况，党的过渡时期总路线的宣传教育活动分步展开：第一步，通过听报告、小组讨论、算细账等方式，引导农民认清社会主义方向，知道现在已经向社会主义过渡；第二步，通过回忆，引导农民明白小农经济的落后和不稳定，认识农业实行社会主义改造的必然和必要；第三，通过对比，引导农民认同国营公司、供销合作社，分清社会主义同资本主义的界限；第四，用具体事实说明工业与农业、工人与农民的关系，引导农民结合实际生活经验认识组织起来大力发展农业的重要意义，认识走合作化道路的优越性。受到美好前途鼓舞的广大农民纷纷表示，要努力生产，积极交公粮卖余粮，为国家的社会主义事业贡献力量。文化扫盲是当时开展农村社会主义教育运动的崭新形式。新中国成立初期，文盲人口占全国总人口的80%以上。庞大的文盲数量与艰巨迫切的建设任务形成尖锐矛盾，促使党和政府下决心普遍"扫盲"。首先使广大农民尽快识文断字，摆

---

① 王峰、王东红：《中国特色社会主义北京实践融入首都高校政治理论课教学研究》，《思想教育研究》2015年第2期。

脱文盲之苦。更为重要的是，在社会主义改造中进行的这一文化教育活动，担负着传播党的方针政策、用党的理论和政策武装农民的政治任务。针对合作化过程中农民普遍存在的"怕吃亏""不明确"等问题，结合实际、学以致用的方法起到了积极作用。扫盲识字教育，提高广大农民的文化素质和政治觉悟，为顺利推进农业合作化建立了良好的民众基础。①

三、制度自信教育融入实践教学

2021 年全国两会期间，习近平在看望参加全国政协会议的医药卫生界教育界委员时强调："'大思政课'我们要善用之，一定要跟现实结合起来。上思政课不能拿着文件宣读，没有生命、干巴巴的。""思政课不仅应该在课堂上讲，也应该在社会生活中来讲。"② 把制度自信教育融入"中国近现代史纲要"课程的实践教学中，就是要充分利用与近代以来中国历史发展有关的重大事件、重要人物、重要会议相关的历史遗迹或纪念馆开展实践教学时，把与制度自信教育相关的内容融入实践教学中，提高"中国近现代史纲要"课程教学的时代性、针对性和实效性。把制度自信教育融入与"中国近现代史纲要"课程相关的实践和教学中，需要着重做好以下三个方面的工作。

（一）融入课堂实践

把制度自信教育融入"中国近现代史纲要"的课堂教学实践中，主要是针对教学中的重要理论问题或历史事件进行深入分析，可以采取阅读经典文献、情景模拟、主题演讲、小组研讨、小组展示等方式。其中，与中国近代历史相关的经典文献是深化历史研究的重要史料，也是还原历史现场、增强历史画面感的重要途径。在课堂教学过程中，引导

---

① 王峰：《中国确立社会主义制度的民众基础——基于 1950 年代中前期社会主义改造的考察》，《中共中央党校学报》2015 年第 3 期。

② 《"'大思政课'我们要善用之"（微镜头：习近平总书记两会"下团组"两会现场观察）》，《人民日报》2021 年 3 月 7 日。

学生参与课堂实践活动，鼓励部分同学阅读这些经典文献，并略作点评，有助于加深对重要历史问题的认识。

例如，在讲授第四章"中国共产党成立和中国革命新局面"时，按照教学要求，需将本章所要求的必读文献《我的马克思主义观》（1919 年 9 月）、《中国共产党第一个纲领》（1921 年 7 月）、《在庆祝中国共产党成立 100 周年大会上的讲话》（2021 年 7 月 1 日）在课堂上组织同学阅读。李大钊之所以是中国宣传马克思主义的第一人，是因为他是第一个在国内系统地介绍和宣传马克思主义的人。他所撰写的《我的马克思主义观》是其中具有重要代表性的文章，该文论述了马克思的唯物史观及其阶级竞争学说，在当时提出了一种重新认识世界及其发展规律的重要理论方法。在课堂上阅读该文，不仅有助于了解早期马克思主义者对传播马克思主义理论所作出的贡献，而且对当代青年学生学习和树立唯物史观也有重要的指导意义。《中国共产党第一个纲领》是党的一大通过的最重要的文件，规定了党的性质、宗旨和奋斗目标，阅读该文件对当代青年正确认识初创时期的中国共产党及其政治主张有重要意义。

此外，分组讨论、小组展示也是课堂实践的重要方法。按照教学计划安排，根据近代以来中国历史发展的历程，结合重大历史问题设置相关的议题，并根据议题在开学初就将学生分成不同的小组，按照规定的时间进行课堂展示。例如，针对学生来自全国各地的情况，可以引导学生重点介绍自己家乡的变化及其对未来的展望。通过不同学生对全国不同地方发展情况的展示，有助于帮助学生对近现代以来，特别是百年来中国共产党带领人民进行革命、建设、改革的伟大成就产生共鸣。通过这样的小组展示，不仅教育引导青年学生养成关注中国改革发展进程的政治素质，而且在实际的调查过程中增强爱国、爱家的情怀，坚定"四个自信"，使之成为把论文写在中国大地上的既具有坚定理想信念又具有高水平技能的人才。

（二）融入校园实践

校园是青年大学生学习生活的主要场所，蕴藏着丰富的思政课实践教学元素。把制度自信教育融入校园实践中，就是充分开发校园的物质文化、精神文化、制度文化等，通过一系列校园文化活动，诸如校内调研、团队辅导、学术讲座以及影视展映等形式，挖掘其中与"中国近现代史纲要"课程相关的资源，发挥校园实践在增强制度自信教育实效性中的作用。

组织动员不同专业的学生围绕本校的校史开展调研，以文字档案、历史遗迹、老教师访谈、信息技术等方式充分挖掘学校的校史资源。通过梳理和分析本校的发展历史，并把本校的发展变迁历史置于近代以来中国社会发展转型的历史事实来考察，可以清楚地看到学校与国家发展的互动关系，有助于激励在校学生坚定理想信念，奋发有为，把青春年华与中华民族的伟大复兴战略紧密地结合起来。"西迁精神"便是利用校史资源创新高校思政课的宝贵材料，"一部西迁奋斗史，见证了广大知识分子爱党、报国、为民的自觉实践，形成和发展了以爱国精神、奋斗精神、创新精神、奉献精神为内涵的西迁精神，树立起不朽的精神丰碑。"[①]把"西迁精神"融入《中国近现代史纲要》第八章第四节"社会主义建设的良好开端"部分，有助于从个案的视角理解和认识社会主义建设初期国家开发西部的发展战略和广大知识分子在这一过程中作出的突出贡献。这样做，既有宏大的历史背景，又有微小的个案描述，使社会主义建设初期的历史面貌更加清晰地呈现出来，有助于增强教学的吸引力和感染力。

此外，在校园内开展一系列反映改革开放以来中国社会经济历史成就的学术讲座、影视影展、学生活动等，也是进行制度自信教育的有益方式。针对历史虚无主义对青年学生正确认识历史问题产生误导作用，可以在全校开设与中国近现代史相关的主题讲座，增强青年学生抵御历史虚无主义思想侵扰的历史素养和政治判断能力。往往一个感人肺腑的英雄事迹报告会可以使人热泪盈眶，一场精彩深刻的学术报告可以发人深省，一部优秀的爱国主义影片可以使人热血沸腾，一场别开生面的文艺演出可以使人心潮澎湃。

---

① 张迈曾：《在弘扬西迁精神中砥砺初心使命》，《光明日报》2020年4月27日。

（三）融入社会实践

社会是个大学校，在社会实践中深化理解理论问题，是创新思政课教学的重要途径。在社会实践中获取新知，主要是基于"中国近现代史纲要"课程中的重要理论认识问题，有目的地在社会生活中开展实践活动，通过社会调查、考察参观、公益活动等方式，不仅破解思想政治教育的单一性、枯燥性，而且使学生在观察分析研究历史遗存的过程中获得完成理论观点的个体转化和升华。

红色文化资源是中国共产党带领人民进行革命、建设、改革伟大奋斗历程的重要历史见证，也是深化中国近现代史历史教学的丰富史料，要充分挖掘和利用红色文化资源，使之成为"中国近现代史纲要"课程实践教学的重要资源。在中国共产党历史展览馆中，展览馆展出文物实物共4500多件，具有代表性的国家一级文物原件420件，诸如李大钊同志就义时的绞刑架，方志敏同志充满爱国赤诚的《可爱的中国》手稿，赵一曼同志在牺牲前给儿子的遗书，毛泽东同志生前一直珍藏在身边的毛岸英烈士的遗物，雷锋同志生前使用过的物品等，人们从中看到的是革命先烈和英雄模范的崇高精神。不仅如此，人们在展览馆的展板上还能看第一列空调列车开通运营，粮票、油票退出历史舞台，冰箱、电视、洗衣机走入寻常百姓家，京九铁路建成通车，三峡水利枢纽、南水北调工程通水，城乡免费义务教育全面实现，农业税全面取消，人民从温饱迈向全面小康，中国经济总量跃居世界第二……① 这些红色文化资源场馆，是开展"中国近现代史纲要"课程实践教学的重要场所，使身处其中的观察者受到深刻的心灵洗礼和思想教育。正如习近平指出："革命传统资源是我们党的宝贵精神财富，每一个红色旅游景点都是一个常学常新的生动课堂，蕴含着丰富的政治智慧和道德滋养。要把这些革命传统资源作为开展爱国主义和党性教育的生动教材，引导广大党员干部学习党的历史，深刻理解历史和人民选择中国共产党

---

① 吴向东：《中国共产党历史展览馆：展示中国共产党奋斗历史的精神殿堂》，《求是》2021年第16期。

的历史必然性，进一步增强走中国特色社会主义道路、为党和人民事业不懈奋斗的自觉性和坚定性，永葆共产党人政治本色。"①

发挥红色资源在社会实践教学的中的突出作用，还需要借助现代的科技手段，使红色资源的育人效果得到充分彰显。近年来，在一些重要的红色文化基地和重要历史场馆，增加了增强体验感、互动感、沉浸感的项目，以信息技术手段为载体的超现实样态。在中国共产党历史展览馆，结合青少年的观展需求，特别开发设计了体验式、沉浸式、互动式的项目，吸引他们多到党史展览馆参观学习，在学习党的百年奋斗历史中坚定历史自信。例如，展览馆"充分运用展馆两个夹层空间，分别制作大型互动体验项目。'4D+6面'全景影院立体直观还原长征场景，让参观者感受血战湘江、飞夺泸定桥时的战火纷飞，体会红军爬雪山、过草地时的艰苦卓绝，展示'革命理想高于天'的崇高气概。《飞越中国》项目让体验者在驾驶舱中飞越革命圣地，俯瞰大美中国，飞临'中国车、中国路、中国桥、中国港'等重大工程，跟随航天、深海探测一起九天揽月、五洋捉鳖。通过身临其境的参观体验，在充分调动视听感官中引人深思，深切感悟革命战争年代的战火硝烟与胜利成果来之不易，感悟中国特色社会主义新时代，感悟中华民族伟大复兴进入了不可逆转的历史进程，增强做中国人的志气、骨气、底气"②。

第三节　制度自信教育融入"中国近现代史纲要"课程的价值意义

制度自信教育不仅是一种知识教育，更是一种价值教育。制度自

---

① 《习近平在湖南调研时强调　以更加奋发有为的精神加强和改进党的建设　为实现"十二五"时期良好开局提供坚强保证》，《人民日报》2011年3月24日。

② 吴向东：《中国共产党历史展览馆：展示中国共产党奋斗历史的精神殿堂》，《求是》2021年第16期。

信教育融入"中国近现代史纲要"课程，实现了制度自信知识教育和价值教育与《中国近现代史》知识教育和价值教育的相融合，使制度自信教育与"中国近现代史纲要"课程的教育目的同步得到实现。

一、推动教材体系向教学体系的转化

高校思政课教材是全国统编教材，具有科学性、权威性与针对性、生动性有机结合的显著特征。任课教师的多样性和青年学生的差异性，决定了全国统编教材在使用过程中必须要实现教材体系向教学体系的转化，才能发挥出高校思政课教学的针对性和实效性。习近平在学校思想政治理论课教师座谈会上指出："教材给出的是教学的基本结论和简要论述，要让不同类型的学生都爱听爱学、听懂学会，需要做很多创造性工作。要在教学过程中进行多样化探索，通过多种方式实现教学目标。"[1]2020 年 12 月，《中共中央宣传部　教育部关于印发〈新时代学校思想政治理论课改革创新实施方案〉的通知》也明确指出："做好教材内容向教学内容的转化，组织教师编写教案、制作课件、整理案例，切实把教材体系转化为教学体系。"[2] 制度自信教育融入"中国近现代史纲要"课程，推动了教学内容和教学方法的创新发展，是推动教材体系向教学体系转化的重要探索。

（一）丰富完善了课程教学内容，增强了课程教学的感染力和亲和力

《中国近现代史纲要》是全国马克思主义理论研究和建设工程的专家组按照中央关于加强高校思政课建设的要求而编写的教材，在教材文献资料、学术话语、表述方式、呈现形式等方面都有专门的设计。之所以推动教材体系转化为教学体系，是因为每位任课教师的知识基础和教学方式各有不同，决定了他们对教材中的相关问题的认识理解和话语表

---

[1] 习近平：《思政课是落实立德树人根本任务的关键课程》，人民出版社 2020 年版，第 21 页。

[2] 《中共中央宣传部　教育部关于印发〈新时代学校思想政治理论课改革创新实施方案〉的通知》，见 http://www.moe.gov.cn/srcsite/A26/jcj_kcjcgh/202012/t20201231_508361.html。

述具有个性化特征。正因为课堂教学呈现出内容的丰富性和形式的独特性，才使思政课充满了亲和力和感染力。思政课的亲和力和感染力不是抽象的，而是具体的，是建立在任课教师个性化的学术素养和表达方式基础上的。任课教师在开展"中国近现代史纲要"的教学过程中，结合青年学生的认知状况，选择一些关于中国特色社会主义制度优势的生动案例，为一些重要的历史结论提供历史情景，使青年学生很容易与这些耳熟能详的历史事实产生共鸣，进而坚定对中国特色社会主义制度的历史自信。

例如，针对第九章第一节"历史性的伟大转折和改革开放的起步"的内容，任课教师可以围绕中国共产党制定改革开放伟大抉择的历史背景进行讲授，将中国共产党在复杂的历史局势中掌握历史主动、推动历史发展的探索努力讲清楚，使青年学生充分认识到在 20 世纪 70 年代末进行改革开放是一种历史必然选择。从国际局势看，20 世纪 70 年代末，世界局势发生了深刻变化，苏美两大阵营的力量对比趋向平衡，和平成为当时的一种整体趋势。邓小平根据当时的国际形势，明确指出："我们有可能争取多一点时间不打仗。……苏联的全球战略部署还没有准备好。美国在东南亚失败后，全球战略目前是防守的，打世界大战也没有准备好。所以，可以争取延缓战争的爆发。"[1] 同时第三次科技革命方兴未艾，也为中国实现发展提供了重要机遇期。邓小平强调指出："现在世界上的先进技术、先进成果我们为什么就不能利用呢？我们要把世界一切先进技术、先进成果作为我们发展的起点。"[2] 从国内局势看，20 世纪 70 年代末，我国发展同国际先进水平存在较大差距，"不搞现代化，科学技术水平不提高，社会生产力不发达，国家的实力得不到加强，人民的物质文化生活得不到改善，那末，我们的社会主义政治制度和经济制度就不能充分巩固，我们国家的安全就没有可靠的保障。"[3] 从上述史

---

① 《邓小平文选》第二卷，人民出版社 1994 年版，第 77 页。

② 《邓小平文选》第二卷，人民出版社 1994 年版，第 111 页。

③ 《邓小平文选》第二卷，人民出版社 1994 年版，第 86 页。

料可以看出，20 世纪 70 年代末中国实现现代化所面临的形势和任务，使党产生了强烈的危机感和紧迫感，通过改革开放来完成中国的现代化建设目标，成为摆脱危机、实现转机的重要契机。正是基于对中国与世界关系的客观认识，特别是对党和国家命运前途深刻洞察和准确把握，党的十一届三中全会果断做出实行改革开放的伟大决策，成为新中国成立以来具有重大历史意义的伟大转折。从这样的逻辑和史料来讲这个知识点，能够使青年学生充分认识到：改革开放是党在深刻洞察历史潮流和科学判断历史趋势的基础上作出的重大抉择，是符合 20 世纪 70 年代末中国和世界历史发展的客观规律的。需要注意的是，突出任课教师的教学个性特点，是在遵守思政课的基本教学要求下得以实现的。为避免教师个人推动教材内容向教学内容转化的过程中出现观点错误、事实不正确、逻辑混乱、意义不清等问题，需要定期开展集体备课活动，加强教材重点难点的研究，准确把握教材的基本精神和主要内容。

（二）丰富完善了教学方法，调动了青年学生参与课程教学的积极性和主动性

教学方法是教学活动中的重要因素，是实现教与学相统一的桥梁和纽带，是实现教材体系向教学体系有效转化的关键环节。2020 年印发的《新时代学校思想政治理论课改革创新实施方案》特别提出，要"优化教材内容，创新教学方法，推动思政课在改进中加强、在创新中提高"[1]。把制度自信教育融入"中国近现代史纲要"课程教学中，丰富了"中国近现代史纲要"的教学方法，实现了教材内容向教学内容转化。

教学方法都是为教学内容服务的，只有密切联系教学内容、教学对象、教学情境和教学方法，才能最大限度增强教学实效性。"中国近现代史纲要"课程主要讲授中国近代以来争取民族独立、人民解放和实现国家富强、人民幸福的历史，帮助学生了解党史、国史、国情，深刻

---

① 《中共中央宣传部　教育部关于印发〈新时代学校思想政治理论课改革创新实施方案〉的通知》，见 http://www.moe.gov.cn/srcsite/A26/jcj_kcjcgh/202012/t20201231_508361.html。

领会历史和人民选择马克思主义、选择中国共产党、选择社会主义道路、选择改革开放的必然性。"中国近现代史纲要"的课程特点，决定了任课教师可以充分利用课堂内外、校内外的历史文化遗迹资源推动教学方法的改革创新，探索多样化课堂教学方式和实践教学方式相结合，实现课上课下、课内课外相衔接，使青年学生在触碰历史遗迹、感悟历史现场的过程中深化对相关重大历史问题的认识和理解，深刻领会"四个选择"的历史必然性。实践证明，在开展"中国近现代史纲要"的社会实践中，让青年学生围绕教材中的相关问题开展社会调查研究和撰写考察报告，从每一个学生在个体的亲身感受和体会中认识和了解改革开放以来中国特色社会主义建设所取得的翻天覆地的历史变化，深刻认识中国特色社会主义建设取得历史性成就的制度优势，是一种行之有效的教学方法。

2020年5月，笔者在开展"中国近现代史纲要"实践教学过程中，设置了"中国在抗击新冠疫情中的基层组织动员优势"的调查题目，其中，有五位同学以《重大突发公共事件中基层组织的动员能力研究——基于对新冠疫情期间五个社区的调查》为题对基层社区进行了社会调查并撰写了调查报告。从社会考察报告结果可以看出，他们高度认同中国基层政府在疫情防控中所作出的贡献以及呈现出的政府组织动员优势，在社会实践的过程中受到了教育，实现了本课程的教学目的。

他们得出的结论是：

一是宣传工作到位，方式多样。由于各地习俗不同，所以全国各地宣传方式多种多样，但超过90%的人认为自己的社区宣传力度到位。值得一提的是，很多社区根据当地的特色编出很多生动的疫情防控口号，所以疫情期间各地的口号，也成了防控中的一道亮丽风景线。

二是监督隔离到位，不留死角。社区居委会积极完成上级下达的防控任务，各社区居民也十分配合居委会的工作，这一点做得很好。

三是医疗救治全面，防患未然。在我们详细调查的社区中，每个社区都有日常的体温测量和环境消毒。并且各社区医院对出现新冠疑似症状的病人高度重视，就医过程也不死板，可以不走普通的就医流程，为的就是尽快确定是否患病。另外，有的社区还设置救灾点，可以说在医疗方面，普通社区已经做到面面俱到。

四是物资储备充足，采购井然。疫情期间从未出现居民缺乏物资的情况，居民们需要补贴生活物资时，在社区中都能找到采购点。另外，各社区也做了人员分散的安排，乡村地区各村社间设有卡点，让大家错峰出行采购物资。并且有的社区的超市、小卖部这些购物点的门口有记录出行的二维码，问卷结果表明，这一点各个社区采取的方式有所不同，但目的相同。

五是居民防控积极，全民动员。许多社区都有志愿者主动帮助社区人员进行疫情防控，在我们的问卷调查中，也有超过60%的人反映自己的社区有志愿者协助社区防控。这是居民们自主想要帮助社区防控疫情的表现，志愿者们积极工作、任劳任怨。由此也可看出，社区动员能力很强，居民们愿意主动参与疫情防控。

总的来说，这次调查的五个社区疫情严重程度各不相同，但重视程度都很高。对于疫情严重的社区，基层政府通过各种防控手段控制得都很好，而疫情不严重的社区也做到了防患于未然。中国疫情防控能取得如此大的成就，和居民们的积极配合密切相关，而基层政府的强大的组织动员能力则是主要原因。

二、创新了制度自信教育的方式方法

把制度自信教育融入"中国近现代史纲要"课程，创新了制度自信教育的载体，探索出了坚定制度自信的新路径。

（一）"中国近现代史纲要"课程为开展制度自信教育提供了内容

从"中国近现代史纲要"课程性质和教学内容的角度来看，"中国近现代史纲要"课程为开展制度自信教育提供了丰富的历史事实、准确的历史结论和正确历史观，提供了坚定制度自信的历史逻辑。

提高"中国近现代史纲要"课程的吸引力和感染力，一个重要的举措是在讲课的过程中引用大量丰富具体的历史素材。生动鲜活、形象直观的历史素材，不仅能够被青年学生更容易理解和接受，而且可以使制度自信的历史结论建立在无可辩驳的历史事实基础上。习近平指出："要善于利用国内外的事实、案例、素材，在比较中回答学生的疑惑，既不封闭保守，也不崇洋媚外，引导学生全面客观认识当代中国、看待外部世界，善于在批判鉴别中明辨是非。"① 国家统计局每年都会公布大量的经济社会发展的数据，把这些数据以时间轴的形式展现出来，运用到"中国近现代史纲要"课程的教学过程中，以最直观的方式反映了中国社会的历史性巨变，极大增强了青年学生对中国特色社会主义的制度自信。

"中国近现代史纲要"是一门讲授中华民族近代以来探索未来发展道路，特别是中国共产党领导人民为实现中华民族伟大复兴而英勇奋斗的历程、成就和经验的课程，其所蕴含的重大历史观点和结论，为青年学生坚定制度自信提供了思想理论基础。习近平指出："我们对共产党执政规律、社会主义建设规律、人类社会发展规律的认识和把握不断深入，开辟了中国特色社会主义理论和实践发展新境界，中国特色社会主义取得举世瞩目的成就，中国特色社会主义道路自信、理论自信、制度自信、文化自信不断增强，为思政课建设提供了有力支撑。"② 在"中国近现代史纲要"课程教学中，一个核心的任务就是教育引导青年学生正确认识和理解中国选择马克思主义、选择中国共产党、选择社会主义道路、选择改革开放的历史必然性。青年学生只有深刻认识和正确理解"四个选择"的历史必然性，才能产生坚定制度自信的历史自觉。

"中国近现代史纲要"所讲授的知识重点，不是简单停留在对历史知识以及历史现象的讲解上，而是以历史知识为载体，着重进行历史观、价值观的教育，深刻理解历史现象背后的历史逻辑，加深对近现代中国国情和社会发展规律的认识和理解。在"中国近现代史纲要"课程教学中，必须树立正确历史观，既不能割断历史，也不能虚无历史，坚

---

① 习近平：《思政课是落实立德树人根本任务的关键课程》，人民出版社 2020 年版，第 15 页。

② 《习近平谈治国理政》第三卷，外文出版社 2020 年版，第 329 页。

持做到新民主主义革命的胜利成果决不能丢失，社会主义革命和建设的成就决不能否定，改革开放和社会主义现代化建设的方向决不能动摇。例如，在如何看待改革开放前后的历史问题上，我们必须要坚持历史唯物主义的观点，正确认识其既相互联系又有重大区别的关系，本质上都是我们党领导人民进行社会主义建设的实践探索。2013 年，习近平在新进中央委员会的委员、候补委员学习贯彻党的十八大精神研讨班开班式上指出，我们党领导人民进行社会主义建设，有改革开放前和改革开放后两个历史时期，这是两个既相互联系又有重大区别的时期，但本质上都是我们党领导人民进行社会主义建设的实践探索。中国特色社会主义是在改革开放历史新时期开创的，但也是在新中国已经建立起社会主义基本制度并进行了二十多年建设的基础上开创的。"不能用改革开放后的历史时期否定改革开放前的历史时期，也不能用改革开放前的历史时期否定改革开放后的历史时期。"① 这种充满辩证哲理的分析，有助于青年学生从整体上深刻认识中国共产党百年历史的重大意义。

（二）"中国近现代史纲要"课程为开展制度自信教育提供了载体

思政课是落实立德树人根本任务的关键课程，把制度自信教育融入"中国近现代史纲要"课程，为开展制度自信教育创造了有利条件、提供了重要载体。

"中国近现代史纲要"课程的课堂教学为制度自信教育提供了有效途径。思政课是大学生思想政治教育的主渠道和主阵地，办好思政课关键在教师，关键在发挥教师的积极性、主动性、创造性。制度自信教育的目标之所以能够在"中国近现代史纲要"的教学过程中得以实现，关键原因就是发挥了思想政治理论课教师课堂教学的独特作用。思想政治理论课教师在开展"中国近现代史纲要"课程的课堂教学过程中，凭借自己丰富的教学经验、专业的学术研究以及各种教学仪器设备，使青年学生在富有吸引力、感染力和学理性、政治性的教学过程中受到教育和启迪，高质量地完成制度自信教育的任务。同时，制度自信教育作为一

---

① 《十八大以来重要文献选编》（上），中央文献出版社 2014 年版，第 112 页。

种价值教育，依靠思政课教师在课堂教学过程中得以完成，使制度自信教育的目的实现最大化。例如，在课堂教学的过程中，任课教师可以组织青年学生对相关问题进行讨论，驳斥错误观点，讲清楚发展成绩，引导青年学生正面思考，使青年学生树立正确的理想信念、学会正确的思维方式。习近平曾多次提到焦裕禄事迹对他的深刻影响，直接原因就是中学思政课教师所讲授的内容给其带来了深刻触动。他说："我为什么对焦裕禄那么一往情深，就是因为我在上初中一年级时，当时宣传焦裕禄的事迹，我的政治课老师在讲述焦裕禄的事迹时数度哽咽，一度讲不下去了，捂着眼睛抽泣，特别是讲到焦裕禄肝癌最严重时把藤椅给顶破了，我听了很受震撼。"[1]

　　"中国近现代史纲要"课程的实践教学为制度自信教育提供了有效途径。实践教学是思想政治理论课的重要组成部分，是提高思想政治理论课教学实效性的有效方法。《中共中央、国务院关于加强和改进新形势下高校思想政治工作的意见》明确要求，"充分利用我国改革发展的伟大成就、重大历史事件纪念活动、爱国主义教育基地、国家公祭仪式等组织开展主题教育，弘扬以爱国主义为核心的民族精神和以改革创新为核心的时代精神"[2]。"中国近现代史纲要"课程是以近代以来中国人民探索中华民族伟大复兴的历史进程为逻辑展开的，那些与近代以来中国人民为争取民族独立和人民解放、国家富强和人民幸福的历史遗存、文化场馆、影视作品都可以作为课堂实践教学的重要内容。通过开展实践教学，不仅巩固所学的思政课的基础理论知识，掌握用理论解决实际问题的能力，而且深入了解和认识我国社会主义现代化建设的伟大成就和中国特色社会主义的制度优势，进一步增强中国特色社会主义制度自信。目前，在"中国近现代史纲要"课程的学分设计中，专门作出 2 个理论教学学分和 1 个实践教学学分的

---

① 习近平：《思政课是落实立德树人根本任务的关键课程》，人民出版社 2020 年版，第 13 页。

② 《十八大以来重要文献选编》（下），中央文献出版社 2018 年版，第 482 页。

安排。之所以专门留出实践教学的学分，原因就在于在教学中坚持理论与实践相结合，引导青年学生把人生抱负落实到脚踏实地的实际行动中来，把学习奋斗的具体目标同民族复兴的伟大目标结合起来，培养既有远大理想又脚踏实地的努力奋斗者。2022 年 3 月 18 日，教育部在总结过去实践教学的经验基础上提出了推动思想政治理论课实践教学创新发展的未来规划，重点是"用好社会大课堂，围绕抗击疫情、脱贫攻坚、乡村振兴等主题，会同有关部门联合设立一批'大思政课'实践教学基地。建设网络云课堂，继续举办'同上一堂思政大课'活动"[1]。

三、提高了运用正确历史观认识和解决问题的能力

习近平指出："世界的今天是从世界的昨天发展而来的。今天世界遇到的很多事情可以在历史上找到影子，历史上发生的很多事情也可以作为今天的镜鉴。重视历史、研究历史、借鉴历史，可以给人类带来很多了解昨天、把握今天、开创明天的智慧。"[2] 在高校开设"中国近现代史纲要"课程，目的就在于培养青年学生运用科学的历史观方法论分析问题和解决问题的能力。以唯物史观和正确党史观审视中国近现代历史，可以在认清中国近现代历史发展的主题主线、主流本质的基础上坚定历史自信和制度自信。

从历史事实的维度看，一百多年来，中国共产党为实现中华民族伟大复兴不懈奋斗和艰辛探索，取得辉煌成就，创造了人类发展史上的伟大奇迹。从历史本体论看，中国共产党领导人民进行革命、建设和改革的伟大事业是客观的历史事实，是不以人的意志为转移的。从历史认识论看，关于中国共产党领导人民进行革命、建设和改革的伟大事业被记载在丰富多彩的史料或构建历史著述中。把制度自信教育融入"中国

---

[1] 《教育部等十部门关于印发〈全面推进"大思政课"建设的工作方案〉的通知》，见 http://www.gov.cn/zhengce/zhengceku/2022-08/24/content_5706623.htm。

[2] 《习近平致第二十二届国际历史科学大会的贺信》，《人民日报》2015 年 8 月 24 日。

近现代史纲要"，实现了在课堂讲授过程中把与制度自信教育相关的客观事实融入课程的教学中，拓展和深化相关问题的研究广度和深度，以无可争辩的历史事实批判各种历史虚无主义思潮，增强青年学生的历史自信，坚定青年学生对中国特色社会主义的制度自信。例如，把中国共产党领导人民进行革命、建设和改革的奋斗过程放置于世界现代史的视域中进行考察，可以更好地理解中国共产党领导的革命、建设和改革事业在世界文明进程中的地位和作用。不论是与发生历史剧变的东欧各国和苏联相比，还是与美国、英国、德国等资本主义国家相比，中国共产党领导人民进行革命、建设和改革所取得的成就是世所公认的。美国学者李侃如认为，中国改革开放以来取得举世瞩目的成就，"已经开发出了把自己转变成为一个现代化国家的巨大能量，在20年左右的时间内，它可能成为在国际地位仅次于美国的国家。这将象征性地代表着这个国家将要完成的完整循环：从清代的顶峰，经过一个半世纪的磨难，回到拥有近乎独一无二的权力和地位的位置上"①。习近平在庆祝中国共产党成立九十五周年大会上的讲话中总结中国道路的世界意义时明确指出："使具有五百年历史的社会主义主张在世界上人口最多的国家成功开辟出具有高度现实性和可行性的正确道路，让科学社会主义在二十一世纪焕发出新的蓬勃生机；使具有六十多年历史的新中国建设取得举世瞩目的成就，中国这个世界上最大的发展中国家在短短三十多年里摆脱贫困并跃升为世界第二大经济体，彻底摆脱被开除球籍的危险，创造了人类社会发展史上惊天动地的发展奇迹。"②中国式现代化的成功事实，以雄辩的历史证明了中国特色社会主义道路的正确性，使我们完全有理由自信中国特色社会主义制度的无比优越性。

以唯物史观和正确的党史观为指导，运用中国近现代历史的丰富

---

① [美]李侃如：《治理中国：从革命到改革》，胡国成、赵梅译，中国社会科学出版社2010年版，第339页。

② 《十八大以来重要文献选编》（下），中央文献出版社2018年版，第343页。

历史史实，可以对相关问题的认识更加全面、更加清楚。中国制定"双循环"发展格局战略，是以长远的战略眼光确保实现中华民族伟大复兴的主动作为，不是个别观点所宣传的被动地对国际形势做出反应。习近平强调指出，构建以国内大循环为主体、国内国际双循环相互促进的新发展格局，是把握未来发展主动权的战略性布局和先手棋，是新发展阶段要着力推动完成的重大历史任务，也是贯彻新发展理念的重大举措。国内大循环为主体不等于忽视国际，双循环并不是只顾自己的内循环，而是在畅通内循环的基础上进一步带动外循环。中国通过畅通国内循环，更好地发挥国内循环的主导作用，一方面可以为参与国际竞争与合作创造新的优势，释放巨大的经济动能，推动全球经济的复苏；另一方面国际循环的发展也可以推动国内产业结构转型升级，提升国内循环效率和水平。新发展格局并不是盲目地追求独立自主，甚至再一次"闭关锁国"，而是要把我国的经济提升到更高水平。当前，我国经济发展环境出现了变化，特别是生产要素相对优势出现了变化。劳动力成本在逐步上升，资源环境承载能力达到了瓶颈，旧的生产函数组合方式已经难以持续，科学技术的重要性全面上升。我们强调自主创新、实现高水平的自立自强，本来就是新发展格局的题中应有之义，盲目追求独立自主从一开始就与新发展格局毫不相干。国外学者也普遍认为，中国之所以制定新发展格局战略，是中国共产党基于国内外的发展形势而主动调整国内经济发展模式。美国大西洋理事会刊文称，双循环方法实际上是建立在以前的政策举措的基础上的，以解决中国"不平衡、不协调和不可持续"的增长模式。从本质上讲，中国试图调整经济发展方式，以减少该国对固定资产投资和出口的依赖，将其作为增长的关键引擎，转而支持塑造更强的国内个人消费。① 欧洲议会智库刊文称，中国政府将"双循环"发展战略作为一种新的发展模式，表明中国领导人打算让

---

① Hung Tran, Decoupling / Reshoring versus Dual Circulation: Competing Strategies for Security and Influence, https://www.atlanticcouncil.org/wp-content/uploads/2021/04/Decoupling_Reshoring_versus_Dual_Circulation.pdf.

"国内循环"作为未来增长的主要驱动力。① 制度自信作为一种主观认识，是建立在中国特色社会主义制度优势的客观基础上的。以唯物史观和正确党史观审视中国特色社会主义的历史成就，可以使青年学生对中国特色社会主义制度的优势认识更加全面客观，对中国特色社会主义的制度自信更加坚定。

---

①   Gisela Grieger, China's Economic Recovery and Dual Circulation Model，https:// www.europarl.europa.eu/RegData/etudes/BRIE/2020/659407/EPRS_BRI(2020)659407_ EN.pdf.

第五章　制度自信教育融入高校
思政课的路径构建

制度自信教育与高校思政课在价值导向上高度契合、在教学内容上相互包含，把握二者之间的普遍性与特殊性，在教学内容、教学方法、教学场域以及教师队伍建设方面进行积极探索，有利于推动制度自信教育更好地融入高校思政课。

第一节　建立制度自信教育的话语体系

2019 年 9 月 24 日，习近平在十九届中央政治局第十七次集体学习时指出，"要加强对中国特色社会主义国家制度和法律制度的理论研究，总结 70 年来我国制度建设的成功经验，构筑中国制度建设理论的学术体系、理论体系、话语体系，为坚定制度自信提供理论支撑"①。将制度自信教育融入高校思政课，也需要建立制度自信教育的话语表达体系，建构中国制度评价话语，不断增强制度自信教育的话语权。

一、正确认识中国特色社会主义制度优势

马克思主义唯物史观认为，物质存在决定主观意识。中国特色社会主义的历史成就，证明了中国特色社会主义制度具有的显著优势，奠

---

① 习近平：《坚持、完善和发展中国特色社会主义国家制度与法律制度》，《求是》2019 年第 23 期。

定了中国人民坚定中国特色社会主义制度自信的物质基础。

绝对贫困是困扰中华民族千百年而始终未完全妥善解决的问题，中国共产党从成立之日起，就把摆脱贫困、消灭剥削、实现人民富裕和幸福作为矢志不渝的目标和追求。在新民主主义革命时期，党领导广大农民翻身做土地的主人是新民主主义革命的重要主题之一。在八七会议上，党确定了实行土地革命的方针；在抗日战争时期的《抗日救国十大纲领》中明确提出以"减租减息"解决农民土地问题；在解放战争时期的《中国土地法大纲》中则彻底废除了封建剥削土地制度，使农民真正分得自己的土地。新中国成立后，党领导人民彻底完成了土地改革，并在此基础上进行了对农业、手工业和资本主义工商业的社会主义改造。改革开放开启了中国特色社会主义现代化建设的新征程，中国共产党在反思"什么是社会主义和怎样建设社会主义"问题的基础上，明确提出了"贫穷不是社会主义，社会主义要消灭贫穷"的目标，不仅在改革开放以来党的代表大会上将解决贫困问题作为重要内容进行研究和规划，而且在《国家八七扶贫攻坚计划（1994—2000年)》《中国农村扶贫开发纲要（2011—2020年)》等发展计划中进行具体部署和安排，从顶层设计和微观策略层面推动了脱贫攻坚目标顺利实现。

党的十八大以来，以习近平同志为核心的党中央把消除贫困、实现共同富裕作为党重要的历史使命，以"贫穷不是社会主义，如果贫困地区长期贫困，面貌长期得不到改变，群众生活水平长期得不到明显提高，那就没有体现我国社会主义制度的优越性，那也不是社会主义"[①]的清醒认识和"中华民族千百年来存在的绝对贫困问题，将在我们这一代人的手里历史性地得到解决"[②]的政治自觉，将脱贫攻坚工作摆在了治国理政更突出的位置上，组织开展了史无前例的脱贫攻坚人民战争。为打赢脱贫攻坚战，以习近平同志为核心的党中央将脱贫攻坚战作为党的一项重大政治任务来对待，要求各级党组织必须以牢固的政治意识、

---

① 《习近平谈治国理政》第四卷，外文出版社2022年版，第127页。
② 《习近平谈治国理政》第三卷，外文出版社2020年版，第158页。

大局意识、核心意识、看齐意识，坚决落实党中央关于脱贫攻坚的决策部署，落实好本级党组织的主体责任。2015 年，在中央扶贫开发工作会议上，22 个省区市的书记和省长签订了中央农村工作领导小组和国务院扶贫开发领导小组联合制定的《脱贫攻坚责任书》，以"军令状"的形式将各级党组织扶贫脱贫的主体责任牢固确立。脱贫攻坚责任机制的建立，实际上明确要求各级党组织按照中央统筹、省负总责、市县抓落实的总要求，划分每一级党组织在脱贫攻坚中的主体责任，确保每一级党组织在脱贫攻坚中发挥应有的作用。加强党对脱贫攻坚工作的政治领导，强化脱贫攻坚的政治保证、组织保证，确保各级党组织落实脱贫攻坚的主体责任、政治责任、领导责任，则是这一决策部署的根本要求。同时，建立脱贫攻坚一把手负责制，实行省市县乡村五级书记一起抓。"党政一把手特别是贫困问题较突出地区的党政主要负责同志，肩上有沉甸甸的担子，身后有群众眼巴巴的目光。"[1] 党的十八大以来，各省市区党政一把手向中央签订军令状的，只有脱贫攻坚这一项工作。各级党组织落实脱贫攻坚的主体责任，说到底党政一把手是第一责任人，要对脱贫攻坚政治任务负总责。党政一把手只有以高度的使命感和紧迫感，以绝对的政治担当和责任担当，亲力亲为亲抓，才能切实落实主体责任，将脱贫攻坚的方针政策在各级党组织中贯彻落实下去。2021 年 2 月 5 日，在中共中央召开脱贫攻坚表彰大会上，习近平谈到加强党的领导在取得脱贫攻坚全面胜利过程中的经验时强调指出："我们执行脱贫攻坚一把手负责制，中西部 22 个省份党政主要负责同志向中央签署脱贫攻坚责任书、立下'军令状'，脱贫攻坚期内保持贫困县党政正职稳定。"[2] 事实证明，党中央将打赢脱贫攻坚战的任务逐级落实到各级党组织中，通过强化各级党组织的主体责任，保证打赢脱贫攻坚的任务在各级党组织中得到贯彻执行，使党对脱贫攻坚的集中统一领导得到实现，保证了脱贫攻坚的方针政策、任务部署等得到了贯彻执行，使脱贫攻坚

---

[1] 《习近平扶贫论述摘编》，中央文献出版社 2018 年版，第 36 页。

[2] 《习近平谈治国理政》第四卷，外文出版社 2022 年版，第 132 页。

的蓝图由理论变成了实践。

2021 年 4 月 6 日，国务院新闻办公室发布的《人类减贫的中国实践》白皮书，高度评价了改革开放以来中国脱贫事业取得的历史性成就，强调中国 7.7 亿农村贫困人口摆脱贫困，对全球同期减贫贡献率超过 70%，提前 10 年实现《联合国 2030 年可持续发展议程》中的减贫目标。[①] 中国之所以能在脱贫攻坚上取得这样世界罕见的奇迹，最重要的原因在于始终坚持以人民为中心的发展思想，不断保障和改善民生、增进人民福祉，充分发挥中国特色社会主义制度在实现共同富裕过程中的显著优势。正如美国哈佛大学教授温奈良（Nara Dillon）认为，中国的减贫工作为世界贫困地方的发展提供了宝贵经验，即中国政府在测算贫困、制定标准、研究世界范围内的减贫方法时下了很大功夫，从中得出的数据在政策制定过程中发挥着重要作用；中国政府的减贫政策是在经济发展方面帮助贫困的家庭，根据情况的变化制定出有针对性解决贫困问题的经济发展项目；中国政府在减贫过程中实施福利计划，把避免极度贫困和增加人力资本作为长期投资、稳定经济增长的福利项目。上述三种经验不仅适用于中国，也可适用于当前面临着贫困问题的亚洲和非洲 7.84 亿人口中。[②]

在党领导人民全面建设社会主义现代化国家的历史进程中，党对中国特色社会主义制度优势的认识越来越深刻，评价越来越科学。在庆祝全国人民代表大会成立 60 周年大会上，习近平在讲话中用"八个能否"来评价一个国家政治制度是否民主、有效，即"国家领导层能否依法有序更替，全体人民能否依法管理国家事务和社会事务、管理经济和文化事业，人民群众能否畅通表达利益要求，社会各方面能否有效参与国家政治生活，国家决策能否实现科学化、民主化，各方面人才能否通

---

① 中华人民共和国国务院新闻办公室：《人类减贫的中国实践》，《人民日报》2021 年 4 月 7 日。

② Jennifer Rudolph, Michael Szonyi, The China Questions, Massachusetts: Harvard University Press，2018，p.160.

过公平竞争进入国家领导和管理体系，执政党能否依照宪法法律规定实现对国家事务的领导，权力运用能否得到有效制约和监督"①。在中华人民共和国成立 70 周年前夕，习近平又提出，"衡量一个社会制度是否科学、是否先进，主要看是否符合国情、是否有效管用、是否得到人民拥护。中国特色社会主义国家制度和法律制度是一套行得通、真管用、有效率的制度体系"②。从这些评价标准中我们可以看出，归根结底，制度好不好是以人民的拥护和认同作为最重要的评价标准，是不是以实现好、维护好、发展好人民的利益作为制定制度的出发点和落脚点。

我们在调研中发现，受访者在回答"您认为评价一个国家制度优劣应坚持的基本原则是什么"的问题时，一致认为要以中国特色社会主义制度给人们带来的变化作为评价的依据。受访者 1 认为，"制度可以给人民带来什么，是否真的有助于我们所有群体的生存发展，在这个制度的管理之下，我们可以做什么，除了最基本的生存问题之外，我们是否可以更好地发展，生活，得到精神层面的给养。"受访者 2 认为，"最基本的原则我觉得是以人民的根本利益为核心，评价一个制度究竟有没有维护人民大众的权益，提高人民的生活水平和幸福指数，让大部分群众都能感到满意。"受访者 3 认为，"人民是国家的主人，人民满意就是制度的满意。综合国力是评价制度的原则之一，国家 GDP 也是评价制度的原则之一。"事实上，中国特色社会主义建设取得的辉煌成就，正是广大青年学生坚定制度自信的物质基础。思政课教师在开展制度自信教育时，必须对中国特色社会主义制度的优势和成就拥有清晰的认知，唯有如此，才能将制度优势和成就转化为制度自信教育的底气，理直气壮地在思政课的教学中开展制度自信教育。

二、充分认识掌握话语权的重要性

话语是时代问题的表达，时代是话语形成的基础。西方国家凭借

---

① 《习近平谈治国理政》第二卷，外文出版社 2017 年版，第 287 页。
② 习近平：《论坚持全面依法治国》，中央文献出版社 2020 年版，第 265 页。

对其他国家的殖民掠夺和工业革命带来的红利，在经济、政治、军事等多个领域取得了先发优势，并借助其先行构建和主导的资本主义现代化体系垄断了现代化的定义权和解释权。西方国家依靠这种话语霸权，常常"以我为中心""以我为标准""以我为权威"来衡量一个国家取得进步的程度，在全世界范围内宣扬资本主义政治上的制度体系和文化上的价值观念，实现对世界秩序的控制和巩固已有的国际霸权。

自鸦片战争后，中国人民开始探索摆脱民族压迫、实现人民解放的奋斗历程，无数仁人志士为寻求改变中华民族前途命运的道路而苦苦奋斗。中国共产党以实现中华民族伟大复兴为己任，自成立之日起就致力于建设人民当家作主的新社会，提出了关于未来国家制度的主张，并领导人民为之进行斗争。一百多年来，中国共产党带领中国人民经过流血牺牲和不懈奋斗，创造了彪炳史册的历史成就，使中华民族迎来了从站起来、富起来到强起来的伟大飞跃。中国共产党带领中国人民通过奋斗取得辉煌成就的历史事实，证明中国特色社会主义国家制度和法律制度是一套行得通、真管用、有效率的制度体系。"实践证明，我们党把马克思主义基本原理同中国具体实际结合起来，在古老的东方大国建立起保证亿万人民当家作主的新型国家制度，使中国特色社会主义制度成为具有显著优越性和强大生命力的制度，保障我国创造出经济快速发展、社会长期稳定的奇迹，也为发展中国家走向现代化提供了全新选择，为人类探索建设更好社会制度贡献了中国智慧和中国方案。"[1] 如果不顾历史事实，把当代中国与发达资本主义国家之间的差距归咎于中国特色社会主义制度，把改革开放以来经济社会发展中存在的问题全部归咎于中国特色社会主义制度，幻想实行资本主义制度会发展得更快更好，这显然是违背历史事实的。

事实上，在西方话语霸权的影响下，我国部分高校教师曾经在一段时间内陷入了"言必称西方"的话语迷信之中。例如，中国近现代史学界有的人过去受到西方中心论的影响，常常是从西方看中国，或是站

---

[1] 《习近平关于中国特色大国外交论述摘编》，中央文献出版社 2020 年版，第 77—78 页。

在西方的立场上来讨论中国，用西方的概念来阐释中国的历史。我们在开展"中国近现代史纲要"课程的教学过程中，要充分认识到实际西方很多的概念是西方价值的载体，当我们使用西方概念的时候，无意中就用西方的价值否定了自己。① 一百多年来，中国共产党致力于为中国人民谋幸福、为中华民族谋复兴，致力于为人类谋进步、为世界谋大同，创造了举世瞩目的成就，不仅把积弱积贫的旧中国建设成了经济总量位居世界第二的世界强国，而且也把自己打造成了世界最大的马克思主义执政党，这是我们党具有历史自信的最大底气，是我们党在中国执政并长期执政的历史自信，也是我们党团结带领人民继续前进的历史自信。"中国近现代史纲要"课程的教学必须摆脱对西方话语的迷信，也只有摆脱了对西方话语的迷信之后，才能坚定政治立场，有效地建立历史自信、回击历史虚无主义。

打破西方话语霸权，摆脱西方话语体系的束缚，实现对西方话语迷信的超越，最关键的就是打造出一系列更有效地评价社会制度科学性、先进性的中国话语。我们只有从对西方话语的迷信中走出来，实现对西方话语的超越，才能真正地实现制度自信。习近平在中华人民共和国恢复联合国合法席位 50 周年纪念会议上指出："一个国家走的道路行不行，关键要看是否符合本国国情，是否顺应时代发展潮流，能否带来经济发展、社会进步、民生改善、社会稳定，能否得到人民支持和拥护，能否为人类进步事业作出贡献。"② 从这个标准看，中国特色社会主义制度植根中国大地、具有深厚中华文化根基，以人民为中心、深得人民拥护，不仅持续推动拥有十四亿多人口的大国进步和发展，而且积极参与全球治理，为世界的和平与发展作出了巨大的贡献，理所当然是科学的、先进的社会制度。因此，我们要有底气、有能力、有信心自主地

---

① 欧阳军喜：《"中国近现代史纲要"课教学应该处理好几个关系》，《思想理论教育导刊》2017 年第 2 期。

② 习近平：《在中华人民共和国恢复联合国合法席位 50 周年纪念会议上的讲话》，人民出版社 2021 年版，第 5—6 页。

完成构建中国特色话语体系的重大任务。

三、构建具有鲜明标识的制度自信教育话语体系

任何制度都要经历一个完善和发展的过程，中国特色社会主义制度的优越性也正是在这个过程中逐渐显现出来。将制度自信教育融入高校思政课，需要基于实践和成就来诠释制度优势，构建具有鲜明标识的制度自信教育话语体系，增强制度自信教育的理论性和科学性。

（一）从发展实践中总结提炼

实践检验真理的唯一标准，没有什么比事实更有说服力。习近平指出："中国特色社会主义是不是好，要看事实，要看中国人民的判断，而不是看那些戴着有色眼镜的人的主观臆断。中国共产党人和中国人民完全有信心为人类对更好社会制度的探索提供中国方案。"① 对制度自信教育而言，最直接、最有效的说服力来自制度实行所取得的成就。

"一人一票"是民主的一种形式，但绝非民主的唯一和全部。西方国家实行多党制，通过"一人一票"、政党竞争等方式执政，但是它们本质上代表的还是资产阶级统治者的利益。2021 年 12 月 5 日，外交部网站发布《美国民主情况》白皮书，指出美国民主在制度设计方面凸显了由精英阶层主导的鲜明特征，"'多元政治'只是一种表面现象，精英们把持政治、经济、军事等方面的统治地位，操控国家机器，制定规章制度，把握舆论风向，主导商业公司，行使各种特权，等等。特别是自19 世纪 60 年代以来，民主、共和两党轮流'坐庄'分享国家权力，多党制名存实亡。普通选民把选票投给第三党或独立候选人等于浪费投票机会，只能在两党推出的候选人之间做出非此即彼的选择。"在实践操作中暴露了"名不副实"的真相，"国会山的枪声与闹剧彻底揭开美式民主的华丽外衣。黑人弗洛伊德之死揭露了美国社会长期存在的系统性种族歧视，激起全美乃至全世界此起彼伏的抗议浪潮。新冠疫情持续失控，是否戴口罩、打疫苗成为社会分裂和对立的新导火索。经济发展红

---

① 《习近平谈治国理政》第二卷，外文出版社 2017 年版，第 37 页。

利分配不均，普通民众收入长期停滞。"①

衡量一个社会制度是否科学、是否先进，主要看是否符合国情、是否有效管用、是否得到人民拥护。一百多年来，中国共产党领导人民进行现代化建设的实践证明，中国特色社会主义国家制度和法律制度是一套行得通、真管用、有效率的制度体系。中国共产党在领导人民实现当家作主的民主实践中形成的全过程人民民主，鲜明地体现了中国特色社会主义民主政治的特征。全过程人民民主是中国共产党领导人民百年奋斗的重大成果，是我国人民民主的最新发展，具有全链条、全方位、全覆盖的显著特征，是最广泛、最真实、最管用的民主。党的十八大以来，从探索民情直通车、民主听证会、民主议政会等机制，到创设"立法直通车""小院议事厅""线上议事群"等形式，鲜活生动的人民民主实践，为全过程人民民主不断注入新的活力，为社会主义政治文明写下生动注脚。② 党的二十大报告把发展全过程人民民主确定为中国式现代化的本质要求之一，提出"全过程人民民主是社会主义民主政治的本质属性"，并就"发展全过程人民民主，保障人民当家作主"作出具体部署。中国民主实践的事实证明，中国共产党领导中国人民在中国的实践中创造出了中国式民主道路，没有照抄照搬西方的民主模式，使占世界人口近五分之一的14亿多中国人民真正实现当家作主，享有广泛权利和自由。这是中国对人类政治文明的重大贡献，也是人类社会的巨大进步。

（二）从悠久的历史文化中归纳提炼

中国特色社会主义实践是立足于有着5000多年文明传统的中华大地，中华优秀传统文化提供了深厚的历史文化底蕴。中国特色社会主义制度正是在对传统文化思想精髓的创造性运用和创新性发展的过程中形成的，是在"历史传承、文化传统、经济社会发展的基础上长期发展、

---

① 《美国民主情况》，《人民日报》2021 年 12 月 6 日。

② 本报评论部：《全过程人民民主是最广泛最真实最管用的民主——不断夺取全面建设社会主义现代化国家新胜利》，《人民日报》2022 年 12 月 2 日。

渐进改进、内生性演化的结果"①。构建制度自信教育话语体系,必然要充分挖掘和利用中华优秀传统文化的宝贵遗产。

在中国几千年的历史发展之中,中华民族创造了熠熠生辉的制度文明,形成了一系列关于国家治理与国家制度的思想。国家政治上整齐划一、经济制度和思想文化上高度集中的"大一统"传统,天下为公、讲信修睦、人人为公、各尽其力的大同理想,察举制、科举制中蕴含的任人唯贤、德才兼备的用人标准,民贵君轻、重民、贵民、安民、恤民、爱民的民本思想,政治上贵贱平等、经济上贫富平均的平等意识,和而不同、兼收并蓄的文化观念,道法自然、天人合一的绿色发展理念,等等。这些思想中的精华是中华优秀传统文化的重要组成部分,也是中国特色社会主义制度的重要历史基础。这些思想观念自然深刻地浸润到我国的国家制度之中,使中国特色社会主义制度具有了符合中国基本国情、具有显著治理效果、内含文化基因的显著优势。在如何调动广大人民群众参与社会主义现代化建设的积极性问题上,邓小平用中国古代思想家所设想的未来社会目标"小康"一词,描绘中国社会主义现代化建设的目标,是运用唯物史观汲取中国传统大同思想的精华,并结合中国特色社会主义建设的现实国情提出的一个有中国特色的新概念。经过改革开放30多年的发展,全面建设小康社会取得举世瞩目的辉煌成就。基于这种新的变化,党的十八大报告又提出了"全面建成小康社会"的宏伟目标,这是党在新的历史方位上对全面建设小康社会目标的科学认识和充实完善。在我国关于未来发展目标的话语表述中,自"小康社会"目标提出后,经历了从"人民生活达到小康",到"全面建设小康社会",再到"全面建成小康社会",这一脉络变化展现了党对"小康社会"内涵的认识逐步深入的过程。但是不管其如何变化,"小康社会"的话语表述始终是鼓舞人民为美好生活奋斗的目标。实践证明,这种用具有中华优秀传统文化基因标识出来的重要概念或表述,已成为凝聚起广大人民为中华民族伟大复兴而奋斗的强大精神动力。

---

① 《习近平谈治国理政》第一卷,外文出版社2018年版,第105页。

中国特色社会主义制度是中国共产党推进马克思主义基本原理与中国实际和中国优秀传统文化相结合的产物，既形成了制度自身发展特有的本土化定向，又在应对全新时代面临的挑战中不断扬弃和更新，在制度文明演进的漫漫征途中彰显出自身的优势与活力。中国古代民贵君轻、民为邦本、本固邦宁的民本思想，主张以道德去感化人、教育人的德治思想，外儒内法济之以道的治理理念等思想，尽管当时提出的目的是维护统治阶级的利益和封建制度，但是我们并没有全盘否定它们，而是通过对它们进行扬弃和发展，从而充分地利用其中蕴含的智慧去指导和启发中国特色社会主义制度的完善和国家治理体系的构建。例如，以道德去感化人、教育人的德治思想来说，中国共产党在领导德治实践的过程中，探索出了党风带动、家风助力、德法相济、榜样示范、润物无声等行之有效的方法，使德治在国家治理体系中的作用逐渐彰显，推动德治落细落小落实。因此，通过对中国优秀传统文化的创造性转化、创新性发展，不断发掘和完善中国制度评价话语的历史资源，有助于推动形成具有鲜明标识的制度自信教育话语体系。

（三）从中国特色社会主义制度的内在机理进行阐释

中国特色社会主义制度优势是中国特色社会主义在实践中表现出的制度效能，是增强人们制度自信的直接和显性依据。构建阐释和解读中国特色社会主义制度优势的话语体系，使广大青年学生不仅要了解中国特色社会主义制度优势的表现，而且认识到这种优势产生的内在机理，从根源上了解中国特色社会主义制度优势产生的原因，全面、准确地把握制度自信的科学内涵，建立坚定、持久的制度自信。

中国特色社会主义既坚持了科学社会主义的基本原则，又根据时代条件不断赋予其鲜明的中国特色。习近平指出，"中国特色社会主义，是科学社会主义理论逻辑和中国社会发展历史逻辑的辩证统一，是根植于中国大地、反映中国人民意愿、适应中国和时代发展进步要求的科学社会主义"①。我们党坚持把马克思主义基本原理同中国具体实践相结

---

① 《十八大以来重要文献选编》（上），中央文献出版社 2014 年版，第 118 页。

合，采取实事求是的态度，在深入把握世情国情党情的基础上，创造性地坚持和运用科学社会主义的基本原则。例如，坚持和完善公有制为主体、多种所有制经济共同发展的基本经济制度，坚持和完善按劳分配为主体、多种分配方式并存的基本分配制度，坚持和完善中国共产党领导的多党合作和政治协商制度，等等。中国特色社会主义制度在坚持社会主义根本性质的基础上，既克服了苏联模式和西方资本主义模式的弊端，又广泛地借鉴了人类文明发展的有益成果，呈现出了显著的制度优势。

中国特色社会主义制度是在中国共产党的领导下建立起来的，坚持中国共产党领导是中国特色社会主义最本质的特征，也是其最大优势。在中国特色社会主义制度从建立、发展、形成再到完善的历程中，中国共产党的领导发挥着最根本的核心作用。如果没有毫不动摇地坚持党的领导，就不可能有中国特色社会主义制度的存在，更不用说创造世界历史上前所未见的经济快速发展和社会长期稳定的双重奇迹。在中国共产党的领导下，中国共产党的性质和宗旨决定了中国特色社会主义制度基本特征：一是将人民的利益放在首位，实现以人民为中心的发展；二是能够发挥好总揽全局、协调各方的作用；三是坚持社会主义发展方向，避免走上歪路和邪路；四是保持我国宏观战略和具体政策的连续性、稳定性，围绕实现中华民族伟大复兴的历史主题接续奋斗。在百年未有之大变局加速演进背景下，中国特色社会主义制度的比较优势是增强中国综合竞争力的重要保障。

中国特色社会主义制度历史成就，在与其他国家的比较中显出突出优势，受到国际社会的广泛关注和称赞。美国中国问题专家扎克·戴奇瓦德（Zak Dychtwald）在《中国的新创新优势》一文中指出，"自1990 年以来，美国人看到美国的人均 GDP 增长了大约 2.7 倍，这听起来令人印象深刻，但是中国人均 GDP 增长了 32 倍，整整一个数量级的增加。……1990 年，中国的农村人口每 100 户有一台冰箱，今天这个数字是每 100 户 96 台。1990 年，中国只有 550 万辆汽车在路上行驶；今天，它有 2.7 亿辆，其中 340 万辆是电动汽车，占全球电动汽车总量的 47%。1990 年，该国四分之三的人口是农村人口；今天，近三分之二的人口是城市人口，增加了 5 亿多人"。中国发生的翻天覆地变化，使人们认识到"生活在中国就是生活在一个比地球上任何其他地方发展更快、变化更大的国家"①。华盛顿邮报专栏作家迈克尔·麦克福尔（Michael McFaul）认为，"在不到一代人的时间里，中国共产党将他们的国家从一个贫穷的农业社会转变为一个工业化的中等收入国家。没有哪个国家能够在如此短的时间内实现如此快速的经济增长。中国经济增长奇迹使中国人民对共产党政权产生了高度政治认同。""我在中国旅行期间曾与数十名中国学生和学者接触，发现我们正在失去那些曾经钦佩我们的人。中国知识分子也不再从美国民主中寻求灵感。"② 美国市场战略分析专家汉德尔·琼斯（Handel Jones）在《当人工智能统治世界》一书中认为，"中国独特的经济发展规划使中国在人工智能应用方面远远超过了西方，如在医疗保健、虚拟现实和自动驾驶汽车等广泛领域。""中国以其更长远的目标和将这些目标变成现实的能力，比起完全由市场力量驱动的制度具有明显的比较优势。""美国根本没有指导其发展人工智能技术的总体计划。"③ 中国特色社会主义制度的优势，是中国特色社会主义制度的科学理论和价值立场的实践结果，这种结果不仅在中国社会主义现代化建设的时空维度里是一种奇迹，即便是在国际范围内进行比较，同样也是一种发展奇迹。制度自信话语体系是一种观念认识，构建制度自信话语体系，需要建立在中国特色社会主义建设的伟大成就的基础上。

新时代中国特色社会主义是我们党领导人民进行伟大社会革命的成果，也是我们党领导人民进行伟大社会革命的继续，必须一以贯之进行下去。

---

① Zak Dychtwald, "China's New Innovation Advantage", Harvard Business Review, May-June 2021, pp.55-60.

② Michael McFaul, "China is winning the ideological battle with the U.S.Image without a caption", The Washington Post, 23 July 2019.

③ Dagny Dukach, "Understanding the Rise of Tech in China", Harvard Business Review, September-October 2022, pp.150-151.

第二节　将制度自信教育内容融入教材中

"思想政治理论课讲什么"是关系到思政课能否为学生真正接受、影响到思政课育人实际成效的核心问题。"中国共产党为什么能、马克思主义为什么行、中国特色社会主义为什么好"是制度自信教育必须讲清楚、讲透彻、讲出道理的内容。在设计制度自信教育教学内容时，需要将制度体系的基本构成、制度自信的理论成果、制度自信的丰富案例融入教材，既要讲"是什么"，又要讲"为什么"，既要讲"怎么看"，又要讲"怎么办"。通过思政课教学中的制度自信教育，引导学生正确认识国内外社会制度的差异，深刻了解制度生成的内在逻辑，准确把握我国制度的独特优势，积极回应学生对重大社会热点问题的关切，提升对中国特色社会主义制度的情感信任与价值认同。

一、将制度体系的科学内容全面融入教材

"制度自信"是中国特色社会主义制度自信，其主体为中国共产党及广大人民群众，其客体为中国特色社会主义制度本身，即中国共产党及领导下的广大人民群众作为制度的缔造者，认同并信任自己所创造的中国特色社会主义制度。开展制度自信教育，必须要讲清楚客体，即我们的制度是什么，中国特色社会主义制度的组成部分是什么。党的十九届四中全会明确指出，制度体系由根本制度、基本制度、重要制度、具体制度构成。其中，根本制度为第一层级，在制度体系中起着根本性作用；基本制度、重要制度为第二层级，在制度体系中起着支撑作用；具体制度为第三层级，是最具体、最直接、操作性最强的制度。

（一）中国特色社会主义根本制度

根本制度是指在中国特色社会主义制度体系中起着决定性作用的制度，它们反映着中国特色社会主义制度的本质，在中国特色社会主义发展中不能有丝毫动摇。

　　党的领导制度是中国特色社会主义的根本领导制度。坚持中国共产党领导是中国特色社会主义最本质的特征，党的领导制度是中国特色社会主义制度的最大优势，是制度自信生成的根本动力。一百多年来，中国共产党之所以能够从一个 50 多人的小党，发展成为拥有 9600 多万党员、490 多万个基层组织的世界最大的马克思主义执政党，根本原因在于中国共产党拥有完善的领导制度和有效的领导力，使其能够在革命、建设和改革的不同时期成功应对各种风险考验，确保其始终成为全国人民的主心骨。我们讲中国共产党为什么能，其实说的就是为什么中国共产党能够成为中国特色社会主义事业的领导核心、为什么中国共产党能够领导中国人民实现中华民族伟大复兴。[①] 正因为如此，党的十九届四中全会《决议》把"坚持党的集中统一领导"置于我国国家制度和国家治理体系 13 个方面显著优势的首位，把"坚持和完善党的领导制度体系"置于坚持和完善中国特色社会主义制度、推进国家治理体系和治理能力现代化 13 个方面制度安排的首位。党的十九届六中全会审议通过的《中共中央关于党的百年奋斗重大成就和历史经验的决议》，在总结党的历史经验时也将"坚持党的领导"作为十大经验之一列在首位，强调"中国人民和中华民族之所以能够扭转近代以后的历史命运、取得今天的伟大成就，最根本的是有中国共产党的坚强领导。历史和现实都证明，没有中国共产党，就没有新中国，就没有中华民族伟大复兴"[②]。

　　人民代表大会制度是中国特色社会主义的根本政治制度。人民代表大会制度是符合中国国情、体现社会主义国家性质、保证人民当家作主的根本制度，是支撑国家治理体系和治理能力的根本制度。中国共产党在寻找解决"治乱兴衰"历史周期率答案的道路上找到的第一个答案

---

① 　肖贵清、车宗凯：《坚持马克思主义在意识形态领域指导地位的根本制度》，《思想教育研究》2020 年第 1 期。

② 　《中共中央关于党的百年奋斗重大成就和历史经验的决议》，人民出版社 2021 年版，第 65 页。

就是"民主"，即"让人民来监督政府，政府才不敢松懈。只有人人起来负责，才不会人亡政息"①。人民代表大会制度使人民能够通过有效途径和形式监督政府、参与管理国家事务、管理经济和文化事业、管理社会事务。作为最高国家权力机关的全国人民代表大会和作为地方国家权力机关的地方各级人民代表大会，不仅要依法产生全国和地方的政府机关、监察机关、审判机关、检察机关，还要依法审查和决定全国和地方的经济社会发展规划、各方面工作的重大事项等。可见，人民代表大会制度既体现着人民当家作主的社会主义民主政治的本质和核心，也保证着党的路线方针政策在国家工作中的贯彻执行，实现了国体与政体、民主与效率的有机统一，是坚持党的领导、人民当家作主、依法治国有机统一的根本制度安排，集中体现了我国社会主义民主政治的特点和优势。正因为如此，《中共中央关于党的百年奋斗重大成就和历史经验的决议》在总结党的历史经验时强调指出："党坚持和完善人民代表大会制度，支持和保证人民通过人民代表大会行使国家权力，支持和保证人大依法行使立法权、监督权、决定权、任免权，果断查处拉票贿选案，维护人民代表大会制度权威和尊严，发挥人民代表大会制度的根本政治制度作用。"②

坚持马克思主义在意识形态领域指导地位的根本制度。马克思主义是中国共产党的根本指导思想，中国共产党正是中国马克思主义者将马克思主义基本原理同中国实际相结合而建立起来的。中国共产党之所以能够领导中国人民取得新民主主义革命的胜利、建立中华人民共和国，根本原因就在于坚持了马克思列宁主义的指导，在于把马克思主义的基本原理同中国革命的具体实际结合起来，走出了新民主主义革命的胜利之路。在社会主义革命、建设和改革的历史进程中，中国共产党之所以能够领导人民取得举世瞩目的伟大成就，其根本在于坚持了马克思

① 黄炎培：《八十年来》，文史资料出版社 1982 年版，第 148—149 页。
② 《中共中央关于党的百年奋斗重大成就和历史经验的决议》，人民出版社 2021 年版，第 40 页。

主义的指导思想，在于将马克思主义的基本原理同中国的具体实际相结合，走出了一条中国特色社会主义道路。邓小平在探索和回答什么是社会主义、怎样建设社会主义这个基本问题时，曾经明确指出："把马克思主义的普遍真理同我国的具体实际结合起来，走自己的道路，建设有中国特色的社会主义，这就是我们总结长期历史经验得出的基本结论。"① 江泽民在新的历史时期创造性地回答"建设什么样的党、怎样建设党"这个重大问题时，也曾强调指出："认真总结苏联解体、东欧剧变的教训，以及我们发生'文化大革命'这样严重曲折的教训，深刻分析它们的原因，可以得出两条结论。一是必须坚持社会主义。西方敌对势力断言社会主义、马克思主义要从世界上灭亡了，这只是他们的梦呓。二是必须进行社会主义改革，探索符合本国实际的社会主义发展道路。实践证明，中国社会主义不仅继续存在，而且通过改革发展得更好了。"② 党的十八大以来，以习近平同志为核心的党中央高度重视意识形态工作，不仅就意识形态领域的方向性、根本性、全局性问题作出了一系列重要论述，诸如"马克思主义是我们立党立国的根本指导思想。背离或放弃马克思主义，我们党就会失去灵魂、迷失方向。在坚持马克思主义指导地位这一根本问题上，我们必须坚定不移，任何时候任何情况下都不能有丝毫动摇"③ "要坚持不懈用马克思主义中国化最新成果武装头脑、凝心聚魂，坚定全党马克思主义信仰和共产主义理想，不断提高全党特别是领导干部的理论思维能力和思想政治水平"④ 等，而且专门作出重大部署，颁布实施《党委（党组）意识形态工作责任制实施办法》，特别是党的十九届四中全会审议通过的《中共中央关于坚持和完善中国特色社会主义制度、推进国家治理体系和治理能力现代化若干重大问题的决定》，第一次把坚持马克思主义在意识形态领域的指导地位

① 《邓小平文选》第三卷，人民出版社 1993 年版，第 3 页。

② 《江泽民文选》第三卷，人民出版社 2006 年版，第 78 页。

③ 习近平：《在庆祝中国共产党成立 95 周年大会上的讲话》，人民出版社 2016 年版，第 9 页。

④ 《习近平谈治国理政》第二卷，外文出版社 2017 年版，第 67—68 页。

作为繁荣发展社会主义先进文化的根本制度提了出来。这是一次重大制度创新和理论创新。中国特色社会主义制度理论基础和指导思想是马克思主义，只有坚持马克思主义在我国意识形态领域的指导地位，才能使全体人民在理想信念、价值理念、道德观念上紧密团结，在行动上拧成一股绳、力往一处用、劲往一处使，确保党和国家的各项工作始终沿着正确的方向推进。正因为如此，《中共中央关于党的百年奋斗重大成就和历史经验的决议》在总结党的历史经验时强调指出："必须坚持以人民为中心的工作导向，举旗帜、聚民心、育新人、兴文化、展形象，牢牢掌握意识形态工作领导权，建设具有强大凝聚力和引领力的社会主义意识形态，建设社会主义文化强国，激发全民族文化创新创造活力，更好构筑中国精神、中国价值、中国力量，巩固全党全国各族人民团结奋斗的共同思想基础。"[①]

（二）中国特色社会主义基本制度

基本制度是指体现着我国社会主义的国家性质，规定国家政治生活、经济生活基本原则，对国家发展具有重大影响的制度。中国特色社会主义基本制度分为基本政治制度和基本经济制度，包括中国共产党领导的多党合作和政治协商制度、民族区域自治制度、基层群众自治制度以及基本经济制度。

中国共产党领导的多党合作和政治协商制度，是我国社会主义民主政治独特形式和显著优势的集中体现，是中国共产党、中国人民和各民主党派、无党派人士的伟大政治创造，是从中国土壤中生长出来的新型政党制度。中国共产党是执政党，代表了广大无产阶级的利益，同时它也是中国人民和中华民族的先锋队，代表了最广大人民群众、社会各阶级团体的根本利益。其他党派通过参与政治协商、民主监督、参政议政，保障了执政党决策的正确性和客观性，保证和支持了人民当家作主。在以美国为首的多党竞争政党制度乱象频生的大背景下，中国共产

[①] 《中共中央关于党的百年奋斗重大成就和历史经验的决议》，人民出版社2021年版，第44页。

党领导的多党合作和政治协商制度为世界各个国家处理执政党、参政党、在野党关系提供了具有制度优势的中国方案。

民族区域自治制度是中国共产党创造性解决我国民族问题的一项基本政治制度，是建设中国特色社会主义政治的重要内容，是中国特色社会主义制度体系中处理民族关系问题的伟大创新。民族区域自治制度是指在国家统一领导下，各少数民族聚居的地方实行区域自治，设立自治机关，行使自治权的制度。我国是由多民族构成的国家，民族与民族之间由于定居环境、文化风俗、生活习惯存在差异，将民族区域自治与国家统一领导相结合，既体现了中国共产党对中华优秀传统文化中"美美与共，天下大同"思想的继承与发展，又体现了对马克思主义基本原理中"具体问题具体分析"思想的贯彻与落实，为世界其他国家处理民族关系问题提供了制度上的借鉴参考。

基层群众自治制度是全面展示中国特色社会主义民主广泛性、真实性、实效性、可操作性的具有独特作用的基本政治制度。中国是有着14亿多人口的大国，为能够使人民当家作主落到实处，中国共产党通过在农村和城市社区建立基层群众自治性组织，并加以规范和引导，使广大基层群众依照宪法和法律参与国家和社会事务、经济文化事业管理，实现基层群众自我管理、自我服务、自我教育、自我监督。坚持和完善基层群众自治制度，是发展社会主义民主政治的一项基础内容，也是人民群众直接参与管理国家和社会事务、直接行使民主权利的重要制度保证。

社会主义基本经济制度充分反映了社会主义解放生产力、发展生产力、实现共同富裕的本质要求，体现了社会主义制度的优越性。中国特色社会主义基本经济制度是公有制为主体，多种所有制经济共同发展；按劳分配为主体，多种分配方式并存；社会主义市场经济体制。公有制为主体、多种所有制经济共同发展的制度优势在于其在确保公有制主体地位不动摇的基础上，促进了不同所有制之间的竞争，发挥了公有制和非公有制在不同领域的独特制度优势；按劳分配为主体、多种分配方式并存的制度优势，激发了劳动者主动创造生产力的动力，提高了劳动效率，同时也是减少收入分配差距，实现共同富裕的制度保证；建立社会主义市场经济体制是我国经济改革的目标，其制度优势在于将计划与市场有机结合，既能够发挥宏观调控和集中力量办大事的制度优势，又有效地利用了市场优胜劣汰的选择机制和奖惩分明的激励功能，使各种生产要素得到最有效的利用，从而提高全要素生产率。中国特色社会主义基本经济制度，既有解放和发展社会生产力的制度优势，又彰显社会主义优越性的制度优势，是全面建设社会主义现代化国家的制度保证。

（三）中国特色社会主义重要制度

中国特色社会主义重要制度是由根本制度和基本制度派生而来的、国家治理各领域各方面各环节的具体的主体性制度，是包括法律法治、行政管理、文化建设、民生保障、社会治理、生态文明、"一国两制"、对外事务、党和国家监督等方面的主体性制度，是连接着中国特色社会主义根本制度、基本制度的制度体系。具体包括中国特色社会主义法治重要制度、中国特色社会主义政府治理重要制度、中国特色社会主义文化制度、统筹城乡的民生保障制度、共建共治共享的社会治理制度等。由于其涵盖了国家治理体系的方方面面，中国特色社会主义重要制度关系到国家治理的总体要求、总体目标和一系列政策举措能否落实落细，以及中国特色社会主义制度优势和国家治理体系的功能作用能否得到充分发挥的问题。

（四）中国特色社会主义具体制度

中国特色社会主义具体制度是在根本制度、基本制度、重要制度框架下的具体政治制度、经济制度、文化制度、社会制度、生态制度，具体制度涵盖人民群众日常生活的各个领域、各个层面，是人民群众最直接接触到的、最容易感受到的。

具体制度的内容并不是一成不变的，会随着国情、世情、社情的变化而作出相应调整，旧的具体制度满足不了现实情况的需要就会被废止或修改，契合时代变化的新的具体制度也会应运而生，实现制度的与时俱进。例如，计划生育政策、退休政策等国家的大政方针、中央和

表 57 "您是否了解中国特色社会主义制度" 与 "您对于我国当前制度总体态度" 交叉表

		您对于我国当前制度的总体态度是					总计
		非常自信	比较自信	一般自信	不太自信	完全不自信	
您是否了解中国特色社会主义制度	非常了解 计数	74	25	4	2	0	105
	是否了解中国特色社会主义制度%	70.5%	23.8%	3.8%	1.9%	0.0%	100.0%
	对于我国当前制度的总体态度%	40.2%	10.7%	6.3%	20.0%	0.0%	21.0%
	比较了解 计数	78	145	31	3	1	258
	是否了解中国特色社会主义制度%	30.2%	56.2%	12.0%	1.2%	0.4%	100.0%
	对于我国当前制度的总体态度%	42.4%	62.0%	49.2%	30.0%	11.1%	51.6%
	一般了解 计数	27	56	25	5	4	117
	是否了解中国特色社会主义制度%	23.1%	47.9%	21.4%	4.3%	3.4%	100.0%
	对于我国当前制度的总体态度%	14.7%	23.9%	39.7%	50.0%	44.4%	23.4%
	基本不了解 计数	2	5	1	0	0	8
	是否了解中国特色社会主义制度%	25.0%	62.5%	12.5%	0.0%	0.0%	100.0%

续表

			您对于我国当前制度的总体态度是					总计
			非常自信	比较自信	一般自信	不太自信	完全不自信	
您是否了解中国特色社会主义制度	基本不了解	对于我国当前制度的总体态度%	1.1%	2.1%	1.6%	0.0%	0.0%	1.6%
	完全不了解	计数	3	3	2	0	4	12
		是否了解中国特色社会主义制度%	25.0%	25.0%	16.7%	0.0%	33.3%	100.0%
		对于我国当前制度的总体态度%	1.6%	1.3%	3.2%	0.0%	44.4%	2.4%
总计		计数	184	234	63	10	9	500
		是否了解中国特色社会主义制度%	36.8%	46.8%	12.6%	2.0%	1.8%	100.0%
		对于我国当前制度的总体态度%	100.0%	100.0%	100.0%	100.0%	100.0%	100.0%

地方制定的相关法案规定等，都是在社会经济的发展过程中不断修订完善。

中国特色社会主义制度体系的基本构成是制度自信教育的逻辑起点，只有在思政课的教学过程中讲清楚制度内容是什么、制度是怎么产生的、怎样形成的，讲明白制度的优势体现在哪儿，制度自信的底气在哪儿，才能使青年学生对中国特色社会主义制度有全面的了解，才能生成对中国特色社会主义制度的坚定自信。正如我们问卷调研中发现，青年学生对中国特色社会主义制度的自信程度与青年学生对中国特色社会主义制度的认知程度呈正相关关系，即对中国特色社会主义制度了解程度越深，对中国特色社会主义制度的自信程度就越强。如表57所示。

二、将制度自信的理论成果有效融入教材

中国共产党对中国特色社会主义制度自信的认识与理解，是一个不断深化和发展的过程。虽然制度自信的话语表达在不同历史时期呈现不同特征，但是共同构成了党关于制度自信、制度优势的重要理论认识。将制度自信教育融入高校思政课，内在地要求把制度自信的理论成果融入教材之中。

（一）中国共产党对坚定制度自信的认识

狭义的"制度自信"，是在党的十八大后提出的对中国特色社会主义制度的自信。广义的"制度自信"，是在中国共产党成立后的社会主义革命、建设、改革实践中提出来的坚定对中国共产党领导的社会制度的自信，凝聚起了为实现中华民族伟大复兴而奋斗的强大力量。这些广义的"制度自信"理论认识，为中国特色社会主义制度的建立和狭义"制度自信"理论的产生奠定了思想基础。

在新民主主义革命时期，中国共产党就号召广大人民群众通过推翻旧制度、建立新制度，实现翻天覆地的历史性变革。毛泽东在《中国共产党致中国国民党书》《同合众社记者王公达的谈话》《同世界学联代表团的谈话》等文章、谈话中，明确提出中国共产党对于建立一个新的民主制度所坚持的主张与态度，强调"以民主制度的普遍实行去争取抗

日战争的胜利"①，"在这个制度之下，无论哪一种职业的人，无论从事什么活动，都能发挥他们的天才，有什么才干的人都可以表现出来。"② 毛泽东对新中国的国家制度、社会制度、经济制度等进行了初步设计与展望，在党的七大口头政治报告中，毛泽东提出："改造我们的国家制度，把它改造成为有民主，有人民的军队，有人民的政府，有人民的团体的，日本帝国主义才能打倒！"③ 在《论人民民主专政》一文中，毛泽东指出，"总结我们的经验，集中到一点，就是工人阶级（经过共产党）领导的以工农联盟为基础的人民民主专政。这个专政必须和国际革命力量团结一致。这就是我们的公式，这就是我们的主要经验，这就是我们的主要纲领。"④ 这些来自革命实践中的思想认识，鼓舞和激励着广大党员和人民群众为着美好未来社会而努力奋斗。

在社会主义革命和建设时期，中国共产党通过制度对比，宣传社会主义制度优势来激发广大人民群众建设社会主义的积极性，提升对社会主义制度的自信。在政治制度方面，毛泽东强调社会主义制度能够充分发挥人民群众的力量，"一切事实都证明：我们的人民民主专政的制度，较之资本主义国家的政治制度具有极大的优越性。在这种制度的基础上，我国人民能够发挥其无穷无尽的力量。这种力量，是任何敌人所不能战胜的"⑤；在经济制度方面，毛泽东认为社会主义制度在速度、质量方面呈现出突出优势，"为什么社会主义经济比较好些？就是劳动生产率比较高，技术提高得快，生产发展得快，又快又好。这说明社会主义比资本主义优胜。"⑥ 在党的八大政治报告中，毛泽东再次对制度优势进行比较，强调"社会主义的优越性，不但要表现在经济成就的数量和进度上面，还必须表现在它的

---

① 《毛泽东选集》第二卷，人民出版社 1993 年版，第 130 页。
② 《毛泽东选集》第二卷，人民出版社 1993 年版，第 130 页。
③ 《毛泽东文集》第三卷，人民出版社 1996 年版，第 311 页。
④ 《毛泽东选集》第四卷，人民出版社 1991 年版，第 1480 页。
⑤ 《毛泽东文集》第六卷，人民出版社 1999 年版，第 184 页。
⑥ 《毛泽东年谱（1949—1976）》第二卷，中央文献出版社 2013 年版，第 117 页。

质量上面"①。对于社会主义制度自我完善的优势，毛泽东强调："在
我们社会主义国家里，错误是可以改正的，因为我们的制度是社会
主义制度。资本主义制度本身不能改正它的错误，所以资本主义要
走向它的反面。"②这里实际上道出了社会主义制度自我纠错、自我完
善的优势。事实上，新中国成立后出现的一些制度偏差和失误，正
是依靠社会主义制度自身而实现调整、回归正轨的，自我纠错、自
我完善的优势使社会主义制度保持了旺盛的生命力。

　　在改革开放和社会主义现代化建设新时期，中国共产党坚持以生
产力发展水平衡量制度优劣，并在实践中对制度优势进行了概括总结。
邓小平作为改革开放的总设计师和中国特色社会主义事业的开创者，对
制度自信理论的发展作出重要贡献。第一，通过正面论述与对比论述，
说明社会主义制度自身具有很强的应然优势，拥有资本主义制度没有的
优势。邓小平在《党和国家领导制度的改革》一文中揭露了资本主义制
度的本质特征，强调"无论如何，社会主义制度总比弱肉强食、损人
利己的资本主义制度好得多"③。在《旗帜鲜明地反对资产阶级自由化》
中，邓小平提出了实现社会主义制度优势的发展目标，即"如果我们达
到人均国民生产总值四千美元，而且是共同富裕的，到那时就能够更好
地显示社会主义制度优于资本主义制度"④。针对部分群众质疑社会主义
发展过程中出现的消极腐败问题，邓小平在《坚持四项基本原则》中进
行了正面回应，强调："社会主义的中国在经济、技术、文化等方面现
在还不如发达的资本主义国家，这是事实。但是这不是社会主义制度造
成的，从根本上说，是解放以前的历史造成的，是帝国主义和封建主义
造成的……现在我们总结了经验，纠正了错误，毫无疑问将来会比任何

---

①　《中共中央文件选集（一九四九年十月——一九六六年五月）》第24册，人民出版
　　社2013年版，第251页。

②　《毛泽东年谱（1949—1976）》第三卷，中央文献出版社2013年版，第332页。

③　《邓小平文选》第二卷，人民出版社1994年版，第337页。

④　《邓小平年谱（1975—1997）》（下），中央文献出版社2004年版，第1161页。

资本主义国家发展得都快，并且比较稳定而持久。"① 第二，总结社会主义制度的优势特征，丰富制度自信的理论内涵。1987 年 6 月，邓小平在会见南斯拉夫共产主义者联盟中央主席团委员科罗舍茨时指出："社会主义国家有个最大的优越性，就是干一件事情，一下决心，一做出决议，就立即执行，不受牵扯。"②1990 年，邓小平在视察国家奥林匹克体育中心场馆和北京市容时再次指出，这么多亚运会建筑"是集中力量在短时间搞出来的，而且搞得这么好，证明社会主义好。社会主义能够集中力量，什么困难的事都能搞成"③。集中力量办大事是我国的制度优势之一，高效率的成果产出是集中力量办大事的结果。总之，在这一时期，以邓小平同志为主要代表的中国共产党人对坚定社会主义制度自信进行了积极探索，增强了广大党员和人民群众对"什么是社会主义""怎样建设社会主义"这一重大理论问题的理解和认识。

（二）制度自信概念的提出

改革开放以来，中国共产党带领中国人民在中国特色社会主义道路上阔步向前，取得了举世瞩目的历史性成就。系统总结中国特色社会主义的本质内涵和鲜明特征，正确认识中国特色社会主义的科学性与真理性，坚定中国人民选择自己道路的自信与自豪，迫切需要推动中国特色社会主义的理论创新，以具有鲜明标识的概念凝聚起强大的发展动力。

2011 年，胡锦涛在庆祝中国共产党成立九十周年大会上的讲话中提出了"中国特色社会主义制度"的重要论断，强调"经过九十年的奋斗、创造、积累，党和人民必须倍加珍惜、长期坚持、不断发展的成就是：开辟了中国特色社会主义道路，形成了中国特色社会主义理论体系，确立了中国特色社会主义制度"④。作为党的理论创新成果，"中国

---

① 《邓小平文选》第二卷，人民出版社 1994 年版，第 166—167 页。

② 《邓小平文选》第三卷，人民出版社 1993 年版，第 240 页。

③ 《邓小平思想年编（1975—1997）》，中央文献出版社 2011 年版，第 693 页。

④ 《十七大以来重要文献选编》（下），中央文献出版社 2013 年版，第 435 页。

特色社会主义制度"概念首次进入党的理论创新话语体系中。在此基础上，党的十八大报告中正式提出中国特色社会主义制度自信，强调"中国特色社会主义道路，中国特色社会主义理论体系，中国特色社会主义制度，是党和人民九十多年奋斗、创造、积累的根本成就，必须倍加珍惜、始终坚持、不断发展"①。"全党要坚定这样的道路自信、理论自信、制度自信！"②"三个自信"的重要论述，清晰地表明了我们党坚定不移推进中国特色社会主义事业的决心和信心，对激励全党和全国人民实现中华民族伟大复兴宏伟目标产生极为重要的精神推动作用。党的十八大以来，以习近平同志为核心的党中央在领导人民进行社会主义现代化建设的伟大实践中，以科学理性的态度认识中国特色社会主义制度的显著优势和本质特征，不断推动制度自信理论的发展。2014 年 2 月 17 日，习近平在省部级主要领导干部学习贯彻十八届三中全会精神全面深化改革专题研讨班上的重要讲话中指出："没有坚定的制度自信就不可能有全面深化改革的勇气，同样，离开不断改革，制度自信也不可能彻底、不可能久远。我们全面深化改革，是要使中国特色社会主义制度更好；我们说坚定制度自信，不是要固步自封，而是要不断革除体制机制弊端，让我们的制度成熟而持久。"③这一重要论断，不仅深刻地阐明了制度自信与改革开放的关系，而且强调我们要汲取历史经验，在新的历史起点上以更加自觉的制度自信推进国家治理体系和治理能力现代化，以成熟完善的制度体系保障中华民族伟大复兴目标的顺利实现。在庆祝中华人民共和国成立 65 周年招待会上的讲话中，习近平系统总结了新中国成立以来的历史成就及其制度原因，明确指出："中国由新民主主义走向社会主义，开创和拓展中国特色社会主义道路，使社会主义这一人类社会的美好理想在古老的中国大地上变成了具有强大生命力的成功道路和制度体系。这不仅为中华民族实现伟大复兴提供了重要制度保障，

---

① 《十八大以来重要文献选编》（上），中央文献出版社 2014 年版，第 9 页。

② 《十八大以来重要文献选编》（上），中央文献出版社 2014 年版，第 13 页。

③ 《习近平谈治国理政》第一卷，外文出版社 2018 年版，第 106 页。

而且为人类社会走向美好未来提供了具有充分说服力的道路和制度选择。"① 这一重要论断，不仅明确指出了中国特色社会主义制度是在中国革命、建设、改革的伟大实践中探索出来的，党的奋斗历史已经证明了中国特色社会主义制度具有显著优势，而且强调中国特色社会主义制度是中国人民实现中华民族伟大复兴的根本制度保障，全党和全国人民必须毫不动摇地坚持中国特色社会主义制度自信。总之，中国特色社会主义制度自信的提出，反映出我们党在新的历史条件下推进中国特色社会主义事业的清醒和自觉。

（三）中国共产党对制度自信认识的深化发展

2019 年，党的十九届四中全会审议通过了《中共中央关于坚持和完善中国特色社会主义制度、推进国家治理体系和治理能力现代化若干重大问题的决定》（以下简称《决定》），重点讨论了将我国的制度优势转化为制度效能的重大意义，系统回答了"坚持和巩固什么、完善和发展什么"这个重大政治问题，提出了坚定制度自信的理论依据和实践要求。

党的十九届四中全会创造性地将中国特色社会主义根本制度、基本制度、重要制度、具体制度总结归纳为党的领导制度体系、人民当家作主制度体系、中国特色社会主义法治体系、中国特色社会主义行政体系、社会主义基本经济制度、繁荣发展社会主义先进文化制度、统筹城乡的民生保障制度、共建共治共享的社会治理制度、生态文明制度体系、党对人民军队的绝对领导制度、"一国两制"制度体系、独立自主的和平外交政策、党和国家监督体系，明确强调"坚持和完善中国特色社会主义制度、推进国家治理体系和治理能力现代化的总体目标是，到我们党成立一百年时，在各方面制度更加成熟更加定型上取得明显成效；到二○三五年，各方面制度更加完善，基本实现国家治理体系和治理能力现代化；到新中国成立一百年时，全面实现国家治理体系和治理能力现代化，使中国特色社会主义制度更加巩固、优

---

① 《十八大以来重要文献选编》（中），中央文献出版社 2016 年版，第 79—80 页。

越性充分展现。"① 在党的十九届四中全会第二次全体会议上，习近平提出"要把制度自信教育贯穿国民教育全过程，把制度自信的种子播撒进青少年心灵"②。《决定》还对制度自信教育专门进行了规划，指出要"加强制度理论研究和宣传教育，引导全党全社会充分认识中国特色社会主义制度的本质特征和优越性，坚定制度自信"③。

党的十九届五中全会擘画了全面建设社会主义现代化国家的宏伟蓝图，提出了与此相适应的中国特色社会主义制度完善和发展的重大任务，强调要"坚持党的全面领导，坚持和完善党领导经济社会发展的体制机制，坚持和完善中国特色社会主义制度，不断提高贯彻新发展理念、构建新发展格局能力和水平，为实现高质量发展提供根本保证"④。党的十九届六中全会通过了《中共中央关于党的百年奋斗重大成就和历史经验的决议》，全面深刻地总结了党领导人民取得的伟大成就和中国特色社会主义制度的显著优势。例如，关于坚持党的领导，《决议》明确指出："治理好我们这个世界上最大的政党和人口最多的国家，必须坚持党的全面领导特别是党中央集中统一领导，坚持民主集中制，确保党始终总揽全局、协调各方。只要我们坚持党的全面领导不动摇，坚决维护党的核心和党中央权威，充分发挥党的领导政治优势，把党的领导落实到党和国家事业各领域各方面各环节，就一定能够确保全党全军全国各族人民团结一致向前进。"⑤ 关于统一战线，《决议》指出："建立最广泛的统一战线，是党克敌制胜的重要法宝，也是党执政兴国的重要法

① 《中国共产党第十九届中央委员会第四次全体会议公报》，人民出版社 2019 年版，第 8 页。

② 《习近平谈治国理政》第三卷，外文出版社 2020 年版，第 129 页。

③ 《中共中央关于坚持和完善中国特色社会主义制度　推进国家治理体系和治理能力现代化若干重大问题的决定》，人民出版社 2019 年版，第 43 页。

④ 《中国共产党第十九届中央委员会第五次全体会议公报》，人民出版社 2020 年版，第 10 页。

⑤ 《中共中央关于党的百年奋斗重大成就和历史经验的决议》，人民出版社 2021 年版，第 65 页。

宝。党始终坚持大团结大联合，团结一切可以团结的力量，调动一切可以调动的积极因素，促进政党关系、民族关系、宗教关系、阶层关系、海内外同胞关系和谐，最大限度凝聚起共同奋斗的力量。"①党的二十大报告将"坚持自立自信"作为习近平新时代中国特色社会主义思想的世界观和方法论之一提了出来，强调要"坚定道路自信、理论自信、制度自信、文化自信，以更加积极的历史担当和创造精神为发展马克思主义作出新的贡献，既不能刻舟求剑、封闭僵化，也不能照抄照搬、食洋不化"②。中国特色社会主义制度是当代中国发展进步的最大优势和制度保证，是自信自立的定力所在。党的二十大从新的高度诠释了制度自信在新时代坚持和发展中国特色社会主义，推进社会主义现代化国家建设进程中的重要意义。

由上述可知，党在不同历史时期对制度自信理论的探索，构成了制度自信教育的重要理论支撑和教学内容。将制度自信教育有机融入思想政治理论课，必须加强对制度自信理论的阐释，将制度自信的丰富理论成果融入教材。正所谓"理论上清醒，政治上才能坚定"。在十九届中央政治局第十七次集体学习时，习近平就强调指出，"要加强制度宣传教育，特别是要加强对青少年的制度教育，讲好中国制度故事"③。青少年是国家的未来、民族的希望，加强青少年制度自信教育意义重大。必须把握青少年身心特点和成长规律，不断提升制度自信教育效果。2019年3月18日，在学校思想政治理论课教师座谈会上，习近平进一步强调了将制度自信教育融入思想政治工作的重要意义，他说："我们对共产党执政规律、社会主义建设规律、人类社会发展规律的认识和把

① 《中共中央关于党的百年奋斗重大成就和历史经验的决议》，人民出版社2021年版，第70页。

② 习近平：《高举中国特色社会主义伟大旗帜　为全面建设社会主义现代化国家而团结奋斗——在中国共产党第二十次全国代表大会上的报告》，人民出版社2022年版，第19页。

③ 《习近平在中央政治局第十七次集体学习时强调　继续沿着党和人民开辟的正确道路前进　不断推进国家治理体系和治理能力现代化》，《人民日报》2019年9月25日。

握不断深入，开辟了中国特色社会主义理论和实践发展新境界，中国特色社会主义取得举世瞩目的成就，中国特色社会主义道路自信、理论自信、制度自信、文化自信不断增强，为思政课建设提供了有力支撑。"①因此，通过引导青年学生学习制度自信的理论成果，正确认识制度自信形成的历史过程，深刻领会"什么是制度自信""为什么要坚定制度自信""怎样坚定制度自信"等重大问题，不断提升制度自信教育的实际成效。

三、将制度自信教育的案例有机融入教材

恩格斯在《反杜林论》中指出："现代社会主义必获胜利的信心，正是基于这个以或多或少清晰的形象和不可抗拒的必然性印入被剥削的无产者的头脑中的、可以感触到的物质事实，而不是基于某一个蛰居书斋的学者的关于正义和非正义的观念。"②而所谓"清晰的形象""可以感触到的物质事实"就是现实发生的各种实践和事件，它们是推动形成中国特色社会主义制度自信的关键要素之一。如果只有艰深晦涩的理论和照本宣科的定义，而缺乏联系实际的鲜活案例和实践证明，很难发挥制度自信教育应有的资政育人功能。因此，将发生在身边能够客观阐述制度自信的"中外对比""案例故事"融入教材，通过"以案说理"的形式，引导学生是中国特色社会主义制度自信融入高校思政课教学的重要方式。

（一）在中外对比中打破西方虚假美好

曾几何时，西方资本主义制度被奉为圭臬。"往西看""向西方取经"成为许多发展中国家的路径选择，"现代化就是西方化""西方自由民主制度是历史的终结"几乎成了定论。而如今，欧美国家乱象频发，使人们对"西式民主"产生了怀疑。中国特色社会主义呈现勃勃生机，使人们对"中国式现代化"充满自信。

---

① 《习近平谈治国理政》第三卷，外文出版社 2020 年版，第 329 页。
② 《马克思恩格斯文集》第 9 卷，人民出版社 2009 年版，第 165 页。

2021年，针对美国民主制度暴露出来的问题和由此给世界带来的危害，中国外交部发布了《美国民主情况》的白皮书，从理论、实践和历史的维度系统地分析了美国民主的实践的乱象和对外输出民主的危害。白皮书指出，"金钱政治和游说团体正在扭曲美国普通民众发声的渠道，绝大多数人表达真实意愿的声音都被少数利益集团盖过了。这些寡头又用手中的权力来充实自己的财富，而普通民众的利益则被抛诸脑后。""根据美联社－NORC公共事务研究中心的一项民意调查，只有16%的美国人表示民主运作良好或非常好，45%的美国人认为民主运作不正常，而另外38%的美国人认为民主运作得不太良好。美国皮尤研究中心调查显示，仅有20%的美国人一直或多数时候都信任联邦政府。"①

中国在经济发展和社会稳定上创造了世界奇迹，中国制度无论是在平时还是在危急时刻都展现出强大的优越性和有效性。改革开放以来，中国通过和平发展与资源共享的方式进行发展，而不是入侵与掠夺的方式，成为世界第二大经济体，创造了世界现代化的新范例。对于国内出现的贫富差距拉大、环境污染、贪污腐败问题，中国共产党坚持以人民为中心的发展理念，在发展中切实维护人民利益，使人民群众成为社会发展的最终受益者。例如，关于解决严重侵害群众利益的官僚主义和形式主义的问题，中国共产党从中央八项规定破题，以上率下抓作风建设，"从遏制'舌尖上的浪费'、刹住'车轮上的腐败'、整治'会所里的歪风'，到持续解决形式主义、深化拓展基层减负，党风政风和社会风气为之一新，作风建设成为全面从严治党的金色名片。党的十八大以来到今年（2022年——作者注）4月底，共有72.3万起违反中央八项规定精神问题被查处，给予党纪政务处分64.4万人。"②将中国特色社会主义制度与资本主义制度相比较，可以看出二者之间是有本质区别的。

从二者之间的差异可知，中国制度无论是在政治还是经济方面都

---

① 《美国民主情况》，《人民日报》2021年12月6日。
② 李志勇：《新时代党的自我革命的伟大实践》，《中国纪检监察报》2022年10月6日。

极大地保障了人民的权益，是有着巨大优势的制度。进行比较制度教育，可以在对比之中更加深刻地理解中国制度的优越性，以及中国制度是适合中国的好制度，为坚定制度自信提供了纵向与横向的合理性依据。因为通过中西方发展成就的显性对比，可以一目了然地辨识出中国特色社会主义制度的优势和由此生成的自豪感。从我们的调研数据也可以看出，广大青年学生对思想政治理论课的中外比较的授课方式给予高度评价。

从表 58 可以看出，"您如何评价您的思政课"与"在中外比较中阐释中国制度优势"存在一定正相关，即受访者对思政课的评价越高，认为思政课教师采用"在中外比较中阐释中国制度优势"的教学方式频次越高。这说明，思政课教师在课堂教学中运用中外对比的教学方法有助于提高课堂教学的实效性。

（二）讲好制度优势的理论和实践

中国特色社会主义制度优势源于中国特色社会主义制度的实践成就和理论基础，在高校思政课中讲清楚中国特色社会主义制度的比较优势，需要着重讲好中国特色社会主义制度的实践成就和理论基础。

例如，关于党的自我革命制度规范体系的优势，我们要从理论上讲清楚党的自我革命制度规范体系的核心要义与价值意义。党的自我革命制度规范体系是党的十八大以来全面从严治党的理论创新、实践创新和制度创新的重大成果，是对党的自我革命长期性、复杂性、艰巨性提出的最新要求。从理论基础上看，中国共产党是坚持辩证唯物主义和历史唯物主义的马克思主义政党，代表最广大人民根本利益，从成立之日起就以伟大的自我革命推进伟大社会革命。马克思、恩格斯在《共产党宣言》中指出："过去的一切运动都是少数人的，或者为少数人谋利益的运动。无产阶级的运动是绝大多数人的，为绝大多数人谋利益的独立的运动。"① 因为无产阶级政党是为广大人民群众的利益而奋斗的，所以要与党内违背这个原则的一切行为和观念作斗争。正如列宁所强调的：

---

① 《马克思恩格斯文集》第 2 卷，人民出版社 2009 年版，第 42 页。

表58 "您如何评价您的思政课"与"在中外比较中阐释中国制度优势"交叉分析表

		在中外比较中阐释中国制度优势					总计
		非常多	较多	一般	较少	完全没有	
您如何评价您的思政课	沉闷，完全不喜欢						
	计数	4	6	7	2	0	19
	如何评价思政课%	21.1%	31.6%	36.8%	10.5%	0.0%	100.0%
	在中外比较中阐释中国制度优势%	2.2%	3.5%	6.3%	8.0%	0.0%	3.8%
	比较无趣，不喜欢						
	计数	14	23	23	9	1	70
	如何评价思政课%	20.0%	32.9%	32.9%	12.9%	1.4%	100.0%
	在中外比较中阐释中国制度优势%	7.6%	13.4%	20.5%	36.0%	16.7%	14.0%
	一般，谈不上喜欢，与谈不上反感						
	计数	52	69	51	8	2	182
	如何评价思政课%	28.6%	37.9%	28.0%	4.4%	1.1%	100.0%
	在中外比较中阐释中国制度优势%	28.1%	40.1%	45.5%	32.0%	33.3%	36.4%

续表

		在中外比较中阐释中国制度优势					总计
		非常多	较多	一般	较少	完全没有	
您如何评价您的思政课	比较有趣，较喜欢	计数 如何评价思政课%	72 42.6%	63 37.3%	25 14.8%	6 3.6%	3 1.8%	169 100.0%
		在中外比较中阐释中国制度优势%	38.9%	36.6%	22.3%	24.0%	50.0%	33.8%
	获得新知，很喜欢	计数 如何评价思政课%	43 71.7%	11 18.3%	6 10.0%	0 0.0%	0 0.0%	60 100.0%
		在中外比较中阐释中国制度优势%	23.2%	6.4%	5.4%	0.0%	0.0%	12.0%
总计		计数 如何评价思政课%	185 37.0%	172 34.4%	112 22.4%	25 5.0%	6 1.2%	500 100.0%
		在中外比较中阐释中国制度优势%	100.0%	100.0%	100.0%	100.0%	100.0%	100.0%

245

"共产党人的责任不是隐讳自己运动中的弱点，而是公开地批评这些弱点，以便迅速而彻底地克服它们。"① 毛泽东也清楚地指出："有无认真的自我批评，也是我们和其他政党互相区别的显著的标志之一。"② 如果不能坚持自我革命，就不能坚持真理，修正错误，就有可能丧失马克思主义政党政治上的先进性和纯洁性，也就必然违背党的初心使命和人民立场。从意义作用上看，制度是管根本和管长远的，党的自我革命制度规范体系是一项贯彻党的自我革命战略部署、始终保持党长盛不衰、不断发展壮大的重要制度保障。党的自我革命制度规范体系涵盖党内法规制度体系、全面从严治党责任制度体系、党和国家监督体系等具体内容，在治国理政的过程中发挥出强大效能，体现了现代政党的基本要求和鲜明特征。正如习近平总书记指出："有些人迷恋西方多党轮替、三权鼎立那一套，认为一党执政无法解决自身存在的问题。实际上，纵观各国政党，真正像中国共产党这样能够始终如一正视自身问题，能够形成一整套自我约束的制度规范体系，能够严肃惩处党内一大批腐化变质分子的，可以说少之又少。"③ 从工作运行上看，党的自我革命制度规范体系是一种自上而下坚持真理、修正错误，发现问题、纠正偏差的工作机制，旨在解决党的建设系统性、整体性问题。制度制定以后关键在于执行，如果不执行，制度也就失去了生命力。党的自我革命制度规范体系的一个重要职能在于监督制度的执行情况，不仅明确监督问责执行的责任部门，使制度在执行过程中不留"暗门"、不开"天窗"，让"潜规则"寸步难行，使制度成为硬约束而非"橡皮筋"，同时把监督检查、目标考核、责任追究有机结合起来，使对制度执行的外在监督化为推动制度执行的内在动力。习近平强调指出："我们党为什么能够在现代中国各种政治力量的反复较量中脱颖而出？为什么能够始终走在时代前列、成为中国人民和中华民族的主心骨？根本原因在于我们党始终保持

---

① 《列宁选集》第 4 卷，人民出版社 2012 年版，第 235 页。
② 《毛泽东选集》第三卷，人民出版社 1991 年版，第 1096 页。
③ 《十八大以来重要文献选编》（下），中央文献出版社 2018 年版，第 591—592 页。

了自我革命精神，保持了承认并改正错误的勇气，一次次拿起手术刀来革除自身的病症，一次次靠自己解决了自身问题。这种能力既是我们党区别于世界上其他政党的显著标志，也是我们党长盛不衰的重要原因所在。"① 正因为如此，党的十九届六中全会不仅作出了"党的十八大以来，我们党以前所未有的勇气和定力全面从严治党，打了一套自我革命的'组合拳'，形成了一整套党自我净化、自我完善、自我革新、自我提高的制度规范体系"② 的重大论断，而且将"坚持自我革命"作为一百年来我们党领导人民进行伟大奋斗积累的历史经验之一写入《中共中央关于党的百年奋斗重大成就和历史经验的决议》。党的二十大报告将"全面推进党的自我净化、自我完善、自我革新、自我提高"写入新时代党的建设总要求，把"完善党的自我革命制度规范体系"作为"健全全面从严治党体系"的一项重要任务明确提了出来。

从实践成就来看，中国共产党百年自身建设过程就是充分发挥党的自我革命制度规范体系保障作用的过程，用生动的历史事实证明了自我革命是我们党走出兴衰治乱、往复循环的历史周期率的"第二个答案"。在全国革命胜利前夕，毛泽东在七届二中全会上提出"两个务必"，强调"中国的革命是伟大的，但革命以后的路程更长，工作更伟大，更艰苦"③，"可能有这样一些共产党人，他们是不曾被拿枪的敌人征服过的，他们在这些敌人面前不愧英雄的称号；但是经不起人们用糖衣裹着的炮弹的攻击，他们在糖弹面前要打败仗。我们必须预防这种情况"④，要求全党以自我革命的精神，严防资产阶级的"糖衣炮弹"，坚决抵御党员干部内部腐化变质。新中国成立后，党能不能适应新的执政情况，关系到党能不能担负起领导全国人民建设新中国的重任。在此背

① 《十八大以来重要文献选编》（下），中央文献出版社 2018 年版，第 590 页。
② 《习近平谈治国理政》第四卷，外文出版社 2022 年版，第 542—543 页。
③ 《建党以来重要文献选编（1921—1949）》第 26 册，中央文献出版社 2011 年版，第 171 页。
④ 《建党以来重要文献选编（1921—1949）》第 26 册，中央文献出版社 2011 年版，第 212 页。

景下，1949 年 11 月，党中央作出了《关于成立中央及各级党的纪律检查委员会的决定》，要求党的各级机构设立纪律检查委员会，开展经常性的纪律检查工作。《决定》对纪委的职责、产生方式、领导体制作出明确的规定，例如规定纪委的主要职责是检查各级党组织和党员干部的违纪行为，审查并决定对党员的处分或取消处分，在党内加强纪律教育；在领导体制上，规定中央纪委在中央政治局领导下工作，地方各级纪委在该党委会指导下进行工作。《决定》所制定的依靠专门监督机构实现党自我革新的纪律制度，为党领导国民经济恢复和发展提供了坚强的组织保障和纪律保障。1955 年 3 月，党召开全国代表大会，决定加强中央的集中统一领导。会议通过《关于成立党的中央和地方监察委员会的决议》，赋予新成立的监察委员会更大的权力：一是监察委员会改由同级党的代表大会选举产生，二是监察委员会由同级党委的领导关系改为指导关系，三是加强了监察委员会垂直领导关系。①

改革开放以来，为适应党的工作重心转向经济建设的变化，党不仅迅速恢复和重建了遭受破坏的党的纪律检查制度，而且在改革开放实践中不断健全和完善党内纪律检查制度，逐步建立了制度化、规范化、系统化的纪律检查制度体系。按照党的十一大作出的中央和县级以上党委设立纪律检查委员会的决定，党的十一届三中全会成立了中央纪律检查委员会，并通过了《中共中央纪律检查委员会关于工作任务、职权范围、机构设置的规定》《中央纪律检查委员会通告》，标志着恢复和重建党的纪律检查工作全面展开。为适应改革开放后党和国家形势的发展要求，党在建立健全各级纪律检查机构的基础上，对纪律检查机构的职能定位、领导体制、工作规范等方面都进行调整与规范。在职能定位方面，党的十二大党章规定"维护党的章程和其他重要的规章制度，协助党的委员会整顿党风，检查党的路线、方针、政策和决议的执行情

---

① 《中国共产党党风廉政建设文献选编》第 8 卷，中国方正出版社 2001 年版，第 55—56 页。

况"①；十三大党章缩小了纪委职权范围，要求纪委集中力量管好党纪，"协助党委管好党风"②；党的十四大后，党决定纪律检查机构和国家监察机构合署办公，增强党对纪律检查工作的领导作用；十六大党章增加了协助党委"组织协调反腐败工作""对党员领导干部行使权力进行监督"和"保障党员的权利"。③ 这些修改实际上将纪律检查机关的工作重心转移到党风廉政建设上来，改变了过去以处理违反政治纪律为中心的职能定位。

党的十八大以来，党坚持"实践探索在前、总结提炼在后"的原则，不断制定、完善纪律检查的制度规范，扎紧制度的"笼子"，构筑"不能腐"的制度体系，充分发挥了纪律检查机关监督执纪的作用。2013 年 11 月，党的十八届三中全会提出加强反腐体制机制创新和制度保障，拉开了全面从严治党形势下的纪律检查制度改革的序幕。一是制定适应全面从严治党的规章制度。党的十八大以来，党陆续制定了《党的纪律检查体制改革实施方案》《中国共产党问责条例》《关于在北京市、山西省、浙江省开展国家监察体制改革试点方案》《中国共产党纪律检查机关监督执纪工作规则（试行）》等党内规章制度，不仅在宏观上加强了纪律检查制度改革创新的顶层设计，而且在微观上从具体的权力、责任、问责等方面提出了改革的路径，为全面发挥纪律检查机关的监督作用提供了重要的程序、规范和制度依据。二是修订旧条例，适应新形势。党的十八大以来，党及时总结从严治党的成功实践经验并在此基础上形成制度，先后修订了巡视工作条例、廉洁自律条例、纪律处分条例等，既巩固了改革成果，又为全面从严治党提供了制度利器。党的十九大党章所增加的"运用监督执纪'四种形态'"、对中央委员和候补委员以及地方党委委员和候补委员纪律处分的方式和程序、"党的各级纪律检查委员会的职责是监督、执纪、问责"等内容，都来自于从严治党的

---

① 《中国共产党党风廉政建设文献选编》第 1 卷，中国方正出版社 2001 年版，第 656 页。
② 《中国共产党党风廉政建设文献选编》第 1 卷，中国方正出版社 2001 年版，第 698 页。
③ 《中国共产党章程汇编：从一大到十七大》，中共党史出版社 2007 年版，第 204 页。

实践经验。这些改动，体现了党中央对党要管党、从严治党规律的深刻认识和把握。

纪律检查制度的威力体现在纪律检查的实践中，发挥纪律监督检查的威力必须落实纪律检查机关的监督责任。按照"落实党风廉政建设责任制，党委负主体责任，纪委负监督责任"的要求，党以问责推动纪律检查机关贯彻落实管党治党的监督责任。根据《十九届中央纪律检查委员会向中国共产党第二十次全国代表大会的工作报告》显示："中央纪委国家监委立案审查调查中管干部 261 人。全国纪检监察机关共立案 306.6 万件，处分 299.2 万人；立案审查调查行贿人员 4.8 万人，移送检察机关 1.3 万人。在高压震慑和政策感召下，8.1 万人向纪检监察机关主动投案，2020 年以来 21.6 万人主动交代问题。"① 一体推进不敢腐、不能腐、不想腐，推动反腐败斗争取得压倒性胜利并全面巩固。这些具体的案例、故事、数据，生动而深刻地反映了党的自我革命的制度优势。

故事是浓缩的事实与思想，在阐明道理、表达思想方面具有独特的魅力与优势。正如我们在访谈中发现，青年学生对思政课将中国制度优势的故事充分展示出来，表现出了极大兴趣和提出了明确要求。在回答"关于开展制度自信教育，您最想表达的一个观点是什么"时，受访者 1 认为，"有必要介绍我们制度的优越性，最好贴近我们的生活，让我们更能体会到制度的优越性，最好有比较。"受访者 5 认为，"讲好中国故事，贴合国家现实，将宏大的制度自信落脚到身边的可以接触到的小事。找准身边的例子，从身边的小事开始讲起，并逐步上升，更好地帮助大家理解制度自信的含义。"在回答"如果要进一步发挥思政课在制度自信教育中的作用，您认为应该采取什么措施为好"问题时，受访者 1 认为，"更多地去发现，引导性地让我们去探索、去比较不同的制度带来的生活上的差异。最好安排在时间比较宽裕的时候去做，时间紧凑

---

① 《十九届中央纪律检查委员会向中国共产党第二十次全国代表大会的工作报告》，《人民日报》2022 年 10 月 28 日。

的学期，可能会收到一部分敷衍了事的结果，也起不到制度自信教育的目的。"受访者5认为，"(1) 开展课后活动，以辩论或者访谈等形式加强制度自信教育，调动学生们的积极性与参与度。(2) 开展"制度自信"专题探讨，最好能够抽出一个课时的时间梳理教材中的制度自信，将制度自信的例子教授给学生，从而帮助学生建立对制度自信的理解。(3) 完善上课模式，结合视频资料等形式，加强师生之间的双向沟通，增强青年学生对制度自信的理解。"

因此，用心用力讲好中国制度的案例故事，深入宣传阐释中国特色社会主义制度和国家治理体系的本质特征、显著优势，对坚定青年学生的制度自信具有重大的理论和现实意义。

第三节　发挥好思政课的主渠道作用

思政课的本质是讲道理，从思政课的视角、方法、场域、形式等多方面进行创新，有助于把思政课的道理讲深、讲透、讲活，提升制度自信教育的说服力、现实性、针对性和实效性，更好地把制度自信的种子播撒进青少年心灵。

一、丰富授课视角，提升制度自信教育的说服力

在思政课中讲好制度自信教育的内容，要求任课教师在讲授过程中要注重历史视野、群众视野、国际视野的融会贯通，实现历史与现实相统一，宏观与微观相统一，国内与国际相统一，多视角提升制度自信教育的说服力。

（一）讲好历史成就，开展制度自信教育要坚持大历史观

大历史观是我们正确审视和评价历史问题的一种理论方法，即把历史问题置于纵向的历史长河和横向的国际范围内进行评价，全面审视某一历史事件、问题或人物的意义。事实上，只有回看走过的路、比较别人的路、远眺前行的路，弄清楚我们从哪儿来、往哪儿去，很多问题

才能看得深、把得准。

以大历史观审视中国特色社会主义制度，能够使我们正确认识中国特色社会主义制度在中国共产党百年历史、中国近现代史和中华民族发展史上的重大价值意义。正如习近平指出："中国特色社会主义不是从天上掉下来的，而是在改革开放 40 年的伟大实践中得来的，是在中华人民共和国成立近 70 年的持续探索中得来的，是在我们党领导人民进行伟大社会革命 97 年的实践中得来的，是在近代以来中华民族由衰到盛 170 多年的历史进程中得来的，是对中华文明 5000 多年的传承发展中得来的，是党和人民历经千辛万苦、付出各种代价取得的宝贵成果。得到这个成果极不容易。"① 在思政课的课堂教学中，任课教师要做好学理阐释，讲透中国特色社会主义制度的独特历史逻辑。这个独特历史逻辑，贯穿于中国特色社会主义制度形成和发展的全过程，是一部党领导人民构建和发展完善国家制度体系、治理体系的艰辛探索史。其过程曲折艰辛，其成果来之不易。

在关于"历史教育在增强大学生制度自信过程中的作用"访谈中，受访者普遍认同在高校思政课的教学过程中要以正确的党史观和唯物史观为指导，在把握历史发展规律的过程中坚定制度自信。受访者 6 认为，"通过对历史事实和历史观的学习，大学生更能体会到为何只有中国共产党和马克思主义能够带领千疮百孔的中国迈进新时代，取得伟大成就，能够巩固大学生制度自信的思想根源，从而更加坚定信心；大学生能够更加明晰今日的幸福生活来之不易，也能够明确肩负的中华民族伟大复兴的责任，从而更加发自内心地坚持制度自信，为中华民族更加美好的明天而接续奋斗；大学生更能够坚定制度自信及信仰，避免某些错误思想诱导，坚持中国共产党的领导，更加团结一致，提高思想自觉，坚决反对某些西方国家对我国的分化图谋。"受访者 7 认为，"于个人而言，在历史教育中个人可以了解中国历朝历代乃至于世界他国的多种制度体制，从横向和纵向的角度和深度中去理解制度存在的必要

---

① 《习近平谈治国理政》第三卷，外文出版社 2020 年版，第 70 页。

性、差异性、合理性。进而对制度有着更为透彻的认识，也能够通过自我的认识与思考制度之间的利弊得失，可以更加懂得中国当今制度的合理性、有效性，更加明白建立制度的来之不易，更加明白中国正在走一条属于自己的制度之路，并用自我的努力去捍卫、维系与巩固。于社会方面，社会对于制度的集体认识和自信是维护社会稳定的重要因素。历史教育是'寻根溯源'的教育，是让整个社会努力跳出时代的喧闹和纷扰，去寻找社会稳定与运行的根基——制度。历史教育运用历史的特殊作用，将整个社会联系起来，通过社会对制度的整体认识，来建设凝聚了社会力量的制度认同与自信，形成良好的制度认识氛围，为增强制度自信更进一步。于国家方面，制度的高度认同与巩固乃是重中之重。历史教育不仅仅是内容之学，更是思维之学，是一个国家顶层设计上层建筑的重要参照物。历史教育中，国家可以更好地认识自我制度的发展变迁，更是为宏观把握制度发展铺路。这对于国家坚定制度自信是至关重要的。"

历史比较有助于增强对中国特色社会主义制度的政治认同、坚定自信，这在我们的实证分析中也得到了充分验证。从 500 名大学生的调研数据中，我们也可以看出，受访者对思政课的评价越高，认为思政课教师采用"在历史比较中阐释中国制度优势"的教学方式频次越高。如表 59 所示。

（二）讲好群众故事，开展制度自信教育要坚持人民中心观

江山就是人民，人民就是江山，人心向背关系党的生死存亡。中国特色社会主义之所以能够取得历史性成就，根本原因是得到了人民群众的支持和拥护，生成了推动中国特色社会主义事业发展的磅礴力量。中国特色社会主义制度反映了人民的要求和意愿，既是对实践成就和经验的概括和总结，也是继续推动中国特色社会主义事业向前发展的根本保障。

中国共产党始终坚守人民立场，把人民对美好生活的向往作为自身的奋斗目标，为中国人民谋幸福、为中华民族谋复兴，这是中国共产党对马克思主义群众史观的践行与发展。例如，以带领人民消除贫困、

表59 "如何评价您的思政课"与"在历史比较中阐释中国制度优势"交叉表

			在历史比较中阐释中国制度优势					总计
			非常多	较多	一般	较少	完全没有	
您如何评价您的思政课	沉闷，完全不喜欢	计数	4	7	7	0	1	19
		如何评价思政课%	21.1%	36.8%	36.8%	0.0%	5.3%	100.0%
		在历史比较中阐释中国制度优势%	2.0%	3.7%	7.5%	0.0%	16.7%	3.8%
	比较无趣，不喜欢	计数	16	24	22	8	0	70
		如何评价思政课%	22.9%	34.3%	31.4%	11.4%	0.0%	100.0%
		在历史比较中阐释中国制度优势%	8.2%	12.8%	23.7%	47.1%	0.0%	14.0%
	一般，谈不上喜欢，与谈不上反感	计数	59	81	35	4	3	182
		如何评价思政课%	32.4%	44.5%	19.2%	2.2%	1.6%	100.0%
		在历史比较中阐释中国制度优势%	30.1%	43.1%	37.6%	23.5%	50.0%	36.4%
	比较有趣，较喜欢	计数	77	64	23	5	0	169
		如何评价思政课%	45.6%	37.9%	13.6%	3.0%	0.0%	100.0%
		在历史比较中阐释中国制度优势%	39.3%	34.0%	24.7%	29.4%	0.0%	33.8%

续表

您如何评价您的思政课			在历史比较中阐释中国制度优势					总计
			非常多	较多	一般	较少	完全没有	
获得新知，很喜欢	计数	40	12	6	0	2	60
	如何评价您思政课%	66.7%	20.0%	10.0%	0.0%	3.3%	100.0%
	在历史比较中阐释中国制度优势%	20.4%	6.4%	6.5%	0.0%	33.3%	12.0%
总计	计数	196	188	93	17	6	500
	如何评价您思政课%	39.2%	37.6%	18.6%	3.4%	1.2%	100.0%
	在历史比较中阐释中国制度优势%	100.0%	100.0%	100.0%	100.0%	100.0%	100.0%

改善民生、实现共同富裕为目的的脱贫攻坚伟大工程，是中国共产党坚持全心全意为人民服务根本宗旨的重要体现。将脱贫攻坚伟大胜利的故事融入思政课的讲授过程中，需要我们善于从基层的小故事、小人物、小事件的角度入手，真实反映人民群众对于中国特色社会主义的认同。习近平在全国脱贫攻坚总结表彰大会上的讲话中指出："我们把群众满意度作为衡量脱贫成效的重要尺度，集中力量解决贫困群众基本民生需求。我们发挥政府投入的主体和主导作用，宁肯少上几个大项目，也优先保障脱贫攻坚资金投入。8 年来，中央、省、市县财政专项扶贫资金累计投入近 1.6 万亿元，其中中央财政累计投入 6601 亿元。打响脱贫攻坚战以来，土地增减挂指标跨省域调剂和省域内流转资金 4400 多亿元，扶贫小额信贷累计发放 7100 多亿元，扶贫再贷款累计发放 6688 亿元，金融精准扶贫贷款发放 9.2 万亿元，东部 9 省市共向扶贫协作地区投入财政援助和社会帮扶资金 1005 亿多元，东部地区企业赴扶贫协作地区累计投资 1 万多亿元，等等。"① 脱贫攻坚伟大胜利背后无数为之奋斗的感人故事，诸如贫困地区通过产业扶贫、易地搬迁等方式实现脱贫的具体故事，基层工作人员奉献脱贫攻坚事业的感人事迹和真实故事等，是生动阐释中国特色社会主义制度优势的独特视角，是与无数参与者和受益者形成共鸣的真实情感。当前，我们需要构建起具有较强理论影响力和学术阐释力的分析框架和理论解释范式，将脱贫攻坚的这种客观历史事实转化为认识的历史事实，给予其解释，赋予其意义，使之成为一个系统完整的关于中国脱贫攻坚的历史事实，这是青年学生讲授脱贫攻坚伟大成就的重要前提。

（三）讲好国外评价，开展制度自信教育要坚持国际视野

一百年来，中国共产党带领中国人民经过艰辛探索和不懈奋斗，取得了彪炳史册的历史成就，使具有五千多年文明历史的中华民族全面迈向现代化，使具有五百多年历史的社会主义思想在中国开辟出成功道路，使新中国大踏步赶上时代甚至引领时代，中华民族伟大复兴展现出

---

① 《习近平谈治国理政》第四卷，外文出版社 2022 年版，第 133 页。

光明前景。中国共产党为什么能够成功、中国未来能否继续成功，这是站在中国共产党百年纪念的聚光灯下，国际社会所关注的最亮的焦点问题。将国际社会对于中国特色社会主义制度的评价融入思政课教学，有利于以"他者"视角提升制度自信教育的可信度。

国际社会认为制度优势是取得伟大成功的前提。中国特色社会主义制度是马克思主义基本原理与中国实际相结合和中华优秀传统文化相结合的产物，是中国共产党人在革命、建设和改革的实践中反复比较而找到的，其内在的制度优势奠定了中国取得伟大成功的基础。孟加拉国共产党主席穆加赫杜勒·伊斯拉姆·塞里姆认为："今天，不仅资本主义的破产迹象日益明显，而且社会主义制度对资本主义制度的优越性也在当今世界得到了证明。"① 意大利巴勒莫大学统计学教授、《复兴》杂志主编阿尔贝托·隆巴尔多认为，坚持和发展马克思主义是中国共产党取得成功的根本因素，"中国共产党不是'适应'马克思主义，而是'实践'马克思主义。中国共产党的成功及在其带领下的今日中国所取得的伟大成就，并不是说明了马克思主义具有所谓的偏狭性，恰恰相反是证明了马克思主义的普遍有效性。"② 捷克和摩拉维亚共产党主席、捷克众议院副议长沃伊切赫·菲利普认为："中国的发展成就证明了中国特色社会主义道路的正确性。不管外界喜欢与否，中国的国家治理体系表明，中国共产党决定走自己的道路是正确的。毫无疑问，在当前的历史时期，中国特色的社会主义制度在应对中国社会当前挑战时是最佳的。"③ 国际社会对于中国特色社会主义制度的正面评价，更加客观地说明了中国特色社会主义制度与其他制度相比的独特优越性已经得到国际社会的普遍认同，在制度优势下取得的伟大成绩更是抹杀不了的事实。

---

① 穆加赫杜勒·伊斯拉姆·塞里姆：《中国共产党正阔步向前迈进》，《光明日报》2021 年 6 月 19 日。

② 阿尔贝托·隆巴尔多：《强大的中国，是世界和平的重要保障》，《光明日报》2021 年 4 月 2 日。

③ 沃伊切赫·菲利普：《中国共产党引领新时代中国稳步向前》，《光明日报》2021 年 4 月 14 日。

国际社会通过研究中国共产党取得革命、建设、改革伟大事业历史性成就的制度保障，寻找其自身独特的"成功密码"，这既是国际社会寻找中国共产党成功秘诀的重要途径，也是思政课提升制度自信教育效果的重要角度，应当加以重视和运用。

二、创新教学方式，增强制度自信教育的实效性

教学方式是实现教学目的的重要途径，创新思政课的教学方式有助于推进制度自信教育更好地融入思政课的教学全过程，更好地发挥思政课立德树人的主渠道和主阵地作用。

（一）提升课堂教学实效，坚守第一课堂主要阵地

思政课课堂教学是制度自信教育的第一课堂。教师讲课、学生听课是思政课课堂教学的基础性环节，也是进行制度自信教育的主阵地。丰富课堂教学形式、拓宽课堂教学场域对于提升制度自信教育效果和思政课教学实效性具有重要作用。针对青年学生获取信息日益便捷和思想日益活跃的问题，如何激发学生的主体性作用，调动其参与思政课教学的积极兴趣，应成为思政课第一课堂改革突破的关键问题。

一是探索将研讨式教学融入课堂。研讨式教学是将研究与讨论结合在一起的教学模式，即学生以学习小组为单位，在任课教师的指导下，围绕所选论题收集资料，综合分析，归纳演绎，形成研究成果，并在课堂上进行讨论。最后由任课教师进行总结，引导学生对知识积极地汲取、消化、吸收，从而提高独立思考、自主学习的能力以及团结协作的群体合作精神，进一步完善他们的知识结构和认知体系的方法。思政课教师在教学中可以采用讨论教学法，选择高校学生关注的话题，比如教育是否公平、生态环境是否良好等组织学生进行讨论，引导学生在自主学习、自我教育中正确认识和看待现实社会中的问题，深刻认识到坚持、完善和发展中国特色社会主义制度的重要性，树立起更加深厚和久远的制度自信。

二是探索将新媒体教学融入课堂。在互联网信息技术的推动下，新媒体已经成为高校思想政治工作的一把"双刃剑"。思政课教师要顺

应形势，紧跟时代步伐，充分运用诸如网络、微信、微博等主流社交媒体，搭建学习"微平台"，组织与课程相关的"微活动"，融进学生的社交生活，拉近与学生的"微距离"，打造"互联网＋"模式下的隐性课堂。例如，借助新媒体载体以更加贴近学生日常生活的方式去表达，用更加贴近学生实际的方式去呈现，用更加引发学生兴趣的载体去交流，引导学生"感受到人性内心深处最需要的温暖"，形成爱党、爱国、爱社会主义、爱人民、爱集体的深厚情感。教育引导青年学生正确辨识网络信息，特别是对于网上的一些错误信息，要在课堂上给予回应，帮助学生释疑解惑。

（二）运用社会实践，发挥第二课堂独特优势

实践不但是认识的来源及其发展的动力，更是认识的目的和归宿。制度自信是一种内心深处坚定、纯洁的理想信念，也是转化为现实生活中看得见、摸得着的行为表现。制度自信教育不但要求青年学生将制度自信内化于心，成为一种认知，更重要的是将制度自信外化于行，成为改造世界、推动中国特色社会主义向前发展的物质力量。因此，提升制度自信教育的实效性，需要让学生在实践体验中进一步深入体会和理解，引导青年学生在现实实践中提升对于中国特色社会主义制度自信的认知。

将制度自信教育融入实践教学的大课堂，实现实践育人情理相融。把制度自信教育贯穿于实践教学中，让青年学生在实践体验中既能够亲身感受中国特色社会主义制度的强大生命力和巨大优越性，又认清中国特色社会主义目前仍然是社会主义初级阶段，不能因为我国制度体系和经济社会中局部存在的问题去否定中国特色社会主义制度本身。习近平指出："社会是个大课堂。青年要成长为国家栋梁之材，既要读万卷书，又要行万里路。社会实践、社会活动以及校内各类学生社团活动是学生的第二课堂，对拓展学生眼界和能力、充实学生社会体验和丰富学生生活十分有益。"[①] 例如，通过开展好假期社会实践活动，注重以参与疫情防控、感受脱贫攻坚历史性成果和全面建成小康社会决定性成就等为现

---

① 《习近平关于青少年和共青团工作论述摘编》，中央文献出版社 2017 年版，第 55 页。

实教材，组织青年学生开展参观考察、国情调研、学习体验等活动，引导青年学生在投身社会实践中领悟党的领导、制度优势、人民力量，形成正确认识，坚定理想信念。

让青年学生在实践过程中发现并且正确认识当前社会存在的问题，还可以增强他们的社会责任感，推动他们将自己的人生目标与国家、民族的发展前景结合起来，更加充分地实现人生价值。我们在访谈中也发现，受访者对在思政课教学中增加实践的内容充满了期望。例如，有受访者在回答"如果要进一步发挥思政课在制度自信教育中的作用，您认为应该采取什么措施为好"时，认为可以开展辩论，"在辩论会中要查找大量的资料，在查找资料的过程中能大量了解国家的事情。而在辩论的过程中能大量地发散思维，开阔眼界。"也有受访者认为多开展社会实践活动和志愿活动，学以致用，因为"如果学生只是光在课上听老师讲授，考试也就毫无印象了。我的建议是可以带学生到基层去锻炼，让学生感受基层为民服务的辛苦，以及参与西部计划，到西部农村支教等"。

思政课要将爱国主义教育基地作为"第二课堂"，充分发挥爱国主义教育基地在制度自信教育中的优势作用。红色资源是中国共产党历经百年积淀的宝贵历史财富，蕴含着中国共产党革命、建设、改革的丰富的实践和理论成果，是鼓舞和激励广大人民群众献身于中华民族伟大复兴事业的宝贵财富。善加利用红色资源，对于讲深、讲透、讲活思政课具有重要意义。中国人民解放军诞生地江西南昌、共和国摇篮江西瑞金、生死攸关的转折点贵州遵义、改革开放前哨所深圳经济特区等具有重要意义的爱国主义教育基地，都是思政课教师开展制度自信教育的优质课堂。思政课教师要推进思政课教学改革创新，充分利用爱国主义教育基地资源，将思政课的场域扩展至爱国主义教育基地，发挥爱国主义教育基地在制度自信教育中的特殊作用。一方面，拓宽延展了制度自信教育空间，丰富了制度自信教育的方式渠道，有利于充分挖掘红色资源的价值意蕴；另一方面，加强了制度自信教育入脑入心的效果，使得制度自信教育更加切实可感，有助于学生在参观爱国主义基地的实践中深化对制度自信的理解。

（三）促进第一课堂和第二课堂协调发展

将制度自信教育融入思政课教学，需要在做到坚守第一课堂主要阵地和发挥第二课堂独特优势的基础上促进第一课堂和第二课堂协调发展，即要把尊重学生主体地位与发挥教师主导作用结合起来。

习近平指出："思想政治工作从根本上说是做人的工作，必须围绕学生、关照学生、服务学生，不断提高学生思想水平、政治觉悟、道德品质、文化素养，让学生成为德才兼备、全面发展的人才。"[①] 将制度自信教育融入高校思政课，必须尊重学生在整个教育过程中的主体地位，明确树立以学生为中心的教育理念，从学生成长发展需求出发，准确把握他们的思想认识水平，在此基础上开展制度自信教育。在教学角色分配上，既要充分发挥思政课教师的主导作用，又要重视尊重高校学生的主体地位，教师重点发挥引导、启发的作用，而不能一味地使用说教、灌输的方法进行制度自信教育。在教学活动设计中，既要明确教育内容的真理性、导向性，又要关注教育方式的通俗性、有效性，立足当代青年学生的思想现状和行为特点，组织开展他们喜闻乐见的教育活动，在满足他们发展需求、提升他们参与体验中真正地吸引、打动、影响学生，引领广大学生自觉地把制度自信教育内化于心，外化于行，切实地增强他们对中国特色社会主义制度的认同感。

在将制度自信教育融入高校思政课的过程中，应采用多种形式的实践活动来增强学生在制度自信教育中的参与程度。创新授课形式，不应局限于课堂学习，而是要延伸到课外实践中去，有效地利用各种育人实践平台，构建起知行合一的教育新机制，让学生能够在互动和参与中拓宽视野、深化认识、增长才干，从而提升教育效果。把思政小课堂同社会大课堂结合起来，在理论和实践的结合中教育引导学生把人生抱负落实到脚踏实地的实际行动中来，把学习奋斗的具体目标同民族复兴的伟大目标结合起来，立鸿鹄志，做奋斗者。例如，可以通过举办辩论

---

① 《习近平谈治国理政》第二卷，外文出版社 2017 年版，第 377 页。

赛、研讨会的形式，引导学生主动地去查找资料、梳理逻辑，研究分析中国特色社会主义制度的优势；还可以设计与中国特色社会主义制度优势相关的社会实践项目，引导学生独立自主地开展调查研究或者宣讲活动，从被动地输入走向主动地输出。这种将理论知识融入各种实践教育当中，引导学生对制度自信教育的理论内容展开多维度思考的形式，可以促使学生在实践中加深对所学知识的理解和感悟，提升思想认识境界。事实上，只有让青年学生形成对中国特色社会主义制度主动了解的兴趣和自觉宣传的意愿，将制度自信教育融入高校思政课的实际效果才能够得到真正的保障。

三、回应热点问题，增强制度自信教育的现实性

坚持问题导向是马克思主义的鲜明特点，也是习近平新时代中国特色社会主义思想的世界观和方法论。开展制度自信教育也必须坚持问题导向，将制度自信教育融入高校思政课不只是为了传递相关的理论知识，也是要确保思想政治工作落到实处。解决学生关注的现实问题和心中存在的困惑，是推动制度自信教育入脑入心的最好方式。这就要求思政课的教学内容不能仅局限于书本的理论知识，而是要将现实生活与理论知识结合起来，不但能让学生在感受到思政课和现实生活密切联系的基础上更容易地理解教学内容，还可以让思政课中的知识帮助学生解决心中的困惑问题。

（一）西式民主是否是百病良方？

西式民主曾一度被一些人奉为圭臬，当作人类社会最科学、最完美的政治制度。20世纪90年代初，美籍日裔学者弗朗西斯·福山发表了所谓的"历史终结论"，认为西方自由民主是世界上最好、也是人类最后一种政治制度。这一理论广为流传，名噪一时。然而，近些年来西方国家政治问题频频发生，印证了西式民主根深蒂固的局限性。这些问题的暴露归根结底是因为西式民主是服务少数人的民主，资本主义西式民主的本质是为资产阶级服务。当危机来临时，资本永远不会关照到最底层人民群众的根本利益。少数群体往往被忽视，甚至受到歧视和伤

害，最终不得不通过极端手段来维权。

民主是全人类的共同价值，是各国人民的权利，而不是少数国家的专利。"民主本意是'人民统治''主权在民'。民主不是抽象的，而是具体的、历史的。实现民主有多种方式，不同形式的民主，都是一定历史条件下人类政治文明发展的结果。"① 西式民主发源于西方国家独特的文化与国情，客观上讲，在一定时期西式民主对于西方资本主义国家的发展、治理起到了积极作用。但无数实践也证明，当西式民主被强行附加在当今世界绝大多数发展中国家上，会出现"鞋子不合脚""政策不管用""制度不适用"的问题。民主不是装饰品，不是用来做摆设的，而是要用来解决人民需要解决的问题的。习近平提出以"四个要看、四个更要看"评判一个国家是否民主的标准，即"要看人民有没有投票权，更要看人民有没有广泛参与权；要看人民在选举过程中得到了什么口头许诺，更要看选举后这些承诺实现了多少；要看制度和法律规定了什么样的政治程序和政治规则，更要看这些制度和法律是不是真正得到了执行；要看权力运行规则和程序是否民主，更要看权力是否真正受到人民监督和制约"②。在探索民主的道路上，中国共产党和中国人民坚持独立自主，始终不渝坚持民主的价值取向，在扬弃西式民主的基础上和实施民主政治的实践中探索出了全过程人民民主的新道路，有效推进社会主义民主政治制度化、规范化和程序化实践。全过程人民民主是独创性的"中国式民主"，是具有中国特色、社会主义特质、人类文明特点的民主政治新探索，不仅有完整的制度程序，而且有完整的参与实践，"实现了过程民主和成果民主、程序民主和实质民主、直接民主和间接民主、人民民主和国家意志相统一，是全链条、全方位、全覆盖的民主，是最广泛、最真实、最管用的社会主义民主"③。例如，中国共产党领导的多党合作和政治协商制度，是在中国革命和建设的实践中形成和

---

① 寰宇平：《民主是权利，不是专利》，《人民日报》2023 年 4 月 12 日。
② 《习近平谈治国理政》第四卷，外文出版社 2022 年版，第 259 页。
③ 《习近平谈治国理政》第四卷，外文出版社 2022 年版，第 260—261 页。

发展而来的协商民主制度，真实、广泛、持久代表和实现最广大人民根本利益、全国各族各界根本利益，有效避免了旧式政党制度和西式政党制度代表少数人、少数利益集团的弊端；通过制度化、程序化、规范化的安排集中各种意见和建议、推动决策科学化民主化，有效避免了西式政党制度囿于党派利益、阶级利益、区域和集团利益决策施政导致社会撕裂的弊端。[①] 所以，全过程人民民主体现了中国特色社会主义民主政治的实践逻辑、实践品质、实践标准和本质特征，是不同西式民主的中国智慧和中国方案。

（二）西方现代化是否是唯一途径？

人类通往现代化的路径是否只有西方现代化一条？这是困扰广大发展中国家的重大理论和政治问题。由于西方国家较早地完成了现代化，西方国家就把他们的发展之路绝对化为实现现代化的唯一途径，凡是与其不一致的发展道路，都被其称为"歧路"。现代化是世界各国实现其自身发展的重要途径，但是每一个国家的自然资源、历史基础、文化传统以及国家规模等状况千差万别，这就决定了建立在千差万别国情基础之上的各个国家的现代化道路自然也是差别很大。因而，世界各国实现现代化的道路是多种多样的，绝不是单一的。

中国式现代化是中国共产党领导的社会主义现代化，是基于中国自身国情而探索出的实现中华民族伟大复兴的正确道路，既有世界现代化的共同特征，更有自身的鲜明特点。一方面，由于中国推进现代化建设的进程是在世界现代化的浪潮中进行的，这就决定了中国式现代化与世界现代化存在着互动的特征。"自改革开放以来，中国现代化与世界现代化在经济上呈现出一种相互依赖、相互促进的良性互动情状。这是一个客观的事实。重要的是，由于经济在现代化当中是最为重要的基础性内容，所以，中国现代化与世界现代化在经济上的良性互动，决定了中国现代化与世界现代化两者整体上的良性互动具有

---

① 参见中华人民共和国国务院新闻办公室：《中国的民主》，人民出版社 2021 年版，第 16 页。

扎实的基础。"① 所以，从中国推进现代化建设的进程来看，中国式现代化是站在中国立场上对西方现代化的扬弃，它遵循人类社会发展规律，并吸收借鉴世界上其他国家现代化发展的有益经验，因而呈现出世界现代化的共同特征。例如，世界现代化的一个重要特征是开放性，积极参与经济全球化。中国共产党极为重视对外开放，将对外开放视为事关中国式现代化建设能否成功的大事情。在改革开放之初，邓小平就从中国未来前途的高度指出，"对外开放具有重要意义，任何一个国家要发展，孤立起来，闭关自守是不可能的，不加强国际交往，不引进发达国家的先进经验、先进科学技术和资金，是不可能的。"② 正是在对外开放理论的引导下，中国的对外开放取得了举世瞩目的巨大成就。2020 年，中国的货物进出口贸易总额在世界货物进出口总额当中的占比为 13.1%，外汇储备在世界外汇储备当中的占比为 25.0%，对外直接投资在世界对外直接投资当中的占比为 18.0%，这三项指标均居世界第一的位次；外商直接投资在世界外商直接投资当中的占比为 15.0%，居世界第二的位次。③

另一方面，由于中国式现代化是在一个拥有 14 亿多人口、5000 多年文明史的国度内进行的，因而中国历史传统、历史方位和现实基础赋予了鲜明的中国特色。在改革开放初期，邓小平在规划设计现代化目标和道路时，就明确指出中国的现代化是基于中国实际的现代化。他和时任日本首相的大平正芳会谈时指出："我们要实现的四个现代化，是中国式的四个现代化。我们的四个现代化的概念，不是像你们那样的现代化的概念，而是'小康之家'。"④ 后来，邓小平再次明确表示："我们搞的现代化，是中国式的现代化。我们建设的社会主义，是有中国特色的

---

① 吴忠民：《论中国现代化与世界现代化互动的主要特征》，《马克思主义与现实》2022 年第 4 期。

② 《邓小平文选》第三卷，人民出版社 1993 年版，第 117 页。

③ 国家统计局编：《国际统计年鉴 2021》，中国统计出版社 2022 年版，第 3 页。

④ 《邓小平文选》第二卷，人民出版社 1994 年版，第 237 页。

社会主义。我们现在的路子走对了。我们的政策是不会变的。"① 中国共产党在领导人民进行现代化道路的探索过程中,将马克思主义基本原理同中国具体实际相结合、同中华优秀传统文化相结合,注重把握中国特色社会主义建设规律,赋予中国式现代化更多中国特征。例如,中国式现代化具有鲜明的实践性品格。近代以来,救亡是中国人民的奋斗主题,代表不同利益的中国人设计了不同的救亡方案,但在实践中都被证明是不成功的。但是中国人救亡的探索并没有因失败而终止,而是在接续奋斗中不断探索。中国共产党一经成立,就把"为中国人民谋幸福、为中华民族谋复兴"作为自己的使命写在自己的旗帜上,领导人民进行了不懈的探索。因而,中国共产党的现代化观从一开始就不是作为一种纯粹的"学术"出现的,而是为了实现中国现代化的目标而形成的一种理论。为了建成现代化强国、实现中华民族伟大复兴这一最为重要的目标,"中国共产党的现代化观不可能仅仅停留在理论层面上进行无休止的探讨和争论,不可能'坐而论道',而必须在解决种种现实矛盾和问题的实践中不断完善,必须让现代化的理论不断地变成现代化的现实成果。由此,中国共产党的现代化观便具有了一种强烈的实践性品格。"②

党的十八大以来,全面建成小康社会的实践极大地推动了中国式现代化理论的成熟与发展,丰富和完善了中国式现代化的理论内涵。习近平在庆祝中国共产党成立 100 周年大会上指出:"我们坚持和发展中国特色社会主义,推动物质文明、政治文明、精神文明、社会文明、生态文明协调发展,创造了中国式现代化新道路,创造了人类文明新形态。"③ 在此基础上,党的二十大报告详细阐释了中国式现代化的基本特征、深刻内涵和本质要求,即中国式现代化是人口规模巨大的现代化、全体人民共同富裕的现代化、物质文明和精神文明相协调的现代化、人与自然和谐共生的现代化、走和平发展道路的现代化,中国式现代化的

---

① 《邓小平年谱(1975——1997)》(下),中央文献出版社 2004 年版,第 914 页。

② 吴忠民:《论中国共产党的现代化观》,《中国社会科学》2022 年第 7 期。

③ 《习近平谈治国理政》第四卷,外文出版社 2022 年版,第 10 页。

本质要求是坚持中国共产党领导，坚持中国特色社会主义，实现高质量发展，发展全过程人民民主，丰富人民精神世界，实现全体人民共同富裕，促进人与自然和谐共生，推动构建人类命运共同体，创造人类文明新形态。基于中国现代化建设实践的中国式现代化理论，彻底改写了"现代化就是西方化"的理论框架，颠覆了西方主导的现代化理论范式，丰富了现代化理论的维度，不仅充分彰显了社会主义制度的优越性，证明了中国共产党能、中国特色社会主义好、马克思主义行，而且为发展中国家提供了不同于西方现代化道路的新选择，为落后国家或民族提供了既保持独立又推动社会发展的方案，具有重大的理论和现实意义。

四、回击错误思潮，增强制度自信教育的针对性

我们坚定制度自信，归根到底在于中国特色社会主义制度给广大人民群众带来切切实实的利益，不断满足人民对美好生活的新期待。所以，将制度自信教育融入高校思政课，应紧紧围绕学生的知识学习、能力培养以及就业前途开展，积极回应学生的正当需求，提升学生的参与感和获得感，增强学生的积极性与主动性。对于青年学生思想认识中的疑惑问题，思政课教师在尊重教学纪律和满足青年学生认知需求的基础上，把错误思潮中与制度自信教育、思政课教学相关的内容作为聚焦重点，在深度讲解中消解学生的疑惑，帮助青年学生树立制度自信、增强政治认同、坚定理想信念，把他们培养成担当民族复兴大任的时代新人，从根本上维护我国社会的安定团结和政治的和谐稳定。

历史虚无主义是当前影响青年学生坚定制度自信的一种社会思潮，其危害性在于从根本上否定中国特色社会主义制度，否定中国共产党的领导。历史虚无主义是研究者根据自身的愿望和政治诉求，肆意切断或挑选某些历史片段来掩盖或抹杀全部历史，进而达到其不可告人的目的。其主要表现为两种形式：一是对于党史人物的解构，即以"重新认识"为名，对中国共产党历史上的伟大领袖与英雄人物进行丑化、诋毁，其主要表现为抓住革命领袖与人物的其中一点或某些局部事实，甚至有意挖掘负面材料，以偏概全、断章取义、博取眼球，从而达到重新

解读党史人物背后历史事实的目的。二是对历史事实的解构，即打着学术研究的旗号，以所谓"考证""还原"历史，一般表现为有意遮蔽部分党史片段、凸显某些党史片段、重新阐释党史发生过程，以所谓人之常识污蔑特定党史事件与情境中的人物的超常行为，或以现今的标准评判党史事件，实际上是变相贬低与否定。思政课作为制度自信教育的重要途径，必须旗帜鲜明反对历史虚无主义，以历史、理论和现实为授课内容，形成全方位、多角度抵御历史虚无主义思潮的强大合力。

以唯物史观消解历史虚无主义的理论根基。历史虚无主义的传播往往具有隐蔽性和迷惑性，其本质是一种唯心主义历史观，与唯物史观在立场上是根本对立的。唯物主义是马克思主义者的基本遵循，更是新时期我们抵制和批判历史虚无主义的有力武器。与历史虚无主义以错误的历史观虚构历史不同，唯物主义依靠已经发生的历史事实的史料进行分析判断，而不以尚未发生的想象为依据。通过思政课引导青年树立正确的历史观，以唯物史观和正确党史观把握历史发展的主题主线、主流本质，避免陷入历史虚无主义只见树木不见森林、拾鱼目以为珠玑的迷惑陷阱，科学评价历史上的重大历史事件、重要历史人物，对历史虚无主义者在历史事件、历史人物上发表的错误言论做出精准有力的回击。

以百年成就破除历史虚无主义的虚构历史。近代以来，面对实现中华民族伟大复兴的历史使命，中国不同阶层的代表都进行了积极的探索和奋斗，提出了各式各样的救亡图存主张，但都无一例外地失败了。只有中国共产党把马克思主义基本原理同中国具体实际相结合、同中华优秀传统文化相结合，找到了实现民族独立、人民解放与国家富强、人民幸福的正确道路，这是已经被历史证明了的事实，也是被事实证明了的历史。"一百年来，党领导人民浴血奋战、百折不挠，创造了新民主主义革命的伟大成就；自力更生、发愤图强，创造了社会主义革命和建设的伟大成就；解放思想、锐意进取，创造了改革开放和社会主义现代化建设的伟大成就；自信自强、守正创新，创造了新时代中国特色社会主义的伟大成就。党和人民百年奋斗，书写了中华民族几千年历史上最恢宏的史诗。"① 中国共产党百年历史成就，是不以人的意志为转移的客观存在，是包括对我们持偏见的人也不得不承认的历史事实。美中合作基金会执行主席约翰·米勒–怀特高度评价中国共产党百年历史成就，称赞"中国共产党领导中国人民建立了中华人民共和国，并领导中国取得了巨大的社会和经济进步，在发展速度、规模和全球影响力方面独一无二。许多美国人无法理解或接受中国的成功，是因为他们不切实际地认为中国会复制西方国家政府和经济管理模式。也有许多美国人曾预言中国的政治制度、中国特色社会主义和以国有企业为主导的中国经济将会失败，因为中国的政策制定者没有做美国认为他们应该做的事情。但事实证明，中国不能、不会也不应该复制其他国家的政治和经济管理制度，中国的政治和经济制度不仅没有失败，反而在中国共产党的领导下正成为世界上最大的经济体。中国共产党的百年历史和实践证明，中国共产党能够迅速适应不断变化的环境，能够制定和实施成功的长期的经济、社会和国家安全政策"②。历史虚无主义者抓住中国在探索过程中出现的某些失误大做文章，企图否定中国共产党领导人民的革命史、建设史和改革史，这是极端错误也是不得人心的。思政课需要将中国共产党领导中国革命、建设、改革所取得的伟大成就和历史性变革自然融入教学内容，讲好"中国共产党为什么能""马克思主义为什么行""中国特色社会主义为什么好"等重大理论问题，引导学生明晰取得伟大成就的原因就是因为我们选择了马克思主义、建立了中国共产党、选择了中国特色社会主义制度，认识到中国特色社会主义制度是确保我们未来能够继续成功的重要保障。

历史虚无主义思潮的产生与传播有其自身的逻辑，但是与部分青年学生制度自信不足，没有能够正确看待我国革命、建设、改革的现实

---

① 《中共中央关于党的百年奋斗重大成就和历史经验的决议》，人民出版社 2021 年版，第 1—2 页。

② 吴娜、吕雪清：《美中合作基金会执行主席约翰·米勒–怀特：中国人民对国家的自豪是有道理的》，《北京日报》2022 年 10 月 11 日。

问题也有密切关系。任何问题的产生都有其特定的背景，把问题放置于其产生的环境中去考察是正确认识问题的方法。对此，思政课必须引导青年学生以正确的历史观和方法论认识当前我国的基本国情和发展中出现的问题，阐释清楚这些问题并不是我们的制度是错误的，而是因为我们的发展还不平衡、不充分，只有通过深化改革和科学发展，提高政府的公共服务能力和维护社会公平正义的能力，才能不断解决大学生关心的就业、教育、住房、环境等现实问题，从而最大限度地实现社会公平正义，不断凸显中国特色社会主义的制度优势。这样，通过化解青年学生在现实问题认识上的困惑和矛盾，增强学生的情感认同，坚定制度自信，彻底清除历史虚无主义思潮滋生的土壤。

我们在开展访谈调研时专门设计了"您如何看待那些对我国制度的负面评价"的问题，被访谈的同学都给出理性、清晰的答案。他们认为，"对制度的负面评价是媒体的过度解读以及极少数人和外部势力的恶意造谣，我们应坚定中国特色社会主义制度先进性和优越性的自信。""从目前多方听到的言论中，包括自己本人的想法，对我国制度并无不满，少有负面评价，只在一部分新疆、西藏地区有听到过类似问题。对于这些负面评价，我一般不予理会，有时可能还会有所争辩。""我觉得那些对于我国制度的负面评价存在一定的不可靠性，真正对制度的好坏评价是要自己去切身体会的，对于这些所谓负面的评价，我觉得应该理性看待，不能全部当真，同时，也要相信在党的领导下，我们会成功克服困难，不断进步。"从这些回答我们可以看出，当代青年学生对社会热点问题有自己的判断和认识。这种判断和认识，既是建立在他们对中国特色社会主义制度显著优势的基础上，也是建立在近年来高校思政课建设的发展成绩的基础上，使青年学生能够以理性辩证的观念正确判断相关言论。正是通过这种认识，我们看到了青年学生对中国特色社会主义制度的坚定自信。

第四节　提升思政课教师队伍的综合素质

思政课教师是办好思政课的关键因素，办好思政课，需要思政课教师要做到"政治要强""情怀要深""思维要新""视野要广""自律要严""人格要正"。新时代加强高校思政课教师队伍建设，要以"六要"为标准，从政治态度、能力素质、师德师风等方面全方位提升制度自信教育教学主体的综合素质。

一、在政治素质上坚持政治强、情怀深的标准

思政课有着鲜明的政治属性，是青年学生正确认识中国共产党、认知马克思主义、准确理解中国特色社会主义、明晰中国社会实际情况的重要渠道、主要阵地。将制度自信教育融入思政课教学的过程中，思政课教师的政治立场是否坚定，情怀是否深厚，决定了学生是否能够通过思政课坚定信仰听党话、跟党走，也决定了思政课能否真正发挥资政育人的实际成效。

思政课教师要有坚定的政治立场。习近平指出，思政课教师"政治要强，让有信仰的人讲信仰，善于从政治上看问题，在大是大非面前保持政治清醒"[①]。马克思主义信仰是思政课教师鲜明的政治底色，上好思政课，首先要确保思政课教师自己真懂马克思主义。所谓"马院姓马，在马言马"，即作为思政课教师，一定是坚定的中国特色社会主义的信仰者，坚信中国特色社会主义理论体系是科学的理论，坚信中国特色社会主义道路具有持久的生命力，坚信中国特色社会主义制度具有超越其他制度的独特优越性，坚信中国特色社会主义具有深厚的中华优秀传统文化底蕴和鲜明的中国特色社会主义实践底色。只有思政课教师自己真正信仰了，才能在授课时底气十足，才会把向学生传播马克思主义

---

① 《习近平谈治国理政》第三卷，外文出版社 2020 年版，第 330 页。

和中国化马克思主义理论作为自己的神圣职责与使命，才能真正全身心投入地教好思政课，以自己的信仰感染学生。如果连思政课教师本人都不信仰马克思主义理论，都没有树立起中国特色社会主义制度自信，对自己所讲的一些内容持怀疑的态度，又怎么能去引导学生信仰马克思主义呢？2020年3月1日，教育部颁布实施《新时代高等学校思想政治理论课教师队伍建设规定》，明确要求思政课教师应当增强"四个意识"，坚定"四个自信"，做到"两个维护"，始终在政治立场、政治方向、政治原则、政治道路上同以习近平同志为核心的党中央保持高度一致。《新时代高等学校思想政治理论课教师队伍建设规定》实际上明确了新时代思政课教师选拔任用的政治标准，即思政课教师必须发自内心地信仰马克思主义、热爱研究马克思主义，尤其是习近平新时代中国特色社会主义思想这一当代的马克思主义，真正树立中国特色社会主义道路自信、理论自信、制度自信、文化自信。

思政课教师要有深厚的情怀。习近平指出，思政课教师"情怀要深，保持家国情怀，心里装着国家和民族，在党和人民的伟大实践中关注时代、关注社会，汲取养分、丰富思想。"[1] 思政课教师要有家国情怀、传道情怀和仁爱情怀，只有具备浓厚深沉的家国情怀、矢志不渝的职业坚守、诲人不倦的教学精神、无私奉献的道德情操等教育情怀，才能够把思政课视为值得终身为之奋斗的光荣事业，才能甘愿做学生思想引路人，培养和引导青年学生树立正确的政治意识、价值观念、道德修养。高校思政课教学是教与学的双边活动，在这个过程中教师是主导，学生是主体。在将制度自信教育融入高校思政课的过程中，思政课教师要发挥好思想引领的作用，注重情感上的投入，使青年学生受到感染和教育。同时，思政课教师通过各种方式在课堂内外与学生互动，关心了解学生的学习生活和思想状况，学生与教师的情感距离拉近后，更愿意畅所欲言，说出自己内心的想法和困惑。解决了困惑，提升了认识，制度自信自然就能够更得到加强。

---

① 《习近平谈治国理政》第三卷，外文出版社2020年版，第330页。

我们在调研中也发现，越是思政课教师本人具有坚定的政治自信，其课堂教学就越能呈现出制度自信，青年学生在课堂学习中也越能受到制度自信教育。在"您认为思政课教师的综合素质对于制度自信教育融入思政课有影响吗"问题中，认为有影响的占到调查人数的95%，认为比较大的影响占57%，如图28所示。

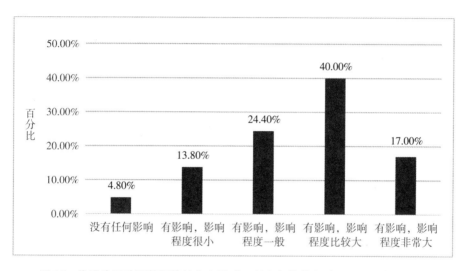

图28　您认为思政课教师的综合素质对于制度自信教育融入思政课有影响吗

在"您的思政课老师在课堂上讲授过程中体现出其本人的制度自信吗"问题中，认为体现出本人制度自信的占96.8%,其中认为体现出较大程度以上的占66.6%，如图29所示。

在"您认为当前思政课教师的制度自信教育理论水平如何"的问题中，认为任课教师的制度自信教育理论水平较高以上的占77.4%，认为制度自信教育理论水平较低占4%。

从上述调研结果我们可以看出，受访者对当前思政课教师的制度自信教育综合素质给予了高度评价。这也说明，经过近几年的努力，当前高校思政课教师的综合素质已经达到了较高的水平，高校思政课之所以得到较大改观，与任课教师的综合素质的提升有密切关系。

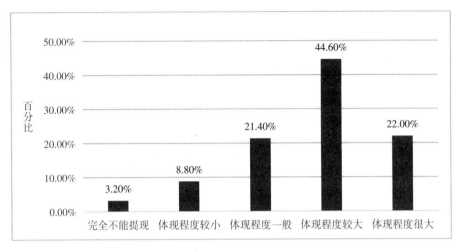

图 29　您的思政课老师在课堂上讲授过程中体现出其本人的制度自信吗

二、在能力素质上坚持思维新、视野广的标准

思政课是以培养具备创新思维能力为目标的课程，决定了思想政治课教师不仅要具备坚定的政治品格和高尚的道德情操，同时还要具有创新的思维和广阔的视野，能够推动思政课创新发展，切实提高思政课铸魂育人的实效性。

思政课教师要有创新思维。习近平指出，思政课教师"思维要新，学会辩证唯物主义和历史唯物主义，创新课堂教学，给学生深刻的学习体验，引导学生树立正确的理想信念、学会正确的思维方法。"① 思政课是一个"说理"的过程，其本质是讲道理。思政课教师理论水平的高低决定了思政课的道理讲得是否透彻，同学们是否能够真正理解。而理论的高低不在于能够背诵多少党的文献材料、政策条例以及领导人的讲话原文，而是要真正理解马克思列宁主义和中国化的马克思主义，并善于运用马克思主义的立场、观点和方法分析和解决问题，用缜密的逻辑阐释党的创新理论成果、回应现实问题，这是思政课教师的看家本领。思政课教师要提高理论水平，做到深、博、新、杂，深刻掌握马克思主义

---

① 《习近平谈治国理政》第三卷，外文出版社 2020 年版，第 330 页。

真理精髓，特别是习近平新时代中国特色社会主义思想的世界观和方法论。为此，要积极组织思政课教师参加马克思主义经典著作专题培训，重点开展习近平新时代中国特色社会主义思想专题培训，以重点热点为载体，提升制度自信教育融入思政课的针对性。二是善于将新媒体技术融入课堂的能力。"思维要新"也是要求思政课教师要提高应对新形势、开拓新思路的能力。随着信息化的发展，新媒体技术为创新思政课教学方式提供了保障，这就需要思政课教师解放思想，拓展思路，探索教学的新理念、新内容和新方法，研究利用信息网络平台给学生提供更多更好的学习资源，利用新的技术去提高学生的思维以及研究青年学生的网络生活对其正负面的影响等。三是积极参与到课程的改革之中。思政课教师要成为课程教学与课程的研究者，不仅要不断地增加自己的专业知识，提高自己的专业水平，而且需要掌握哲学、经济学、社会学、政治学、伦理学等多学科基础知识，在交叉学科的学习中进一步深化对中国特色社会主义的理解，充分把握制度自信的生成机理、丰富内涵、具体内容和价值意蕴，完成知识传授向价值塑造的转化。只有不断将学科研究成果正确地运用于课程教学之中，才能使学生了解学科前沿，更好地理解和接受所学的新知识、新理论。

思政课教师要有宽广视野。习近平指出，思政课教师"视野要广，有知识视野、国际视野、历史视野，通过生动、深入、具体的纵横比较，把一些道理讲明白、讲清楚"①。"视野要广"要求教师既要拥有纵览历史发展趋势的大历史观，又要具备国际视野，对世界其他国家的发展情况具备一定程度的了解。在思政课课程体系中，无论是"中国近现代史纲要"课程还是"毛泽东思想和中国特色社会主义理论体系概论"课程，其内容都与中国共产党带领中国人民进行革命、建设、改革的历史相关联，这就要求思政课教师要能够运用正确的理论和史观分析历史问题，将具体的历史问题还原到相应的历史背景中进行解读，从百年党史中总结中国共产党的成功规律和经验启示。不仅如此，为更好地理解

---

① 《习近平谈治国理政》第三卷，外文出版社 2020 年版，第 330 页。

和认识理论创新成果形成的实践基础，思政课教师还要以各种形式外出调研，走出课堂，贴近生活，从中国特色社会主义伟大实践和国内国际比较中汲取养分、丰富知识、增长见识，切实感受马克思主义的蓬勃生机，感悟马克思主义的真理力量和实践力量。同时，思政课教师还要善于将中国共产党的发展放置在世界历史发展的历史浪潮中去考察，以国际视野审视中国共产党领导人民进行革命、建设和改革的奋斗过程，可以更好地理解中国共产党领导的革命、建设和改革事业在世界文明进程中的地位和作用。不论是与发生历史剧变的东欧各国和苏联相比，还是与美国、英国、德国等资本主义国家相比，中国共产党领导人民进行革命、建设和改革所取得的成就是世所公认的。在课堂中讲授制度自信内容的时候，如果进行国内外的比较研究，用大量的事实和数据将国外的真实情况向学生进行叙述，就更容易促进大学生制度自信情感认同的生成。

三、在道德品质上坚持自律严、人格正的标准

思政课是育人铸魂的课程，思政课教师是否具备严谨的治学态度、规范的教学行为、端正的个人品行、高尚的价值追求等素质，将严重影响到思政课的教学质量和教学效果。

思政课教师要严于律己。习近平指出，思政课教师"自律要严，做到课上课下一致、网上网下一致，自觉弘扬主旋律，积极传递正能量"①。思政课教师的自律，一方面是教师职业道德的要求。思政课教师具有深厚的理论素养和坚定政治信仰，坚持正确的政治方向、遵守纪律规矩，以德施教、以德立身，是思政课教师的基本职业道德。例如，随着互联网技术的发展，越来越多的人加入到多应用自媒体的潮流中，自媒体对人们生活的影响越来越大。加入到自媒体队伍中的思政课教师，能否以师德规范约束自己行为，能否严格遵守党的纪律，不随意编造和传播不良信息，做到现实生活和网络空间相一致，课上课下相一致，成

---

① 《习近平谈治国理政》第三卷，外文出版社 2020 年版，第 330 页。

为检验思政课教师道德品质的一个试金石。另一方面是课程性质的内在要求。思想政治理论课是落实立德树人根本任务的关键课程，思政课教师只有做到了真学、真懂、真信，才能教育学生用马克思主义的立场、观点和方法去认识世界和改造世界，也才能把自己内心深处对中国共产党的真心拥护，对中国特色社会主义制度的坚定信念传递到学生心坎里，用最真诚、最动人的情感和最科学、最扎实的理论让学生受到深度的感染和教育，才能真正实现思政课的铸魂育人功能。

思政课教师要有端正的品格。习近平指出，思政课教师"人格要正，有人格，才有吸引力。亲其师，才能信其道。要有堂堂正正的人格，用高尚的人格感染学生、赢得学生，用真理的力量感召学生，以深厚的理论功底赢得学生，自觉做为学为人的表率，做让学生喜爱的人"①。思政课教师的高尚人格和人格魅力，是实现思政课教学实效性的重要保证。文以载道，亲其师，才能信其道。思政课教师要以高尚的道德修养滋养人格，不断提高自身道德修养，以德立身、以德立学、以德施教，以高尚的情操影响和带动学生，帮助学生把握好人生的前进方向。这就要求思政课教师，一方面要汲取中华优秀传统文化和社会主义先进文化中的道德营养，以向上向善为标准，修身养性、提升境界，正己心并正己身；自觉接受道德教育，向道德模范致敬学习，以生动鲜活的榜样，深化对道德修养的理解和认同。另一方面，要以实际行动自觉弘扬社会主义核心价值观，努力做到内外兼修、自查自省，在是非曲直、义利得失面前，旗帜鲜明，立场坚定，以自身端正的价值理念和高尚的道德观念影响并带动学生，帮助学生解决好思想观念上"坚持什么、反对什么"的问题，增强学生的价值判断能力、价值选择能力、价值塑造能力。同时，可以邀请社科理论界专家、企事业单位管理专家、各行业先进模范、高校党政负责人、名家大师等讲授思政课，真正做到让有理想的人讲理想，有信仰的人讲信仰，让师德高尚的人讲思政课。

制度自信是思政课教师综合素质的重要组成部分，是关系到能否

---

① 《习近平谈治国理政》第三卷，外文出版社 2020 年版，第 330 页。

通过思政课提升广大青年学生制度自信的重要因素。为验证思政课教师的综合素质对制度自信教育融入高校思政课效果的影响程度，我们专门作了"您认为思政课教师的综合素质对于制度自信教育融入思政课有影响吗"与"您的思政课老师在课堂上讲授过程中体现出其本人的制度自信吗"的相关性分析。结果发现，两者间存在正向关系，即越是认为思政课教师的综合素质对于制度自信教育融入思政课有影响的同学，越是认为思政课教师在课堂上体现本人的制度自信的程度越深。这不但说明青年学生通过思政课程接受制度自信教育，而且说明思想政治理论教师对青年学生能否从思政课上受到制度自信教育发挥着关键作用。一个学识深、品行正、情怀深、自律严的思政课教师，对一个青年学生价值观的塑造发挥着不可替代的作用。如表60所示。

表60　"您认为思政课教师的综合素质对于制度自信教育融入思政课有影响吗"与"您的思政课老师在课堂上讲授过程中体现出其本人的制度自信吗"的相关性

您认为思政课教师的综合素质对于制度自信教育融入思政课有影响吗			您的思政课教师在课堂上讲授过程中体现出其本人的制度自信吗？					
			完全不能体现	体现程度较小	体现程度一般	体现程度较大	体现程度很大	总计
没有任何影响	教师综合素质对制度自信教育融入思政课	计数	7	6	4	3	4	24
			29.2%	25.0%	16.7%	12.5%	16.7%	100.0%
	课堂上体现制度自信 (%)		43.8%	13.6%	3.7%	1.3%	3.6%	4.8%
有影响，影响程度很小	教师综合素质对制度自信教育融入思政课	计数	3	20	20	18	8	69
			4.3%	29.0%	29.0%	26.1%	11.6%	100.0%
	课堂上体现制度自信 (%)		18.8%	45.5%	18.7%	8.1%	7.3%	13.8%
有影响，影响程度一般		计数	2	12	49	50	9	122

续表

| | | | 您的思政课教师在课堂上讲授过程中体现出其本人的制度自信吗? | | | | | |
			完全不能体现	体现程度较小	体现程度一般	体现程度较大	体现程度很大	总计
您认为思政课教师的综合素质对于制度自信融入思政课有影响吗	有影响，影响程度一般	教师综合素质对制度自信教育融入思政课（%）	1.6%	9.8%	40.2%	41.0%	7.4%	100.0%
		课堂上体现制度自信（%）	12.5%	27.3%	45.8%	22.4%	8.2%	24.4%
		计数	2	12	49	50	9	122
	有影响，影响程度比较大	教师综合素质对制度自信教育融入思政课（%）	0.0%	2.0%	13.0%	63.5%	21.5%	100.0%
		课堂上体现制度自信（%）	0.0%	9.1%	24.3%	57.0%	39.1%	40.0%
		计数	0	4	26	127	43	200
	有影响，影响程度非常大	教师综合素质对制度自信教育融入思政课（%）	4.7%	2.4%	9.4%	29.4%	54.1%	100.0%
		课堂上体现制度自信（%）	25.0%	4.5%	7.5%	11.2%	41.8%	17.0%
		计数	4	2	8	25	46	85
总计		教师综合素质对制度自信教育融入思政课（%）	3.2%	8.8%	21.4%	44.6%	22.0%	100.0%
		课堂上体现制度自信（%）	100.0%	100.0%	100.0%	100.0%	100.0%	100.0%
		计数	16	44	107	223	110	500

参考文献

一、经典著作

［1］《马克思恩格斯选集》第 1—4 卷，人民出版社 2012 年版。

［2］《列宁选集》第 1—4 卷，人民出版社 2012 年版。

［3］《毛泽东选集》第一至四卷，人民出版社 1991 年版。

［4］《邓小平文选》(第一、二卷)，人民出版社 1994 年版。

［5］《邓小平文选》第三卷，人民出版社 1993 年版。

［6］《陈云文选》第一至三卷，人民出版社 1995 年版。

［7］《江泽民文选》第一至三卷，人民出版社 2006 年版。

［8］《胡锦涛文选》第一至三卷，人民出版社 2016 年版。

［9］《习近平谈治国理政》第一卷，外文出版社 2018 年版。

［10］《习近平谈治国理政》第二卷，外文出版社 2017 年版。

［11］《习近平谈治国理政》第三卷，外文出版社 2020 年版。

［12］《习近平谈治国理政》第四卷，外文出版社 2022 年版。

二、学术专著

［1］ 薄一波:《若干重大决策与事件的回顾》上卷，中共中央党校出版社 1991 年版。

［2］ 胡伟:《现代化的模式选择：中国道路与经验》，上海人民出版社 2008 年版。

［3］ 沈壮海著:《思想政治教育有效性研究》，武汉大学出版社 2008 年版。

［4］ 杨光斌:《制度变迁中的国家与制度》，中央编译出版社 2011

年版。

　　［5］　朱峻峰:《中国共产党与中国特色社会主义道路》,社会科学文献出版社 2012 年版。

　　［6］　谢春涛:《历史的轨迹:中国共产党为什么能》,北京联合出版公司、中信出版社 2012 年版。

　　［7］　李海峰著:《高校思政课教师角色研究》,人民出版社 2012 年版。

　　［8］　马福运、徐贵相:《制度自信:风景为何这边独好》,北京联合出版公司 2014 年版。

　　［9］　玛雅:《制度自信:一个其他模式选择的存在与成功》,外文出版社 2015 年版。

　　［10］　宋鲁郑:《中国能赢了:中国政治自信从何而来》,红旗出版社 2015 年版。

　　［11］　郑永廷:《思想政治教育学原理》,高等教育出版社 2016 年版。

　　［12］　张艳娥:《中国特色社会主义制度创新研究》,中国社会科学出版社 2016 年版。

　　［13］　肖贵清:《制度自信:中国特色社会主义制度研究》,高等教育出版社 2017 年版。

　　［14］　周海燕著:《高校思政课教师角色研究》,人民出版社 2017 年版。

　　［15］　杨学龙:《中国特色社会主义制度自信研究》,人民出版社 2018 年版。

　　［16］　贾绘泽:《中国特色社会主义制度自信研究》,人民出版社 2018 年版。

　　［17］　韩庆祥、黄相怀等:《中国道路的世界贡献》,中国人民大学出版社 2018 年版。

　　［18］　冯刚:《改革开放以来高校思想政治教育发展史》,人民出版社 2018 年版。

〔19〕 夏锦文：《制度自信》，江苏人民出版社 2018 年版。

〔20〕 陈纪兰、靳文泉、张绍元：《中国特色社会主义制度为什么好》，红旗出版社 2019 年版。

〔21〕 周俊、黄晓波：《制度自信：历史与现实的理性形塑》，广西师范大学出版社 2019 年版。

〔22〕 刘伟：《中国之治的制度密码》，中国人民大学出版社 2020 年版。

〔23〕 王炳林：《中共党史学科基本理论问题研究》，北京人民出版社 2021 年版。

〔24〕 沈壮海：《新编思想政治教育学原理》，中国人民大学出版社 2022 年版。

〔25〕《中华人民共和国学校思想政治理论课重要文献选编》编写组：《中华人民共和国学校思想政治理论课重要文献选编》，人民出版社 2022 年版。

〔26〕〔美〕塞缪尔·亨廷顿：《变化社会中的政治秩序》，王冠华等译，生活·读书·新知三联书店 1989 年版。

〔27〕〔美〕兹·布热津斯基著：《大失控与大混乱》，潘嘉玢、刘瑞祥译，中国社会科学出版社 1995 年版。

〔28〕〔美〕理查德·尼克松著：《1999：不战而胜》，世界知识出版社 1997 年版。

〔29〕〔美〕乔舒亚·库珀·雷默：《中国形象：外国学者眼里的中国》，沈晓雷等译，社会科学文献出版社 2006 年版。

〔30〕〔美〕弗朗西斯·福山：《国家构建世纪的国家治理与世界秩序》，中国社会科学出版社 2007 年版。

〔31〕〔美〕B.盖伊·彼得斯：《政治科学中的制度理论》，王向民译，上海人民出版社 2011 年版。

〔32〕〔英〕特里·伊格尔顿：《马克思为什么是对的》，李扬、任文科、郑义译，新星出版社 2011 年版。

〔33〕〔美〕傅高义：《邓小平时代》，冯克利译，生活·读书·新

知三联书店 2013 年版。

三、学术论文

［1］ 朱颖原:《中国特色社会主义制度的价值认同》,《科学社会主义》2012 年第 5 期。

［2］ 肖贵清:《中国特色社会主义制度自信的基础》,《新视野》2013 年第 5 期。

［3］ 陈金龙:《关于道路自信、理论自信、制度自信的思考》,《马克思主义研究》2014 年第 2 期。

［4］ 杨林香:《大学生"制度自信"的支撑要素及制约因素分析》,《思想理论教育导刊》2015 年第 4 期。

［5］ 项久雨:《以人为本:思想政治教育主客体关系的马克思主义人学之维》,《教学与研究》2016 年第 2 期。

［6］ 王炳林:《教师是上好思想政治理论课的关键所在》,《思想理论教育导刊》2017 年第 1 期。

［7］ 刘建军:《习近平对高校思想政治工作解惑功能的全面阐述》,《思想理论教育导刊》2017 年第 10 期。

［8］ 郑永廷:《把高校思想政治工作贯穿教育教学全过程的若干思考——学习习近平在全国高校思想政治工作会议上的讲话》,《思想理论教育》2017 年第 1 期。

［9］ 冯刚、房正:《把高校思想政治工作推向新高度》,《教育研究》2017 年第 7 期。

［10］ 陈占安:《改革开放以来高校思政课建设的回顾与展望》,《思想理论教育》2018 年第 10 期。

［11］ 张雷声:《改革开放以来思想政治理论课教师队伍建设论析》,《思想理论教育》2018 年第 10 期。

［12］ 孙明奇:《中国特色社会主义制度自信的哲学基础及其当代价值》,《理论导刊》2018 年第 11 期。

［13］ 张晓旭、王刚:《中国制度:实现道路自信的根本保障》,《思

想教育研究》2019 年第 2 期。

〔14〕 桑玉成:《从自觉到自信:中国特色社会主义制度的历史认知、客观基础与成长空间》,《探索》2019 年第 3 期。

〔15〕 王炳林、崔文龙:《高校思政课加强国史教育的思考》,《中国高校社会科学》2019 年第 5 期。

〔16〕 肖贵清、贾绘泽:《新中国 70 年与中国特色社会主义制度自信》,《思想理论教育导刊》2019 年第 9 期。

〔17〕 商志晓:《中国特色社会主义制度优势及其深厚基础》,《当代世界与社会主义》2020 年第 1 期。

〔18〕 刘希良:《坚定制度自信的三个维度》,《科学社会主义》2020 年第 1 期。

〔19〕 齐卫平:《体系与效能:中国特色社会主义制度的国家治理优势》,《行政论坛》2020 年第 1 期。

〔20〕 余爱水:《发挥制度优势 做好自己的事情》,《人民论坛》2020 年第 2 期。

〔21〕 黄东:《"讲好中国制度故事"的叙事意义、立场与逻辑》,《行政论坛》2020 年第 2 期。

〔22〕 吴鲁平:《大学生对中国特色社会主义制度和国家治理体系显著优势认同研究》,《中国青年社会科学》2020 年第 2 期。

〔23〕 李志勇:《从科学社会主义理论逻辑看中国制度优势》,《中国党政干部论坛》2020 年第 3 期。

〔24〕 孙兰英、孙迎辉:《疫情防控凸显中国应急管理的制度优势》,《天津大学学报(社会科学版)》2020 年第 3 期。

〔25〕 高正礼:《论当今中国发展 21 世纪马克思主义的制度优势》,《安徽师范大学学报(人文社会科学版)》2020 年第 3 期。

〔26〕 傅慧芳、苏贵斌:《集中力量办大事制度优势转化为公共治理效能的内在机理及实现机制》,《福建师范大学学报(哲学社会科学版)》2020 年第 3 期。

〔27〕 郭建宁:《中国之治彰显中国道路的独特优势》,《中国党政

干部论坛》2020 年第 4 期。

［28］ 刘勇、杨彬彬:《论中国特色社会主义制度自信的四重逻辑意蕴》,《山东社会科学》2020 年第 5 期。

［29］ 肖贵清、车宗凯:《善于运用中国特色社会主义制度优势转危为机》,《马克思主义与现实》2020 年第 5 期。

［30］ 王海军:《"中国之治"的制度自信与责任担当》,《人民论坛》2020 年第 6 期。

［31］ 李忠军、刘怡彤:《制度自信的生成逻辑与宣传教育路径》,《思想教育研究》2020 年第 4 期。

［32］ 教育部高校思想政治理论课教学指导委员会:《党的十九届六中全会精神融入"马克思主义基本原理"课的教学建议》,《思想理论教育导刊》2022 年第 3 期。

［33］ 教育部高校思想政治理论课教学指导委员会:《党的十九届六中全会精神融入"毛泽东思想和中国特色社会主义理论体系概论"课的教学建议》,《思想理论教育导刊》2022 年第 3 期。

［34］ 教育部高校思想政治理论课教学指导委员会:《党的十九届六中全会精神融入"思想道德与法治"课的教学建议》,《思想理论教育导刊》2022 年第 3 期。

［35］ 教育部高校思想政治理论课教学指导委员会:《党的十九届六中全会精神融入"习近平新时代中国特色社会主义思想概论"课的教学建议》,《思想理论教育导刊》2022 年第 3 期。

［36］ 教育部高校思想政治理论课教学指导委员会:《党的十九届六中全会精神融入"新时代中国特色社会主义理论与实践"课的教学建议》,《思想理论教育导刊》2022 年第 3 期。

［37］ 王炳林:《思政课如何把道理讲深、讲透、讲活》,《思想政治课研究》2022 年第 3 期。

［38］ 韩强:《"党的领导"融入"中国近现代史纲要"课教学的若干思考》,《思想理论教育导刊》2022 年第 4 期。

［39］ 王树荫:《思想政治理论课贯彻落实党的十九届六中全会

精神的原则遵循与基本要求》,《马克思主义理论学科研究》2022
年第 5 期。

　　［40］ 吴忠民:《论中国共产党的现代化观》,《中国社会科学》
2022 年第 7 期。

附录：调查问卷

一、国家社科基金高校思政专项
"制度自信教育融入高校思政课研究"课题调研问卷

同学您好：

我们是"制度自信教育融入高校思政课研究"课题组，为了解制度自信教育融入高校思政课的必要性、可能性、可行性与实效性等问题，我们展开此次调查，请您抽出时间填写此问卷。本问卷实行匿名制，所有数据仅用于统计分析。此外，题目选项无对错之分，请您根据个人情况如实填写。感谢您的参与！

（一）个人基本信息

1.性别是（　　）

A.男

B.女

2.年级是（　　）

A.大一

B.大二

C.大三

D.大四

E.研究生

3.政治面貌是（　　）

A. 中共党员／预备党员

B. 入党积极分子

C. 共青团员

D. 其他民主党派

E. 群众

4. 学科背景为（ ）

A. 社会科学类（经济学、管理学、法学、教育学、军事学）

B. 人文学科（文学、历史学、哲学、艺术学）

C. 理工农医等自然科学类

D. 交叉学科

5. 所在学校的办学层次是（ ）

A. "985 工程" 院校

B. "211 工程" 院校

C. 中央部属本科院校

D. 省属本科院校

6. 您的家乡所在的区域是（ ）

A. 省会城市

B. 直辖市

C. 地级市

D. 县城

E. 村镇

7. 每月消费支出（ ）

A. 1000 元以下

B. 1000—2000 元

C. 2000—3000 元

D. 3000 元以上

8. 父母一方的最高学历（ ）

A. 本科

B. 本科以上

C. 专科

D. 专科以下

E. 初高中

（二）中国特色社会主义制度与制度自信

9. 您是否了解中国特色社会主义制度（　　）。（单选）

A. 非常了解

B. 比较了解

C. 一般了解

D. 基本不了解

E. 完全不了解

10. 您认为中国特色社会主义制度最本质的特征是（　　）。（单选）

A. 中国共产党领导

B. 人民代表大会制度

C. 坚持全面依法治国

D. 坚持人民当家作主

11. 中华人民共和国全国人民代表大会是（　　）。（单选）

A. 全国人大代表以民主的方式决定国家大事的会议

B. 中国共产党最高领导机关

C. 国家最高权力机关

D. 国家最高行政机关

12. 关于中国特色社会主义制度，您最想了解的问题是（　　）。（单选）

A. 中国特色社会主义制度是什么

B. 中国特色社会主义制度的优势是什么及优势是怎么形成的

C. 为什么要坚定制度自信

D. 青年学生怎样坚定制度自信

13. 与其他国家的制度相比，您如何评价中国特色社会主义制度的优势（　　）。（单选）

A. 非常显著

B. 比较显著

C. 一般显著

D. 比较不显著

E. 不显著

14. "脱贫攻坚的伟大成就增强了我的制度自信"，您对此观点（　　）。（单选）

A 非常认同

B. 比较认同

C. 一般认同

D. 较不认同

E. 很不认同

15. 在党的带领下，中国社会发生了翻天覆地的变化，人们的生活水平日益提高，人民大众可通过切身感受生活的变化自发地形成理性的制度自信（　　）。（单选）

A. 是

B. 否

16. 您认为评价中国制度应该坚持的基本原则是（　　）。（单选）

A. 西方的评价指标

B. 本国人民说了算

C. 不清楚

（三）制度自信教育与高校思政课的关系

17. 您对于我国当前制度的总体态度是（　　）。（单选）

A. 非常自信

B. 比较相信

C. 一般自信

D. 不太自信

E. 完全不自信

18.您认为制度自信教育的价值是（　）。（多选）

A.激发人们建设中国特色社会主义的主动精神和担当意识

B.增强对中国特色社会主义制度的认同感，为实现中华民族的伟大复兴凝心聚力

C.国家规定的任务，没有多少实质价值

D.制度自信不会自动生成，制度自信教育是生成制度自信的重要途径

19.就开展制度自信教育而言，您认为下列哪种方式最合适（　）。（单选）

A.社会教育

B.家庭教育

C.学校教育

20.您认为制度自信教育与高校思政课的关系是（　）。（单选）

A.通过高校思政课达到制度自信教育的目的

B.高校思政课不包含制度自信教育

C.二者没有关系

D.其他

21.您认为思政课对提高制度自信的帮助程度（　）。（单选）

A.非常大

B.较大

C.一般

D.很小

E.较小

22.您认为您所学过的思政课包含制度自信教育的程度是（　）。（单选）

A.非常高

B.较高

C.一般

D.很低

E. 较低

23. 您所学过的思政课涉及过中国特色社会主义制度的哪些知识?
( )。(单选)

A. 基本内容

B. 理论基础

C. 突出优势

D. 存在问题

E. 主要矛盾

24. 请选出您的思政课教师采用以下教学方式的频次

	非常多	比较多	一般	比较少	完全没有
在理论逻辑上阐释中国制度优势					
在中外比较中阐释中国制度优势					
在历史比较中阐释中国制度优势					
青年学生坚定制度自信的重要意义					

25. 请选出下列课程包含中国特色社会主义制度内容的程度

	非常多	较多	一般	较少	完全没有
马克思主义基本原理					
毛泽东思想和中国特色社会主义理论体系概论					
思想道德修养与法律基础（思想道德与法治）					
中国近现代史纲要					
习近平新时代中国特色社会主义思想概论					

（四）增强制度自信教育的实效性和针对性

26.您如何评价您的思政课（　　）。（单选）

A. 一般，谈不上喜欢，与谈不上反感

B. 沉闷，完全不喜欢

C. 比较无趣，不喜欢

D. 比较有趣，较喜欢

E. 获得新知，很喜欢

27.通过学习思政课，您的制度自信程度是（　　）。（单选）

A. 至多掌握了一些我国制度的相关知识，自信谈不上

B. 对个别的制度有自信，但总体上不能说做到了制度自信

C. 对我国制度总体自信，但在个别问题上没有被说服、不够自信

D. 对我国各方面的制度都很自信

28.在目前的思政课教学中，您认为影响青年学生坚定制度自信因素重要性排序（　　）。（单选）

A. 高校教育机制的课程设置、考核机制等问题

B. 高校思政课教师的理论水平和授课方式

C. 各种错误思想观点的影响

D. 学生自身的轻视心理

E. 教材理论性强

29.您认为思政教材在当前思政课教学中的作用表现为（　　）。（单选）

A. 教材为任课教师开展制度自信教育提供了遵循

B. 教材成为任课教师开展制度自信教育的依赖

C. 任课教师在教材基础上自主讲授

D. 完全不用教材

30.您认为怎样才能发挥出教材在制度自信教育中的作用（　　）。（单选）

A. 适时修改教材，推进理论与现实紧密结合

B. 检查督导任课教师严格使用统编教材，发挥教材的指导作用

C. 鼓励教师在使用教材的前提下发挥出自己的专业特点

D. 不清楚

31. 您认为思政课教师的综合素质对于制度自信教育融入思政课有影响吗？（　　）。（单选）

A. 没有任何影响

B. 有影响，影响程度很小

C. 有影响，影响程度一般

D. 有影响，影响程度比较大

E. 有影响，影响程度非常大

32. 您的思政课老师在课堂上讲授过程中体现出其本人的制度自信吗？（　　）。（单选）

A. 完全不能体现

B. 体现程度较小

C. 体现程度一般

D. 体现程度较大

E. 体现程度很大

33. 您认为当前思政课教师的制度自信教育理论水平如何？（　　）。（单选）

A. 理论水平非常高

B. 理论水平比较高

C. 理论水平一般

D. 理论水平比较低

E. 理论水平非常低

34. 您认为采用以下几种方式开展制度自信教育的有效性如何？（　　）。

（最低分为 1 分，最高分为 5 分）

	1	2	3	4	5
传统讲授式（老师讲、学生听为主）					
案例式					

	1	2	3	4	5
问题专题式					
情景体验式（情景模拟、角色扮演、游戏）					
参与互动式（讨论、演讲、辩论）					
实践教学（参观红色教育基地）					

35.如何评价您的思政课教师开展制度自信教育的效果？

（最低分为1分，最高分为5分）

	1	2	3	4	5
老师运用典型案例将制度自信阐释得通俗易懂					
老师注重将热点问题和学生思想困惑进行对接					
老师注重运用讲解、讨论、影视资料等教学方式提升课堂的吸引力					
我仍能记得老师上课时讲授的制度自信的相关内容					
老师的教学内容让我接受到了有效的制度自信教育，我的思想和行动产生了积极转变					
老师的教学让我认识到坚定制度自信的重大意义					
老师的制度自信教育只突出某些方面（反腐、扶贫等），缺乏完整性和系统性					
老师的制度自信教育不能结合生活实际，变成了文字罗列和要点讲述					

二、关于制度自信教育融入高校思政课的访谈提纲

同学您好：

我们是"制度自信教育融入高校思政课研究"课题组，为了解制度自信教育融入高校思政课的必要性、可能性、可行性与实效性等问题，我们展开此次调查，感谢您的参与！

（一）个人基本信息

1.性别是（　　）

A.男

B.女

2.年级是（　　）

A.大一

B.大二

C.大三

D.大四

E.研究生

3.政治面貌是（　　）

A.中共党员/预备党员

B.入党积极分子

C.共青团员

D.其他民主党派

E.群众

4.学科背景为（　　）

A.社会科学类（经济学、管理学、法学、教育学、军事学）

B.人文学科（文学、历史学、哲学、艺术学）

C.理工农医等自然科学类

D. 交叉学科

5. 所在学校的办学层次是（　　）

A. "985 工程" 院校

B. "211 工程" 院校

C. 中央部属本科院校

D. 省属本科院校

6. 您的家乡所在的区域是（　　）

A. 省会城市

B. 直辖市

C. 地级市

D. 县城

E. 村镇

7. 每月消费支出（　　）

A. 1000 元以下

B. 1000—2000 元

C. 2000—3000 元

D. 3000 元以上

8. 父母一方的最高学历（　　）

A. 本科

B. 本科以上

C. 专科

D. 专科以下

E. 初高中

（二）主要题目

1. 您如何看待那些对我国制度的负面评价？

2. 您认为评价一个国家制度优劣应坚持的基本原则是什么？

3. 关于开展制度自信教育，您最想表达的一个观点是什么？

4. 您在思政课的学习中有无接受到制度自信教育？为什么？

5. 如果要进一步发挥思政课在制度自信教育中的作用，您认为应该采取什么措施？

后　记

本书是在我主持的国家社科基金高校思想政治理论专项"制度自信教育融入高校思政课"研究报告的基础上修改而成的，也是结合我所从事的高校思政课的教学实践，对如何讲深、讲透、讲活思想政治理论课的道理进行系统研究和思考的结果。

制度自信是对制度优势的深刻认知，是建立在牢固的历史、理论、实践根基之上的。制度自信的内涵和性质，决定了制度自信不会自发形成，必须要借助一定的方式和资源才能实现。正因为如此，2019年，党的十九届四中全会提出"加强制度理论研究和宣传教育，引导全党全社会充分认识中国特色社会主义制度的本质特征和优越性，坚定制度自信"。"要把制度自信教育贯穿于国民教育的全过程，把制度自信的种子播进青少年心灵"。制度自信教育是构建制度自信的重要途径和手段，目的在于引导人们深刻认识中国特色社会主义制度的历史底蕴、理论内涵和实践基础，正确认识中国特色社会主义制度的优越性和本质特征，坚定中国特色社会主义制度自信。

高校思政课是大学生思想政治教育的主渠道和主阵地，把制度自信教育融入高校思政课，不仅能够创新制度自信教育的方式和途径，教育引导广大青年学生坚定制度自信，着力解决好培养什么人、怎样培养人、为谁培养人这个根本问题，而且能够将中国特色社会主义制度优势转化为思想政治理论课改革创新的效能，实现教材体系向教学体系的转化，从学理、道理和哲理的角度把思想政治理论课的道理讲清楚、讲透彻、讲生动，不断增强思想政治理论课的思想性、理论性和亲和力、针对性。基于此，我申请了2020年国家社科基金高校思政课专项课题并成功立项。

三年来，按照课题申报的要求和研究计划，我和研究团队经过系统研究和反复修改，终于完成了此项任务。目前，虽然研究此课题的具体任务已经结束了，但是推动思想政治理论课改革创新的探索始终没有停止，通过思想政治理论课教育引导青年学生坚定制度自信的探索也永远在路上。对于思想政治理论课教师而言，做研究是开展教学的基础，只有将深入研究所得的内容融入教学之中，才能把道理讲深讲透讲活，也才能使青年学生真懂真信。我将秉持申报此课题的初心，将研究本课题的所思所得融入思想政治理论课的教育教学中，把制度自信的种子播进青年学生的心灵里，不断增强青年学生的志气、骨气与底气。

在推进课题研究的过程中，我得到了王炳林教授、王树荫教授、张润枝教授、冯留建教授、赵朝峰教授等老师的指导和帮助，并得到了学院出版基金的资助，在此表示衷心感谢。研究生闫志强、郭亚欣、骆仕效、寇方印、任玉琦、廖松涛与本科生赵岩、常梦涵、龙正豪、方艺铮、李欣钰、虞祥等同学，都不同程度地参与了课题的资料搜集整理、文稿校对、问卷调研与分析等工作。安徽大学社会与政治学院的黄祖宏副教授及其硕士研究生周媛媛在第三章量化分析中给出了许多专业的意见和建议，特向他们表示感谢。

王炳林教授是我的授业之师，自入校学习之日起，就给予我诸多关心和指导。此次又在百忙之中拨冗作序，给予我鼓励和支持，不胜感激。人民出版社吴广庆老师为编辑拙作也付出了诸多辛劳，在此表示感谢。

由于本人学术水平有限，书中难免存在纰漏，既文责自负，也恳请方家批评指正。

王　峰

2023 年 1 月